北京师范大学史学探索丛书
满蒙权贵与20世纪初的政治生态研究书系

宗室王公与清末新政

孙燕京 ◎ 主编
周增光 ◎ 著

华夏出版社
HUAXIA PUBLISHING HOUSE

图书在版编目（CIP）数据

宗室王公与清末新政／周增光著 . -- 北京：华夏出版社，2017.12
（满蒙权贵与20世纪初的政治生态研究书系／孙燕京主编）
ISBN 978-7-5080-9392-5

Ⅰ.①宗… Ⅱ.①周… Ⅲ.①满族—贵族—研究—中国—清代 ②体制改革—研究—中国—清后期 Ⅳ.① D691

中国版本图书馆 CIP 数据核字（2017）第 321791 号

宗室王公与清末新政

作　　者	周增光
责任编辑	杜晓宇　王　敏
责任印制	周　然

出版发行	华夏出版社
经　　销	新华书店
印　　装	三河市少明印务有限公司
版　　次	2017 年 12 月北京第 1 版 2018 年 8 月北京第 1 次印刷
开　　本	720×1030　1/16
印　　张	17.5
字　　数	275 千字
定　　价	52.00 元

华夏出版社　地址：北京市东直门外香河园北里 4 号　邮编：100028
　　　　　　网址：www.hxph.com.cn　电话：(010) 64663331（转）

若发现本版图书有印装质量问题，请与我社营销中心联系调换。

《北京师范大学史学探索丛书》
编辑委员会

顾　问　刘家和　瞿林东　郑师渠　晁福林
主　任　杨共乐
副主任　李　帆　易　宁
委　员（按姓氏笔画排序）
　　　　　宁　欣　刘林海　安　然　张　升
　　　　　张　皓　张　越　张荣强　张　建
　　　　　吴　琼　周文玖　罗新慧　郑　林
　　　　　庞冠群　侯树栋　姜海军　郭家宏
　　　　　耿向东　董立河

出版缘起

在北京师范大学的百余年发展历程中，历史学科始终占有重要地位。经过几代人的不懈努力，今天的北师大历史学院业已成为史学研究的重要基地，是国家"211"和"985"工程重点建设单位，首批博士学位一级学科授予权单位。拥有国家重点学科、博士后流动站、教育部人文社会科学重点研究基地等一系列学术平台，综合实力居全国高校历史学科前列，被列入国家一流大学、一流学科建设行列，正在向世界一流学科迈进。在教学方面，历史学院的课程改革、教材编纂、教书育人，都取得了显著的成绩，曾荣获国家教学改革成果一等奖。在科学研究方面，同样取得了令人瞩目的成就，在出版了由白寿彝教授任总主编、被学术界誉为"20世纪中国史学的压轴之作"的多卷本《中国通史》后，一批底蕴深厚、质量高超的学术论著相继问世，如十卷本《中国文化发展史》、二十卷本《中国古代社会与政治研究丛书》、三卷本《清代理学史》、五卷本《历史文化认同与统一多民族国家的发展》、二十三卷本《陈垣全集》以及《历史视野下的中华民族精神》、《上博简〈诗论〉研究》等巨著，这些著作皆声誉卓著，在学界产生较大影响，得到同行普遍好评。

上述著作外，历史学院的教师们潜心学术，以探索精神攻关，又陆续完成了众多具有原创性的成果，在历史学各分支学科的研究上连创佳绩，始终处在学科前沿。为了集中展示历史学院的这些探索性成果，我们组织了这套"北京师范大学史学探索丛书"，希冀在促进北师大历史学科更好发展的同时，为学术界和全社会贡献一批真正立得住的学术力作。这些作品或为专题著作，或为论文结集，但内在的探索精神始终如一。

当然,作为探索丛书,不成熟乃至疏漏之处在所难免,还望学界同仁不吝赐教。

北京师范大学历史学院

北京师范大学史学理论与史学史研究中心

北京师范大学史学探索丛书编辑委员会

清末政治生态与政治史研究的几点思考（代总序）

大时代与好时代

20世纪，全球化特征日趋凸显。它的第一个十年，资本帝国主义以血以火以资本的形式急速膨胀，被压迫国家、被压迫民族遭遇到不同程度的生存危机，一些继续沉沦，一些幡然奋起，这些变化同时解构着世界。

晚清以来，中华民族遭受了持续的苦难，强敌逼迫，国势凋敝，当权者不得不重新选择道路。走入20世纪，国家历史进程演绎出波澜壮阔的画面。

我一直以为，晚清不是好时代却是大时代。所谓"好时代"包括"文景之治"、唐宗宋祖等千百年传颂的妖娆，无须更多申说，大时代的意义却往往不同。之于晚清，其"大"特指"三千年未有之变局"，被迫卷入世界市场，走出专制、拥抱共和，成为亚洲第一个共和国。变动之剧，罕与匹敌。久居和平环境的我们，很难体会那种翻覆与动荡。1907年，因涉嫌"康党"而避祸上海的孙宝瑄感慨："风气至今，可谓大转移。立宪也、议院也，公然不讳，昌言无忌。且屡见诸诏旨，几等口头禅，视为绝不奇异之一名词，诚数年前余等居海上时所梦想不及也。"① 如果不是身处其间，很难体会短短七八年，观念、风气、时局所发生的剧变。

解构与重构是复杂多元的裂变过程。至清末，七十年变局造就社会结构的变化，原有结构发生从中心滑落边缘、边缘位移中心的秩序塌陷。经由太平天国运动，中央地方的权力消长致使督抚始而"尾大不掉"继而"分庭抗礼"终则"离心离德"。经由新式教育、选拔人才方式的变化，导致旧士人失

---

① 《孙宝瑄日记》，中华书局2015年版，第1157页。

势、新知识分子崛起,士大夫与皇权"天然联系"的纽带断裂。经由湘淮军、新建陆军,扭转了将不知兵、兵不知将的局面,却反转为"兵为将有"的格局。至于国家财政的窳败、满汉矛盾的潜滋暗长、最高统治集团的内耗,皆导致了统治危局。如何才能"解套"?显然,想维系旧的改革思路是没有指望的。

困顿求生,预备立宪不期而遇。但对它的期许,简直是见仁见智、南辕北辙。革命派要取消君权、立宪派要限制君权、当权派要维护君权,几近各不相让。博弈的过程,就成了清末政治渐次脱离君主专制走向立宪、走向共和的过程。

实际上,清末政治走向有多种可能性。一味地论证王朝最高决策者如何走向失败不过是习惯上的后见之明。在研究中,以历史的结果预设"固定"的进程,会遮蔽历史演化本身的丰富内容和可能进程。历史学一向有解释的功能,我们想解释这些过程,想指出各种可能,想说明结局的偶然与必然。追寻怎样走偏、如何误入歧途以及违背初衷的蛛丝马迹,好似围棋高手的复盘,会有以史为鉴、可知兴替的现实价值与学术意义。

人们常说,堡垒最容易从内部攻破。那么,行进二百多年的清王朝"天命"中的"气数"又是何时"耗尽",自我朽败又是怎样开始且逐渐加深加速的呢?

清末政治的研究

与清末历史同样丰富多彩的是研究的热闹非凡。就研究范式而言,革命、现代化、从西方中心到中国中心先后登场,相互砥砺;区域社会、国家与社会、中央与地方关系各领风骚,反复切磋;一些固有的热点被冷落,一些貌似不起眼的问题迸发出耀眼的光芒。

学界对清末政治的研究可谓硕果累累。例如辛亥革命,经由民国时期的英雄谱系书写、共和国时期的革命叙述，学术层层堆垒，不仅成为高原，简直就是高山巍峨。但不可否认，相当长一段时间里辛亥革命的研究畸轻畸重，轻易地抹去了革命之外丰富的历史侧面。彼时，清王朝统治阶级、精英阶层，甚至态度与立场略显温和的群体都被当作革命的对立面，甚少关注。二十世纪六七十年代，一些港台地区的学者开始把视野投向立宪派、立宪运动；八十年代后，内地研究者也陆续调整了研究视野与方法，突破了简单化、贴标签、泛革命化的框架。此后，晚清政治史至少沿着三条线索——民族民主革命的线索、政治现代化的线索、权力结构与运作的线索，在六个方面——系统化、序列化趋向；从革命史单一向度到多维视界展开、形成多元互动的态势；借鉴相关学科的研究方法与理论框架；大幅推进制度史研究；开拓政治文化史、心态史、权贵研究等新领域；整理出版大量的晚清史资料，为研究的提升奠定了基础。总体而言，近三十年的晚清政治史成果显赫。即便如此，大家都觉得仍有一些待深化、需拓展的空间。

具体而言，研究对象仍可进一步细化、深挖。政治史研究与政治人物密不可分，随着史料发掘整理，对那些以往被忽视的清廷统治集团的核心人物、核心群体、满蒙权贵仍然有研究的空间；对清廷政策的调整、立宪认识与实施、解救危机的选择仍然有推敲的余地。甚至，清末新政取自民间的巨额经费，到底给下层人民多大的压力？百姓的"税负痛苦指数"究竟如何？是否可以进一步追索与解释？其实，自2012清帝退位百年之时，不少学者已经把视野转向了清廷权贵，试图更合理地解释鼎革之际"原体制内"的变化以及内部的自我侵蚀与消融。

卡尔说，历史是历史学家和他的客观事实之间永无休止的对话。我觉得，我们并没有穷尽晚清、清末的话题（可能永远不能穷尽），很多真相还湮没在历史的尘埃中。很长时间以来，谈及20世纪初十年这一段历史，人们多把它看作辛亥革命的准备、发动、成功与失败的完整链条，言外之意，楼都塌了，分析楼的主人怎么想、怎么说、怎么做还有什么意义？其实，回到历史本身，辛亥革命只是清末十年的一部分，换一句话，清末历史的多元内容远远不是一场革命所能涵盖的。

政治史是历史研究的脊梁

异彩纷呈的历史由人类写就。很多年里,不少研究者欣喜于社会生活的多姿多彩,欣喜于"宏大叙事"、治乱兴衰之外的丰富故事,致使政治史一定程度被"轻慢"。① 但是,当我们能够回望人类社会进程时,琐碎的边边角角毕竟是海滩上的沙砾。决定历史发展进程的,还是家国大事。所以白寿彝先生才感慨"政治是历史的脊梁"。

制度、人物、治乱兴衰是政治史最基本的观察点。我们立足于这一基本认知而关注清末政治大环境,也就是政治生态。政治生态是相对于自然生态、环境生态、经济秩序而言的一种社会政治状态。关于政治生态,时人早有涉及。1900年,孙中山在致港督卜力书信函中指出,"朝廷要务,决于满臣,紊政弄权,惟以贵选,是谓任私人。文武两途,专以贿进,能员循吏,转在下僚,是谓屈俊杰"。他把矛头指向了朝廷,也就是满蒙权贵把持的国家政权,认为他们是导致清末政治生态失衡的"罪魁祸首"。此后,研究者多承袭革命党人的申说,对清末的政治生态一言以蔽之"窳败"。那么,当权者是否知其"窳败"?是否任其发展而不想办法、不采取措施?这些措施是否全不对症、全然无效?是措施不对还是"运命"不好?换句话说,是否清廷没有一点机会、一点"历史的余地"?在我看来,至少宣统之初,少壮亲贵是有信心的。胡思敬说:"载沣初摄政时,兴致甚高,凡批答各省章奏,变'依议'曰'允行',如史臣记事之体,折尾恭誉套语辄加浓圈。后亦稍稍懈弛,视德宗时尤甚,虽交议交查密旨,或累月经年不复,亦若忘之,无过问者。"② 先是积极进取,继而懈怠疲玩,很快就书写了清末政治的一个"常态",为什么?这与人们惯习的"扫帚不到,灰尘不会自己跑掉"的认知是不一样的。

我觉得20世纪初的中国,处于政治大转型时代,彼时存在着险中求胜的可能性。本着这一认知,我们重新审视这段历史,重新探讨当时的政治生态,

---

① 参见拙文《"内轻外重"抑或"内外皆轻"?——评李细珠〈地方督抚与清末新政〉兼论晚清政治史研究》,载于《近代史研究》2014年第2期。

② 胡思敬:《军机不胜撰拟之任》,《国闻备乘》,卷四,上海书店1997年版,第94页。

分析不同阶层、不同群体在塑造政治生态中扮演的角色。我们围绕满蒙权贵着手展开20世纪初十年的政治生态研究，策划了"满蒙权贵与20世纪初的政治生态研究"这一书系。从选题火花到逐渐清晰再到杀青历时十余年（每一种著作出版时间各不相同）。作为书系的主编，我在20世纪80年代初撰写硕士学位论文时，就特别关注晚清政治史及权贵群体。[①] 其后，有感于晚清政治史研究远没有穷尽，还有许多工作要做，甚至还需要"创榛辟莽、前驱先路"。心怀这个梦想，我在指导硕博学位论文时，开启了"十年大计"。我们打算从史实出发，力图还原历史的本真面貌，研究当时的权贵集团与政治生态。我们所说的"权贵"，是指统治集团中位高权重、地位显赫的群体；而满蒙权贵则专指清朝统治阶层位于权力核心的满蒙王公贵族、旗籍高官及封疆大吏；有时候范围更小一些，指的是皇族近亲，大凡取这个意思时就称之为"亲贵"。清末，由于政治权力构成的复杂性，权贵群体很难完全排除统治阶级中的汉族高官，故兼及之。研究的重点是清末政治生态的样态、成因、流变；执政的满蒙权贵的政治认同及其变化；对改革的认知、决策、争论以及政改取向；满蒙权贵对宪政理解；改革实施等关键环节，阐发体制内改革的因应及成败得失。

那么，什么样的生态造就了清末的制度变革、人物遭际以及房倒屋塌呢？

书系的构成

我们试图在全球观照下，讨论清王朝最后十年的外部逼迫与内部矛盾、政策调整、改革举措，特别是聚焦于满蒙权贵的际遇、因应、行事风格、所思所想。试图推演清末政治生态以及"危机"对改革成败的影响。

书系包括九种专著，分别是：

[①] 我的硕士学位论文题目是《地方督抚与晚清政局》，于1984年完成答辩，此后心猿意马，直到三十年后才再次回到这一领域，真应了那句"三十年河东，三十年河西"的老话。

朱文哲:《王朝与国家:清末满洲贵族的政治认同》

周增光:《宗室王公与清末新政》

杨猛:《最后的家天下:少壮亲贵与宣统政局》

梁山:《清末政治与中日关系》

周福振、庞博:《"铁帽子王"善耆与时代变局》

闫长丽:《新旧之间:端方与清末变局》

连振斌:《重整河山:锡良与清末行政改革》

朱淑君:《赵尔巽与清末制度变革》

何思源、程学峰:《新政、新制、新文化:编订名词馆与贵胄学堂》

这些研究包含以满蒙权贵集团各个群体为视角的综合考察,以执掌中央职能部门的显赫亲王以及执政一方的满蒙督抚为中心的个案研究,还包括清末若干新设机构的个案研究。

在我们看来,清末新政乃至预备立宪既是形势所迫,也是自主选择。满蒙权贵先是颟顸不足道,后是走向世界并认识了权力的变通方式(用立宪代替专制)。尽管他们迈出的每一步都处心积虑地维护着皇权,但毕竟不知不觉地拥抱了现代制度文明。就像托克维尔在《旧制度与大革命》一书中揭示的大革命萌生于旧制度所说的那样。即使王朝覆灭以后,清末新政以及立宪的一些措施依旧延续下来,成为中国现代化进程中的一环或者一项制度性奠基。大如现代政治的形成、政治结构日趋专门化、政治职能的扩大和完善、政治组织趋于制度化、国家治理的法制化走向、选举与被选举权利的赋予、人民权利的宪法表达、现代生活观念的生成等,小如街道门牌的编制、衣食住行的变化,追根溯源,无不聚焦在那个时代。因之,考察它的过程、分析它的利弊得失、总结它的经验教训就具有了鉴往知来的意义。

我老是耽误自己。其实早些动手可以更从容地思考。但终日奔竞于日常琐事,每一次都是到交稿"大限"所剩无几才仓皇上阵,于是曾经的思考化为"大脑空白",只好临时起意,匆匆了事。谨以为序。

孙燕京于朝阳袖手斋
丁酉腊月

目 录

1　绪论

14　第一章　宗室王公从政与清末政治生态失衡
15　第一节　清末宗室王公的爵位与任官
20　第二节　清末王公从政与中央政治生态
26　小　结

28　第二章　清末宗室王公的政治心态
28　第一节　趋公惟谨、明哲保身
32　第二节　颟顸揽权、固执己见
37　第三节　从消极处世到积极参政
51　小　结

53　第三章　宗室王公与军政变革
54　第一节　整军经武之举措
80　第二节　集权·西化·尚武
91　第三节　变革军政之局限
101　小　结

103　第四章　宗室王公与预备立宪
104　第一节　缓与速的拿捏
114　第二节　对于丙午官制变革的建言

124	第三节	缓乎？速乎？宗室王公关于国会召开缓急之论争
143	第四节	围绕"皇族内阁"的纷争与筹划
155	小　结	
157	第五章	宗室王公与满汉权力格局变迁
158	第一节	平畛域试撼旧格局
175	第二节	王公集权与中央集权：满汉权力新格局的形成
190	第三节	满汉权力新格局的影响
194	小　结	
196	第六章	武昌起义爆发后宗室王公的抉择
197	第一节	宗室王公与清帝退位
207	第二节	多数顺应共和
221	第三节	个别筹谋复辟
232	小　结	
234	结论	国之栋梁与腐朽的支柱
239	后记	
242	参考文献	
262	附表	

绪 论

1912年2月12日，是清政府颁布退位诏书，为中国最后一个专制王朝画下句号的日子。那天的北京，虽然有人在日记中认为"天耶人耶，真勘痛哭"①，但实际上老天并未"痛哭"，反而天气晴朗，正如诗句"人和风日煦"②所描述。风和日丽并不代表人心平静，各类关于清王朝覆亡的思考既见诸公领域记载的报章报道，也见于私领域记载中的日记书信。在时人日记中已有人指出"其实乱亡之祸，早伏于十年之前"③。面临庚子后更深重的统治危机，清政府于1901年已下令实施新政，令群臣对朝章国故、吏治民生、学校科举、军政财政等方面的变革，各举所知，各抒己见，奏报朝廷以供参考。1906年，清政府又下令预备立宪，并在1908年公布《宪法大纲》，定下九年预备立宪逐年所需变革诸事清单。然而，即便如此，清政府却依然走向了覆亡。为何清政府的政治改革阻止不了王朝的灭亡？时人尤其是民国时期仍以清遗民自任者，在归纳亡国之因时，无不把矛头指向宗室王公。林纾在与友人通信中讨论清亡之因称："废经故足亡清，病在执政之亲贵。"④恽毓鼎在其日记中则详细罗列了执政之亲贵的种种劣行："醇王承述父志，排斥汉人（重满轻汉，始于高宗，老醇王猜忌汉人尤甚）。劻耄而贪，泽愚而愎，洵、涛童骏喜事，伦、朗庸鄙无能，载搏乳臭小儿，不足齿数。广张羽翼，遍列要津，借中央集权之名，为

---

① 恽毓鼎著，史晓风整理：《恽毓鼎澄斋日记》，第2册，杭州：浙江古籍出版社，2004年，第576页。如无特殊说明，本书所引相同书目均为首次注释所用版本，此后仅简注书名、卷册、页码。
② 荣庆著，谢兴尧整理、点校、注释：《荣庆日记：一个晚清重臣的生活实录》（此后简称《荣庆日记》），西安：西北大学出版社，1986年，第203页。
③ 《恽毓鼎澄斋日记》，第2册，第576页。
④ 薛绥之、张俊才编：《林纾研究资料》，北京：知识产权出版社，2009年，第77页。

网利营私之计，纪纲昏浊，贿赂公行。"①与清遗民归因不同，学术界已有研究主要是从革命党人的斗争、立宪派人士的策应以及地方督抚的助推等角度去尝试解答这个问题。事实上，探讨宗室王公群体在清末政治变革中的作为和作用，亦是一个值得考察的角度。

宗室王公群体是清朝满汉联合政权的核心，故而通史性著作在对清末新政、预备立宪、宣统政局、清帝退位等重大历史事件的叙事中，不可避免地提及他们。②不过，不同时期，学界的关注点有所不同。新中国成立后，学界对清末民初这段历史的研究，就研究对象而言，几乎始终将关注点放在"革命派"上。这一时期的王公贵族长期被视为革命的反面，以"反动人物""失败阶级"的身份作为革命派研究的陪衬。但正如法国学者考茨基告诫人们的那样，"每当人们把历史变化引向阶级斗争时，往往过多地只看到社会有两个事业、两个相互斗争的阶级、两个稠密而一致的人群：革命的人群和反动的人群，一个在底层，一个在上层。照此看法，没有什么差事比写历史更容易的了。然而，社会关系并没有这么简单"③。所以，这一时期旁及王公贵族的研究难免带有简单化、绝对化的倾向。不过，简单化的研究并未持续太久。20世纪80年代以来，关于清末新政、预备立宪的研究不断向广、深开拓，研究对象亦从支持革命或推动革命的一方，扩至立宪派，再至地方督抚等等。关于清朝统治集团的研究也逐渐兴起，但仍少有论著专门论述宗室王公群体。

从目前的研究情况看，与清末宗室王公群体研究相关的论著，较多是清代皇族研究所旁及的。如杨学琛、周远廉的《清代八旗王公贵族兴衰史》④，全书共分三编，前两编论述清代前期的八旗王公贵族，第三编论述清末至清亡

---

① 《恽毓鼎澄斋日记》，第2册，第576—577页。
② 如胡绳：《从鸦片战争到五四运动》，北京：人民出版社，1981年。虽然该书的历史脉络是以革命史为纲，但是在慈禧太后的"变法"、清朝的预备立宪和资产阶级立宪派等论题中，不可避免地要提到宗室王公贵族。徐彻、董守义主编：《清代全史》，第九卷，沈阳：辽宁人民出版社，1993年。对五大臣出洋考察政治、官制改革、丁未政潮、宣统政局、皇族内阁、南北议和及清帝退位等重要历史事件的描述中，提到宗室王公如载泽、奕劻、载沣、载洵等。
③ 1889年法国学者考茨基在纪念法国大革命爆发一百周年时，写的《1789年的法兰西阶级革命》，[法]弗朗索瓦·傅勒著，孟明译：《思考法国大革命》，北京：生活·读书·新知三联书店，2005年，第153页。
④ 杨学琛、周远廉：《清代八旗王公贵族兴衰史》，沈阳：辽宁人民出版社，1986年。

后的宗室王公①；又如杜家骥的《清皇族与国政关系研究》②，考察了清代宗室王公身份的特殊性、皇族教育、宗室参政、皇家与边疆民族的联姻、宗室俸禄、庄田的拨发等，为进一步研究清末宗室王公奠定了基础。总体而言，清代皇族研究的关注点主要包括皇族的人口③、教育④、经济⑤、封爵制度⑥等等，侧重清代前半段时期，属于古代史研究范畴。此类研究成果，为后续研究者进一步研究清末诸王公提供了诸多便利。如吴玉清、吴永兴编著的《清朝八大亲王》⑦，该书分三部分，第一部分记述了清代获"世袭罔替"特封的亲、郡王的

---

① 第三编"从衰落到新生"，共分两章，第一章叙述民国时期清朝王公贵族的衰落——王公权势的丧失和王公庄园的丈放，第二章讲述新中国时期旧王公贵族及其后裔的新面貌。
② 杜家骥：《清皇族与国政关系研究》，台北：台湾五南图书出版有限公司，1998年。
③ 清代皇族人口研究是伴随着清皇族宗谱玉牒的整理与运用开始的。80年代中后期，中国第一历史档案馆的鞠德源即著有《清朝皇族宗谱与皇族人口初探》，载于《明清档案与历史研究》，北京：中华书局，1988年。鞠德源：《清代皇族人口呈报制度》，《历史档案》，1988年第2期。接着，美国加州理工学院人文社会科学部的李中清也着手对清玉牒进行研究。李中清还约集国内学者如第一历史档案馆的鞠德源、胡启松，中国社会科学院历史研究所的郭松义，南开大学的杜家骥等人参与关于清代皇族人口册籍、清宗室等级结构及经济生活地位，以及与皇族人口研究相关的社会环境等题目的研究。1993年，李中清等诸位学者在北京召开"清代皇族人口及其环境——人口与社会历史（1600—1920）"学术研讨会。会后将其中部分论文修改结集出版为《清代皇族人口行为和社会环境》，内收十三篇文章，大部分关于清皇族人口问题，如李中清：《中国历史人口制度：清代人口及其意义》；王丰、李中清：《两种不同的节制性限制机制：皇族人口对婚内生育率的控制》；李中清、王丰、康文林：《两种不同的死亡限制机制：皇族人口中的婴儿和儿童死亡率》；杜家骥：《清代天花病之流传、防治及其对皇族人口的影响初探》；鞠德源：《清代皇族人口册籍》；蔡淑美、李中清、康文林、马文清：《"宗人府档案"电脑库的建立、分析利用及其困难》；赖忠文：《1840年后清宗室死亡率下降之真伪》；胡启松：《中国第一历史档案馆藏清代宗室人口史料概述》；定宜庄：《清代皇族人口研究的重要成果——本书内容概述》。以上诸文俱载于《清代皇族人口行为和社会环境》，北京：北京大学出版社，1994年。
④ 相关论著有：杜家骥：《清代的皇族教育》，《故宫博物院院刊》，1990年第2期。常晓辉：《清初的皇族教育》，《满族研究》，1999年第2期。冯月然：《陆军贵胄学堂研究》，中央民族大学2010年硕士学位论文。
⑤ 相关论著有：李燕光、李林：《清代的王庄》，《满族研究》，1988年第1期。赖惠敏：《天潢贵胄：清皇族的阶层结构与经济生活》，台北："中央研究院"近代史研究所，1997年。
⑥ 对清皇族的承袭、封爵制度研究起步很早，相关论著有：[日]内藤虎次郎著，谢国桢译：《清朝初期的继嗣问题（一、二、三）》，《国学丛编》，1931年5月、1932年5月、1932年10月。陈捷先：《清初继嗣问题研究》，（台湾）《中央日报》，1960年5月31日。晏子有：《清朝宗室封爵制度初探》，《河北学刊》，1990年第5期。赖惠敏：《清代皇族的封爵与任官研究》，[美]李中清、郭松义主编：《清代皇族人口行为和社会环境》，第134—153页。杜家骥：《清代的宗室封爵及其等级差别的特殊性》，《满族研究》，1997年第1期。
⑦ 吴玉清、吴永兴：《清朝八大亲王》，北京：学苑出版社，1993年。

生平历事（含编撰者的观点），特选肃亲王为典型，详述肃亲王历代事迹和肃王府的变迁；第二部分收录从各种官书、笔记、杂录中精选出的一批传记资料；第三部分收录20世纪初至20世纪90年代有关清代诸王研究论著的二百多条索引。该书主要描述清朝"世袭罔替"的亲王、郡王，大部分为"清初八大铁帽子王"，旁及清末仍在政治核心层的善耆、奕劻、载沣等人。

近代史领域对清末宗室王公群体的研究内容则相对集中，侧重点在他们的政治行为上，例如亲贵集权、满汉关系的处理等问题上。亲贵集权是清末宗室王公群体研究的聚焦点之一，相关研究重点关注清末数年中满族亲贵驱除袁世凯、攫取军权、组建皇族内阁等问题。研究者较为一致地认为满族亲贵的集权是清朝崩解的重要原因。① 另有一些研究者认识到，政权虽集于满族亲贵之手，但王公内部也存在着矛盾。②

满汉关系向来是清史研究的关键问题之一，近年来中外学术界都有不少相关论著③，它亦是宗室王公研究的一个热点。美国学者路康乐的《满与汉：

---

① Ralph Powell, *The Rise of Chinese Military Power, 1895-1912*, Princeton:Princeton university press, 1955. 该书强调袁世凯与中央争夺最高军事权。马平安：《袁世凯集团与满洲亲贵之间的冲突和调适》，载于中国社会科学院近代史研究所政治史研究室编《清代满汉关系研究》，北京：社会科学文献出版社，2011年。马平安认为小站练兵，袁世凯在山东时期，袁世凯任北洋大臣、军机大臣兼外务部尚书各个时期，满洲亲贵与其都存在着矛盾冲突。而辛亥革命爆发后，满洲亲贵召袁世凯出山，标志着袁世凯与满洲亲贵长期争夺中枢大权和军事大权的斗争，最终以满洲亲贵的彻底失败而告终。他还指出，从军事方面说，使清政府最终垮台的，乃是北洋军队抛弃了它。这个历史结局，是带有必然性的，可以说，袁世凯集团与满洲少壮派亲贵之间的平衡与联盟关系的打破，这是导致辛亥革命时期清王朝迅速灭亡的重要原因之一。

② 张玉芬：《清末统治集团内部纷争与清帝退位》，《辽宁师范大学学报》，1993年第1期。作者认为清统治集团内部的矛盾和斗争，加速了它的灭亡。而统治集团内部的矛盾和斗争包括了满汉官僚集团之间、皇族亲贵之间的矛盾和斗争。彭剑：《"皇族内阁"与皇室内争》，《华中师范大学学报》，2011年3月。彭剑认为清王朝的崩溃，除了革命形势的发展、士绅离心、督抚离心外，皇族内部的纷扰也是其中一个不可忽略的因素。该文指出奕劻内阁表面上集权皇室，但国务大臣中的皇族成员之间却矛盾重重，再加上内阁与军咨府之间的争斗，整个皇室在建立皇族内阁之后实际上不是变强大了，而是变得比以往更加衰颓了。

③ 相关综述文章计有：关笑晶：《清代满汉关系史国际学术研讨会综述》，《近代史研究》，2011年第1期。王宇：《近三十年来晚清满汉关系研究述要》，《中央民族大学学报》，2011年第4期。论文集则有中国社会科学院近代史研究所政治史研究室编：《清代满汉关系研究》，北京：社会科学文献出版社,2011年。国外学者论著中篇幅较大的有：[美]路康乐著，王琴、刘润堂译，李恭忠审校：《满与汉：清末民初的族群关系与政治权力（1861—1928）》，北京：中国人民大学出版社，2010年。

清末民初的族群关系与政治权力（1861—1928）》以满汉关系为核心，探讨了 1861—1928 年间满汉关系的变化及其与政治权力的互动。他认为清朝统治被推翻是由于改革步伐不够快。1901 年后，清政府改革的后果是中国城市精英的政治化，他们要求在政府中获得更多权力，而清政府的无能使之与精英对立。具体表现在清政府反对民众一致呼吁的责任内阁和召开国会，重新加强帝制和强化集权以及消除满汉差异的失败。路康乐在此书中用一章的篇幅探讨辛亥革命后的皇室和满人，认为民国初年民国政府与皇室、旗人存在一种暂时妥协的关系，这种关系在冯玉祥发动北京政变后才结束。他还论及民国政府、伪满政府、中华人民共和国政府与皇室的关系，认为"满族"是在 1949 年后才从清朝统治下的世袭军事阶层"旗人"转变为一个民族。① 常书红的《辛亥革命前后的满族研究：以满汉关系为中心》②亦从满汉关系角度对辛亥前后的满族演化做了研究，其中也涉及满族亲贵的政治活动对满汉关系的影响。对于清廷及满族亲贵在化除满汉畛域问题上的主张和举措，迟云飞的《清末最后十年的平满汉畛域问题》、李细珠的《清末预备立宪时期的平满汉畛域思想与满汉政策的新变化——以光绪三十三年之满汉问题奏议为中心的探讨》等文章都有深入分析，为了解清末满族亲贵与满汉关系调整奠定了基础。③ 而满汉关系的调整也直接影响了清末满汉官僚的民族意识及政治理念，许多学者对此都有探讨。④

学界对清亡后宗室王公的研究较少，除对宗社党、复辟派及溥仪的研究中旁及善耆、溥伟、载沣等人外，有关其他王公的文章多是一些类似回忆录的轶事记载。对于逊清皇室的研究，研究者主要将关注点放在清室优待条件及驱除溥仪出宫事件上。已有的研究主要关注民国政府、日本势力与逊帝溥

---

① 《满与汉：清末民初的族群关系与政治权力（1861—1928）》，第 339 页。
② 常书红：《辛亥革命前后的满族研究：以满汉关系为中心》，北京：社会科学文献出版社，2011 年。
③ 迟云飞：《清末最后十年的平满汉畛域问题》，《近代史研究》，2001 年第 5 期。李细珠：《清末预备立宪时期的平满汉畛域思想与满汉政策的新变化——以光绪三十三年之满汉问题奏议为中心的探讨》，《民族研究》，2011 年第 3 期。
④ 王开玺：《清末满汉官僚与满汉民族意识简论》，《社会科学辑刊》，2006 年第 6 期。朱东安：《晚清满汉关系与辛亥革命》，《历史档案》，2007 年第 1 期。李学智：《清末政治改革中的满汉民族因素》，《天津师范大学学报》，2007 年第 5 期。

仪的互动①，但对此事上各方势力与宗室王公出处抉择之间的互动关注不多。

关于清末从政宗室王公的个案研究，总体数量并不多，且关注点也仅在载沣②、善耆③、奕劻④、载泽⑤身上。研究者对这些王公的研究，主要集中在他们的政治活动上，主要探讨他们参与亲贵集权以致清亡，以及他们与清末新政、预备立宪的关系上，如善耆与北京警政、民政的建设，载泽与清末预备立宪的促成等。除去相关的人物传记，到目前为止，就笔者所见，尚未有其

---

① 喻大华认为如何处理逊清皇室关系新兴政权的稳定，但民国历届政府均未重视。北京政变激化了民国与逊清皇室的矛盾，为日本拉拢溥仪提供了可乘之机，而东陵事件最终导致了逊清皇室与民国政府的决裂，这些因素促成了溥仪潜往东北。喻大华：《〈清室优待条件〉新论兼探溥仪潜往东北的一个原因》，《近代史研究》，1994年第1期；喻大华：《论民国政府处理逊清皇室的失误》，《史学月刊》，2000年第3期。另外，胡晓在《国民党与溥仪出宫事件》一文中，认为驱除溥仪出宫事件是国民党领导的国民革命运动的重要组成部分。胡晓：《国民党与溥仪出宫事件》，《安徽史学》，2012年第2期。

② 对载沣的研究集中在：一、载沣使德。相关论著有：李学通：《醇亲王载沣使德史实考》，《历史档案》，1990年第2期。王开玺：《载沣使德期间的礼仪之争》，《紫禁城》，2002年第1期。李志武：《载沣使德述论》，《华南农业大学学报》，2003年第1期。张杰：《舆论笔下的载沣使德——以〈申报〉报道为中心》，《乐山师范学院学报》，2012年第4期。二、载沣与清末亲贵集权、清朝灭亡的关系。相关论著有：无园：《清末摄政王的纸上集权》，《紫禁城》，1987年第6期。温哲君：《浅评载沣集团的历史作用》，《惠州学院学报》，1993年第2期。刘冬梅、李书源：《载沣之误——宣统朝速亡原因新探》，《通化师范学院学报》，2005年第5期。雷俊：《载沣集权政策与清末党争》，《荆门职业技术学院学报》，2005年7月，第20卷第4期。周迎春：《摄政王载沣与清政府的倾覆》，《贵州文史丛刊》，2005年第3期。崔志海：《摄政王载沣驱袁事件再研究》，《近代史研究》，2011年第6期。李永胜：《摄政王载沣罢免袁世凯事件新论》，《历史研究》，2013年第2期。通论性质的文章有：李志武：《载沣研究》，中山大学2003年硕士学位论文。李学锋：《载沣与宣统政局》，中国社会科学院近代史研究所2011年博士学位论文。

③ 善耆相关的研究论著主要集中在善耆与清末新政的专题文章上，略有论及善耆与革命党关系的文章。相关文章计有：白杰：《清末政坛中的肃亲王善耆》，《满族研究》，1993年第2期。王飚、徐广：《善耆与中国近代警政》，《湖南公安高等专科学校学报》，2002年第2期。薛瑞汉：《清末新政时期的善耆与蒙古》，《历史教学》，2004年第8期。孙燕京、周福振：《善耆与清末新政——以20世纪初十年的北京新政改革为视点》，《北京社会科学》，2005年第1期。孙燕京、周福振：《善耆与革命党》，《清史研究》，2005年第3期。薛瑞汉：《善耆与革命党人关系初探》，《中州学刊》，2006年第6期。薛瑞汉：《善耆与民政部禁烟活动考察》，《商丘师范学院学报》，2006年第6期。薛瑞汉：《善耆与清末户口调查》，《河南广播电视大学学报》，2007年第2期。周福振：《论肃亲王善耆的立宪实践活动》，《北京社会科学》，2009年第3期。

④ 奕劻研究的相关论著《清庆亲王奕劻研究综述》一文总结甚详。参见周增光《清庆亲王奕劻研究综述》，《满族研究》，2010年第1期。

⑤ 载泽相关的研究主要为载泽与清末预备立宪。相关文章计有：罗华庆：《载泽奏闻清廷立宪"三利"平议》，《近代史研究》，1991年第2期。董以山：《载泽密折刍议》，《山东大学学报》，2000年第6期。李娜娜：《载泽与光宣政局（1905—1912）》，陕西师范大学2013年硕士学位论文。邓春丰：《载泽与清末立宪》，《湖北社会科学》，2013年第5期。

他王公的相关研究。

已有研究对宗室王公的价值评判呈现出一个从"批判"到"客观"的转变过程。正如前揭，王公贵族长期被视为革命的反面，随着时代的发展、史学研究的推进，对宗室王公的认识和判断也渐趋深入和客观，如罗华庆在《略论清末资政院议员》一文中论及资政院总裁贝子溥伦对陈请速开国会的积极态度、维护资政院利益等表现，认为溥伦不可能总是与议员保持一致，更不能与民选议员同声相求，其处事原则只能是多方兼顾、多方维持。对溥伦的评价是：如果誉其推动宪政，则是"过奖"；若责其始终完全站在清廷一边，则又未免不符事实。[①] 近些年甚至出现了对宗室王公大加"褒扬"的现象，如马勇在《1911年中国大革命》中对清帝退位时期隆裕太后及满族亲贵集团的表现大为赞誉，认为他们"深明大义"、以人民安危国家前途作为自己的最大利益，接受现实，坦然让步，体现了一个王朝应有的潇洒与智慧。[②]

在清末满族亲贵王公的研究中，传统政治史的研究方法、历史叙事的写作模式占很大比重，对他们政治活动的研究，主要是考察他们的政治行为。近年来研究者开始寻求研究对象、研究方法上的突破。孙燕京的《从〈那桐日记〉看清末满洲权贵心态》引入心理史的研究方法，试图通过把握满族权贵社会活动背后复杂的心灵结构，探讨个人与群体、社会结构、社会变迁之间的关系，并凸显清末民初上流社会群体活动与政权转移、风尚变迁、权利纷争以及社会各结构之间的内在关联。[③] 孙燕京、周增光的《辛壬之际旗籍权贵集团的政治心态》亦是从考察旗籍权贵集团短时段的政治心态入手，梳理、归纳辛壬之际他们的政治心态类型，剖析权贵集团诸种心态形成的原因。[④] 汪荣祖的《记忆与历史：叶赫那拉氏个案论述》则引入西方社会学家、史学家关于"记忆""集体记忆"与"历史"的相关理论，以不同社会背景、意识形态的人关于慈禧所形成的记忆为研究对象，以此说明记忆与历史的异同。他认为在民国成立前后，由于国家积弱的伤痛，以及康有为、章太炎等言论界

---

① 罗华庆：《略论清末资政院议员》，《历史研究》，1992年第6期。
② 马勇：《1911年中国大革命》，北京：社会科学文献出版社，2011年，第335—336页。
③ 孙燕京：《从〈那桐日记〉看清末满洲权贵心态》，《史学月刊》，2009年第2期。
④ 孙燕京、周增光：《辛壬之际旗籍权贵集团的政治心态》，《历史研究》，2012年第5期。

巨子的影响，在华人社会的集体记忆里，慈禧成为清朝罪恶的化身。即便历史学家凭借可靠的史料与理性考证，可以呈现比较真实的叶赫那拉氏之一生，但仍难以取代存在于华人社会中根深蒂固的集体记忆。① 该文的研究方法有助于呈现宗室王公在不同人物"记忆"中的多元面貌，并展现如何形成一种与"历史真相"有距离的"集体记忆"。

总体而言，有关宗室王公的研究大体自 80 年代中后期② 开始，研究内容较为丰富，涉及清末宗室王公集权，满汉关系，宗室王公与清末新政、预备立宪、清帝逊位的关系，宗室王公与各派势力的互动以及国际因素对他们政治活动的影响等方面。但直接以宗室王公的政治抉择为主要研究对象的论著仍较少，且仅有的研究亦主要是从宗室王公的政治活动入手，甚少考察他们的政治心态及动机，这也给宗室王公的进一步研究留下了较大空间。

就资料而言，有关清末宗室王公的史料相当丰富，能为进一步研究提供史料支撑，但分布相对分散。据笔者搜集，宗室王公表达政见的奏折，多为领衔合奏，第一历史档案馆馆藏数量最多，散见于各类官书、已整理出版的档案集中，如《清实录》《光绪朝东华录》《义和团档案史料》《清末筹备立宪档案史料》《光绪朝朱批奏折》等。除个别王公有文集、日记，如善耆的《肃亲王遗稿》、载沣的《使德日记》、载泽的《考察政治日记》、溥伟的《逊国御前会议日记》等外，大部分王公的资料，散见于诸多档案、书信、电报、日记、文集、笔记当中，需要研究者细致收罗。宗室王公的往来书信、电报，较为集中者为载沣存札③ 及载泽存札④，其余王公的函件散见于《荣禄存札》、

---

① 汪荣祖：《记忆与历史：叶赫那拉氏个案论述》，《"中央研究院"近代史研究所集刊》，第 64 期，2009 年 6 月。
② 之所以"大体"而言之，是因为此前有零星相关研究。这些零星研究起步很早，例如黄鸿寿在 1914 年初版的《清史纪事本末》中就专门辑录一章《亲贵用事》。参见黄鸿寿《清史纪事本末》，卷七十六，上海：上海书店，1986 年。但是就大规模、有大陆、港台、海外学术交流的研究而言，还是始于 20 世纪 80 年代中晚期。
③ 已有学者整理，参见丁进军《载沣存札选刊》，《历史档案》，1992 年第 4 期；丁进军：《载沣存札续编》，《历史档案》，2013 年第 2 期。
④ 《近代名人手札真迹——盛宣怀珍藏书牍初编》的第六册中，收录载泽致盛宣怀的七十二通函札。参见王尔敏、陈善伟编《近代名人手札真迹——盛宣怀珍藏书牍初编》，第六册，香港：香港中文大学出版社，1987 年，第 2764—2895 页。

《清代名人书札》《李鸿章全集》、盛宣怀档案全文检索阅读系统等文献、数据库中。自80年代后，陆续有宗室王公后裔及研究者参与整理出版他们的函件。与清末宗室王公相关的资料也散见于与其共事之人、当时在京的官员、外交使节所遗的各种史料中，如各国外交档案、日记、书信、笔记等。此外，其后人、亲戚、仆人的口述史料亦较为可观。一些野史笔记，亦多有与之相关的杂闻轶事。当时的报纸，中文如《申报》《时报》《大公报》《盛京时报》等，英文如《泰晤士报》(*The Times*)、《纽约时报》(*The New York Times*)等亦多有相关报道。清帝逊位后，清皇室与民国政府实际上仍存在众多经济、政治上的往来，这些活动多载于当时中央政府内部发行的《政府公报》《内务公报》上。以上资料虽然分散，但经过仔细搜集和整理，确能为进一步研究提供丰富的史料支撑。

近年来研究者不断整理出版相关史料，为后来者提供了诸多便利。2004年出版的《清代名人轶事辑览》[1]，仿《宋人轶事汇编》，补《清名人轶事》《清稗类钞》之缺憾，略加变通而成。该书以人系事，检索较为便利。每个人物前冠有百余字简明小传，说明生卒年、籍贯、仕履，注明室名、别名、谥号，后附从各种笔记杂文中辑录的轶事，各条俱注明出处，为研究者的进一步研究提供了极大便利。2011年出版的《近代史所藏清代名人稿本抄本》将一些社科院近代史所收藏的史料相继结集出版，如《奕譞档》《奕劻档》等。伴随近些年纸质文献的"数字化"，研究者搜索、查阅相关史料亦更为便捷。[2]如

---

[1] 李春光:《清代名人轶事辑览》，北京：中国社会科学出版社，2004年。

[2] 台湾学者黄一农注意到丰富的数字化资源，利用网络和电子资料库，搜集各种语言的原始资料和近代著述，引用文献1099种，写作《两头蛇—明末清初的第一代天主教徒》。这位物理学博士、天文学家出身的历史研究者，不仅对明清天主教入华史进行了深入开拓，更提出了"e时代考据"的概念，为信息时代的历史研究提供了范例。他声称，如果仍旧安于文献的摘引、复述与排比，"或将有愧于科技进步赋予这一代工作者的特殊条件"，而数字化让"我们有机会在很短时间内就掌握前人未曾寓目的材料，并填补探索历史细节时的许多隙缝，或透过逻辑推理的布局，迅速论断先前待考的疑惑或矛盾"，"先前许多学者对中文文献的处理，往往仅加以摘引、陈述和编排，对资料本身缺乏深入的析探，以致多只能解读文字的表面意义，而无法萃取出掩盖在表层之下的丰富信息。且当有不同文献中的说法出现矛盾时，也常不能'传信存疑，以别史料'，并透过严整的逻辑推理法则去觅求较合理的解释。事实上，现今许多中国史的论著仍不脱'剪刀加糨糊再裱褙'的平面展示模式，而未能呈现人、地、时、物所交错之多度空间的纵深"。见黄一农:《两头蛇——明末清初的第一代天主教徒》，上海：上海古籍出版社，2006年。

第一历史档案馆已经整理出来的军机处录副奏折、汉文档册（随手档）、电报档、《清实录》等数据库，可据责任者、题名、时间等检索项检索，并浏览镜像版原文，为检索、查阅清末宗室王公奏折提供了便利。近代报刊的数字化亦在进行，如晚清民国期刊全文数据库、大成老旧刊全文数据库、《申报》全文数据库等，可据题目、全文、时间等检索项检索浏览。又如国家图书馆的民国期刊数据库，现已提供4351种期刊电子影像的全文浏览，且仍不断更新资源库内容。

宗室王公相关史料运用的困难，一为分散，不易收集，二为需研究者细致甄别考辨。在众多不同种类的史料中，往往有互相矛盾之处，需要研究者甄别出可靠的史料。例如在载涛、溥仪等人的回忆性文章中，载沣是一个优柔寡断、性情温和之人，而在袁世凯致袁世勋的一通信函中记载道，载沣在官制改革的过程中因是否废军机与袁世凯争辩再三，并且举枪相向[①]，与其一贯的"面貌"判若两人。这些与以往研究中一般印象完全相反的史料的可靠程度若何？哪个才是他们的真实面目？为何会有与一般印象迥然相反的史料出现？这巨大的反差背后说明了什么？这些都是在史料运用过程中必须注意到的问题。

本书的主要研究对象为清末宗室王公。宗室王公世爵计有：一和硕亲王、二多罗郡王、三多罗贝勒、四固山贝子、五奉恩镇国公、六奉恩辅国公、七不入八分镇国公、八不入八分辅国公、九镇国将军、十辅国将军、十一奉国将军、十二奉恩将军，其上层自和硕亲王至奉恩辅国公，为宗室王公。本书选题所用"宗室王公"，是指封爵为辅国公以上的清朝宗室。据台湾学者赖惠敏所统计的清代玉牒上记载封爵的人数，辅国公以上共有519位。本书考察的宗室王公并非全清519位王公，而是在1900—1911年间在世的清末王公，含清朝开国初期功封的"八大铁帽子王"后裔、清末功封的世袭罔替亲王庆亲王、醇亲王、恭亲王，以及因为与皇室近支而晋封亲王、郡王、贝勒、贝子、镇国公、辅国公爵位的皇族，据《爱新觉罗宗谱》、《清实录》、上谕档王公生日清单等资料统计出清末宗室王公共64位[②]，本书重点考察在近代政治改

---

① 杜春和等编：《北洋军阀史料选辑》，上册，北京：中国社会科学出版社，1981年，第49页。
② 具体人名参见附表《清末宗室王公总数统计表》。

革过程中从政的王公，如：奕劻、载泽、载振、载润、载沣、载洵、载涛、溥伦、溥伟、善耆、毓朗等。

本书的研究时段划定为清末民初，大致在1900—1912年间。以1900年为起点的原因在于，经历庚子事变中外不同势力与清皇室的角力后，宗室王公政治心态和政治活动都发生了变化。庚子后，更多宗室王公筹划如何挽救王朝，展现出积极参政、群体崇洋趋新的政治心态。同时，他们在职官、阅历上也多有改变。在1900—1912年这一时段中，清政府试图通过进行政治改革以挽救危机，其间，宗室王公群体扮演了重要的角色。1908年慈禧、光绪离世，载沣摄政，清政府虽下令继续预备立宪，但由于宗室王公群体集权等因素，清政府无法平息迅速改革政治的呼声，最终在辛亥革命的浪潮中，清帝退位，中国的政体由此从君主制转向共和制。以1912年为终点，则是由于民国成立后，宗室王公群体已不再是统治阶级成员，其政治地位、权势、影响等都已发生巨大变化。民国初年，共和潮流与复辟活动的纠葛浮浮沉沉，断断续续。在这两股力量的角力中，宗室王公的出处抉择具有一定的政治象征意义。在上述历史进程中，宗室王公或多或少、或主动或被动地参与其间，扮演了不同的角色，起到不同的作用，鉴于此，特选取1900—1912年作为考察的时段。但需要指出的是，由于作为个案出现的宗室王公参与政治活动的时间不固定，所以这只是一条大致的分界线。

本书将围绕宗室王公与清末政治改革的关系展开。作为统治集团的核心力量，宗室王公支持清政府通过改革政治制度以救亡图存。从权力论角度看，政治者，权力也，马克斯·韦伯称政治即"力求分享权力或力求影响权力的分配"①。也就是说，政治改革即权力的重新分配过程。围绕宗室王公与清末政治改革的关系，即围绕宗室王公与清末政治权力重新分配的关系。宗室王公在清末政治权力重新分配过程中的态度如何，行为举措如何，与其他政治势力的关系如何，客观效果如何，时人对其看法如何等，都将是本书试图探讨的内容。

---

① ［德］马克斯·韦伯著，林荣远译：《经济与社会》，北京：商务印书馆，1997年，第731页。政治权力论者的鼻祖可推至意大利思想家马基雅维利，他认为政治是夺取权力、掌握权力的必要方法的总和。

本书共分为六章。

第一章主要论述清末宗室王公的从政总况。清末宗室王公的封爵之途以承袭为主,包含直接承袭、过继承袭、先考封低等爵秩再承袭等方式,并且出现了出于外交目的给出使王公厚加爵衔之例。宗室王公在中央行政部门担任职官的比例逐渐增大,出现了位高权重、逐渐集权的趋势。清末,宗室王公在中央行政机构任职的人员逐渐增多,比例不断升高。宗室王公在军机大臣中的比例占半数,在中央部院大臣中的比例也几乎过半。从政治生态而言,这是一种权力比例严重失衡。对清末新政的推行而言,清末从政的宗室王公以少壮王公居多,这些王公大多有出洋游历经历,皆供职于新设的中央行政部门,积极支持清末新政,尤其是军政变革。

第二章主要论述清末宗室王公政治心态的特征及转变。宗室王公在庚子前,长期趋公惟谨、明哲保身。庚子时期,宗室王公出现分化,如庆亲王奕劻等继续维持此前心态;以端郡王载漪为首的另一派王公,则颟顸揽权、固执己见。庚子后,宗室王公的主体政治心态又出现转变,从消极处世转为积极参政。宗室王公群体政治心态的转变,与清政府内外形势变化、清皇室对宗室王公的限制与倚重政策均有关系。从宗室王公的政治心态转变来看,他们支持清政府进行政治改革,具有一定主动性。

第三章主要讨论宗室王公在军政改革中整顿陆军、重建海军的具体举措。宗室王公通过军政变革,在制度上完成军政集权。他们所推行的军政改革因财政困窘,并未完全落实。同时,由于王公自身能力不足、相互倾轧等原因,已进行的军政改革成效也不甚明显。

第四章讨论宗室王公在预备立宪时期的具体举措。预备立宪初期,宗室王公支持派遣大臣出洋考察政治,并建言清政府仿行君主立宪,基本上支持清政府从速宣布立宪,从缓实行。在预备立宪过程中,宗室王公尤为注意维护君主权力和王公利益。丙午官制厘定后,凭借中央机构变革,王公逐步在中央机构中占据比例优势。1910年,围绕立宪派国会请愿活动,王公群体分裂为两派,一派以奕劻为首,包括载沣、毓朗,主张从缓召开国会;一派以溥伦为首,包括载涛、载洵、善耆、载泽,支持从速召开。双方展开论争,最后两派妥协,将国会召开之日期缩短,并提前组织责任内阁。组织责任内阁本是宪政改革题中之义，宗室王公却违背宪政平权之宗旨，促成皇族内阁出台，导致在宪政改革中支持清政府的各种政治力量与清政府离心。

第五章研究宗室王公在清末满汉权力格局变迁中的作为及作用。宗室王公建议并支持清政府推行了一些化除满汉畛域的举措。然而，在此过程中，宗室王公又借用人不分满汉，趁机集权，引起时人对清政府变革满汉权力格局、平满汉畛域的质疑。

第六章论述宗室王公在武昌起义爆发后的出处抉择。辛亥革命爆发后，清皇室在大势已去之下，选择下诏逊位，实行共和。清帝退位后，个别宗室王公备位于民国参议院；又有部分宗室王公选择游移在各方政治势力之间，维护优待条款，并逐渐远离逊清皇室；更多宗室王公则选择寓居租界，不问政事，蛰伏不出；还有个别王公试图策划复辟运动。宗室王公的出处抉择，与他们的政治地位、政治心态变化有莫大关系，也与南北政争背景下，北方、南方政治势力与宗室王公的复杂关系大有关联。

第一章　宗室王公从政与清末政治生态失衡

清承明制而有所损益。明朝的藩王制度"分封而不锡土，列爵而不临民，食禄而不治事"，清朝在明制基础上进一步改良，对王公实行"诸王不锡土，而其封号但予嘉名，不加郡国"的制度。清初的宗室王公"内襄政本，外领师干，与明所谓不临民、不治事者乃绝相反"。[①] 宗室王公在清代地位超然，与皇权联系紧密。一方面，皇帝需依赖王公辅助以巩固其异族统治；另一方面，皇帝又担心大权旁落，故对王公严格控制。所以，可以明显地看出，清代王公的权势随着皇权的消长而变化，权力时起时落。如，清初的议政王会议制度使得宗室王公可以参政议政，拥有一定决策权力。在特殊历史时期，甚至出现了睿亲王多尔衮以摄政王身份权倾一时的情况。但皇权一经稳固，议政王会议制度便遭取消，遂有亲贵不干预政治的祖训。不过，清朝历代都有个别王公间歇性地入值军机、参与议政的案例，如雍正时期的怡亲王、嘉庆时期的成亲王及咸丰时期的郑亲王、恭亲王。

1861年辛酉政变后，在太后垂帘、皇帝年幼的背景下，亲王入值军机处与总理衙门遂成为不成文之定制，先后有恭亲王、礼亲王、庆亲王入值军机处及总理衙门。随着清末政治改革不断设立新的中央行政部门以及1908年光绪、慈禧去世后醇亲王载沣摄政，更有大批宗室王公从政，任职于中央行政部门。由此，宗室王公在清末权力高涨一时。

---

① 赵尔巽等撰：《清史稿》，卷215，列传2，北京：中华书局，1977年，第8936页。

第一节　清末宗室王公的爵位与任官

1900—1911年，宗室王公总计有64人，占玉牒统计的清代王公总数的64/519。[①] 分年以计之，清末每年在世的宗室王公在四十人左右。[②]

一、爵位获取途径

宗室王公的爵位计有亲王、郡王、贝勒、贝子、镇国公、辅国公等，其爵位的获取途径主要有功封、承袭、考封、恩封四种。但在清代不同时期，宗室王公爵位的获取途径有所差异。

清初宗室王公多以追随皇帝开国的武功而封爵。然而，最高统治者并不满足于王公仅凭武功立世。皇太极认为当时的王公不读书，不知忠贞之义，遂屡次下令宗室子弟读书。清中期以后，疆域稳固，兼之宗室子弟尚武之风发生改变，因武功而功封的王公极少。此时，宗室王公爵位的获得主要是承袭、考封、恩封。除了皇子年满十五照例请封、各王公准许一名承嗣子降袭其爵位外，其余宗室，即使是亲、郡王嫡子，也要年满二十后请旨考试并"辨有文艺骑射之优者，列名引见，请旨授封"[③]，方能授予爵位。乾隆十三年，钦定宗室考试的内容为：骑射、步射及翻译三项。三项皆优者，方得以授封应得之爵。两优一平者，降一等。一优两平、两优一劣者，降二等。三项皆平及一优一平一劣者，降三等。一优两劣、两平一劣、一平两劣及三劣者皆停封，令其再行考试。

[①] 美籍华人学者李中清、王丰及台湾学者刘素芳、赖惠敏等人将玉牒建立数字档案，统计得出清代玉牒记载的封爵为辅国公以上的皇族共有519位。

[②] 笔者依据上谕档中王公生日清单、《清实录》、《爱新觉罗宗谱》等资料逐年统计在世宗室王公总数，为：1900年33人；1901年19人（人数骤减系因大批宗室王公被革爵）；1902年35人；1903年40人；1904、1905、1906、1907、1908年42人；1909年45人；1910年42人；1911年41人。

[③] 托津等撰：《钦定大清会典事例》，卷二，沈云龙主编：《近代中国史料丛刊三编》，第六十五辑，第642册，台北：文海出版社，1991年，第74页。

乾隆定下的宗室骑射、步射、翻译三项考试授封爵秩之制沿用至清末。宗支较远的宗室，在清末依然能够通过考封晋爵。光绪年间，乾隆朝定下的考试内容依然奉行如故。宣统朝，虽仍沿用考试宗室的旧制，但考试内容已有所改变。鉴于宗室对满语已经生疏，考试仍将翻译满汉文字定为考核内容，但已将考验弓马改为考校气枪射击。[1]清末通过考封得到爵位的王公数量不多，仅毓朗、溥葵等人。毓朗是在光绪十二年十二月考封的三等镇国将军，[2]溥葵则是于光绪廿三年十二月考封一等辅国将军，授二等侍卫。[3]而且需要指出的是，这只是他们首次取得爵位的途径，他们获取最高爵位的途径则是承袭。

清末宗室王公获得爵位的途径主要是继承先人爵位。清末执政的少壮派王公如肃亲王善耆、醇亲王载沣、恭亲王溥伟等俱是继承祖先所遗之世袭罔替亲王爵位。先人爵位并非世袭罔替，按制承袭的宗室王公数量居多，活跃于光宣政坛者如溥伦（光绪七年正月承袭固山贝子[4]）、载润（光绪十二年正月承袭多罗贝勒[5]）、载濂（光绪十五年正月承袭贝勒，并赏加郡王衔[6]）均如此。除了直接承袭祖父辈的爵位，还有很多宗室王公是通过奉旨过继给无嗣的王公来承袭爵位，如：载泽，于光绪三年三月奉旨过继为奕询嗣，照例承袭辅国公。[7]载滢，于光绪七年奉旨过继与钟端郡王奕詥为嗣，按制降袭多罗贝勒。[8]载漪，则于光绪十年正月奉旨过继与瑞敏郡王奕誌为嗣，十年六月承袭多罗贝勒。[9]载洵，于光绪二十八年六月奉懿旨承继瑞敏郡王奕誌为嗣，承袭贝勒。[10]载涛，则于光绪二十八年六月奉懿旨承继钟端郡王奕詥为嗣，并承

---

① 宣统元年十二月十五日（1910年1月25日），贝勒载润等奏考试宗室气枪暨识满汉文字开单呈览一折。见《宣统政纪》，卷27，《清实录》，第60册，北京：中华书局，1987年，第503页。
② 爱新觉罗·常林主编、宗谱编纂处编：《爱新觉罗宗谱》，甲一册，北京：学苑出版社，1998年，第111页。
③ 《爱新觉罗宗谱》，甲一册，第117页。
④ 《爱新觉罗宗谱》，甲一册，第2页。
⑤ 《爱新觉罗宗谱》，甲一册，第90页。
⑥ 《爱新觉罗宗谱》，甲一册，第59页。载濂在庚子事变期间支持并建言招抚义和团，奉命负责北京城的城守事宜，于光绪二十六年九月被革爵。
⑦ 《爱新觉罗宗谱》，甲一册，第86页。
⑧ 《爱新觉罗宗谱》，甲一册，第18页。光绪二十六年九月因为支持义和团被革爵归宗。
⑨ 《爱新觉罗宗谱》，甲一册，第61页。光绪二十六年九月因为支持义和团被革爵归宗。
⑩ 《爱新觉罗宗谱》，甲一册，第38页。

袭贝勒。①

宗室王公获得爵位的途径在清末还出现了新的变化。光绪二十七年，镇国将军载振奉命出使英国祝贺英国国王爱德华七世加冕，慈禧专门赏封其加贝子衔。虽然恩封爵位是王公获得爵位的传统途径之一，但此次恩封使得专使载振的身份更加高贵，却是为了显示清政府对于英国邦交之慎重。这种出于外交目的赏加爵衔，亦是清政府在列强压力下进行外交礼节改革，奉行"阳存优待，隐示羁縻"②外交礼仪处理方式的实践之一。

二、职任与从政

科举入仕是清朝任官之正途。清末亦不乏宗室中举入仕之例。据《宗室贡举备考》记载，宗室中举者有：鼎甲一人，寿耆（光绪癸未榜眼）；传胪一人，灵桂（道光戊戌）；乡、会试联元二人：保极（道光辛巳、壬午）、福锟（咸丰戊午、己未）；解元登会元七人。③《行素斋杂记》载，清朝合榜取士的二百余年间，"宗室八旗中一甲及第者四人，二甲第一者二人：道光癸未传胪满洲麟文端魁，戊戌传胪宗室灵文恭桂，同治乙丑状元蒙古崇文山冢宰绮，探花汉军杨子和太守霁，光绪癸未榜眼宗室寿子年阁学耆，己丑探花汉军刘静皆太史世安。……"④虽然宗室中不乏登科入仕者，但并无宗室王公通过科举入仕。清末王公从政的途径无一例外，皆由皇帝直接简派。

在清代，一般国有庆典，推恩封赏的秩序都是首重亲亲、首重懿亲，用以显示皇帝笃念宗支。有一些专门职务，只能由王公担任。如，管理皇族的宗人府，"置宗令一人；（亲王、郡王为之。）左、右宗正，（贝勒、贝子兼摄。）

---

① 《爱新觉罗宗谱》，甲一册，第39页。
② 奕劻致荣禄函，《荣禄档》，第六册，虞和平主编：《近代史所藏清代名人稿本抄本》，第一辑，第69册，郑州：大象出版社，2011年，第9页。
③ 瑞联编：《宗室贡举备考》，沈云龙主编：《近代中国史料丛刊》，第三十九辑，第381册，台北：文海出版社，1969年，第4页。
④ 继昌：《行素斋杂记》，《近代中国史料丛刊三编》，第四辑，第37册，台北：文海出版社，1985年，第26页。

宗人，（镇国公、辅国公及将军兼摄。……）俱各二人"①。扈从皇帝的高级武职，也倾向于由宗室王公担任，如领侍卫内大臣虽然负责内廷禁卫，但由于多在御前行走，故而多以宗室、王、贝勒授予此职。御前大臣，"体制最尊，即满语所谓之'戈什昂邦'"②，除了固定予以蒙古王公一缺以示优容外，其余御前大臣非宗室王公中负有重望者，罕能担此职任。另有一些短期差使只能任用与皇室血脉相连的宗室王公，诸如在祭祀神灵、社稷、陵寝时，宗室王公常被派遣代表皇帝行礼。此外，在皇帝倚重的大臣去世时，为表抚恤之意，皇帝也常派遣王公带领侍卫前往赐恤。这些都是其他满汉大臣不能企及的殊荣。

清末宗室王公担任的职任大致计有四类：

其一，中央行政部门，如军机处、六部及清末新设的中央行政机构。

其二，宗人府，宗令、宗正、宗人等职务。

其三，负责禁卫的武职，如：京八旗、前锋、护军都统、副都统、内务府三旗领侍卫内大臣等。

其四，扈从皇帝之职任，如：御前大臣、御前行走、内廷行走、散秩大臣等。

台湾学者赖惠敏通过玉牒的任官统计发现，清代皇族的任官有三分之一以上在有爵位者身上，计有85%左右为王公，且任官在三品以上。③清末王公的任官大致不出此结论，并且从宗室王公的爵位与其在中央机构任官的比例来看，爵位越高，在中央机构担任官职的比例越大。清末宗室王公中在中央行政部门担任职务的亲王有八人④，郡王二人⑤，郡王衔贝勒二人⑥，贝勒一

---

① 《清史稿》，卷114，志89，第3266页。虽然后期宗人府的宗令、宗正、宗人等官职号称择贤而任，不以爵位为限，但是担任这些职务的宗室，无不是王公。

② 《行素斋杂记》，《近代中国史料丛刊三编》，第四辑，第37册，第34页。

③ 《清代皇族的封爵与任官研究》，《清代皇族人口行为和社会环境》，第140页。

④ 从政的亲王计有：庆亲王奕劻、醇亲王载沣、恭亲王溥伟、肃亲王善耆、礼亲王世铎、睿亲王魁斌、庄亲王载功、【庄亲王载勋】。（注：爵位后来被革除的宗室王公，用【 】标示，下同。）

⑤ 从政的郡王计有：顺承郡王讷勒赫、【端郡王载漪】。

⑥ 载洵、载涛。

人①，贝勒衔贝子一人②，拥有贝子衔的王公二人③。但是，宗室王公的爵位与职务品级没有必然联系。如，清末，载泽以贝子衔镇国公的爵位出任度支部尚书，与善耆以世袭罔替亲王爵位出任民政部尚书。两人爵位虽有高低，在职务品级上却是一样的。

从王公担任的官职来看，并不是所有职务都与襄赞大政相关。八旗都统负责管理旗下兵丁钱粮等旗务，守陵大臣负责守护祭奠等事务，他们并未参与制定统治策略与政治决策；宗人府的宗令、宗正、宗人职责为管理宗室觉罗等皇族，亦不参与大政。但需要注意的是，即便王公担任各部管部大臣、出任军机大臣，他们的三载考绩也是由宗人府负责。例如宣统元年闰二月初二日，"军机大臣、总理外务部事务庆亲王奕劻谨慎忠纯、勋劳懋著、竭诚筹画、悉协机宜，著交宗人府从优议叙"④，与其他满汉大臣交由吏部考绩不同。宗人府相当于王公群体的吏部，宗令、宗正、宗人虽不一定参与议政，但却掌管着从政王公的考绩。

王公作为统治集团的一员，并且是与皇权联系紧密的贵族集团，与皇室休戚与共。虽然单从简派官职的职责权限来看，宗室王公不一定参与议政，但在人治的封建社会，即便并无律令明确规定王公必须议政，君主却常常下令王公参与议政。例如光绪三十二年七月，醇亲王载沣时任正白旗汉军都统、管理健锐营事务，单从他的职务来看，其职责仅为管理旗务，并无议政之责。然而，在考察政治大臣归国后，慈禧太后却令载沣参与阅看考察政治诸臣所奏折件，并参与清政府是否预备立宪的廷议。所以，若单以职任论王公是否从政会失之准确，对从政王公的界定，应该依据职任权限及实际情况而定。

---

① 毓朗。
② 溥伦。
③ 载泽（贝子衔镇国公）、载振（贝子衔镇国将军）。
④ 中国第一历史档案馆编：《光绪宣统两朝上谕档》，第35册，桂林：广西师范大学出版社，1996年，第81页。

第二节　清末王公从政与中央政治生态

根据清末宗室王公首次从政的时间来划分，大致可以分为以下几类：

一类是老臣派，或老成派，指的是庚子事变前早已任官多年的王公。如庆亲王奕劻、礼亲王世铎，任官历经咸丰、同治、光绪、宣统四朝。这类王公人数较少，任官多年，以谨慎趋公、老成持重为念。在清末，他们虽承认部分改革，但并不支持全面的政体改革。

人数较多的一类是庚子后一代，指的是在庚子事变后才涉足政坛的王公，这一类多为中青年，被视为少壮派，如肃亲王善耆、醇亲王载沣、贝勒毓朗、贝子衔镇国将军载振、贝勒衔贝子溥伦、贝子衔镇国公载泽等。他们大多积极入仕，对清末进行政治改革、实现中兴①抱有热望。此外，还有宣统后一代，指的是载沣上台后，于宣统朝骤然进入政坛的青年王公，如郡王衔贝勒载洵、载涛等。他们多被舆论视为激进的改革派，保守论者则认为未及而立之年的他们年少轻狂。

有一定数量的王公在1901年后并未任官。这类王公中，一部分是庚子后因支持招抚义和团灭洋而被削除爵位的王公。除庄亲王载勋、怡亲王溥静身亡外，尚余载漪、载澜、载滢、载濂等四人。虽然他们在庚子年曾短暂进入清政府权力中枢，但在庚子后被革爵永不起用，在政治上已毫无作为。此外，尚有一部分未成年的幼年王公并未涉足政坛。清末未成年王公计有：豫亲王懋林（宣统朝未成年即递折求差，被载沣斥责）、怡亲王毓麒（1901年，2岁袭爵）、郑亲王昭煦（1902年，2岁袭爵）、克勤郡王晏森（1910年，14岁袭爵）等。但据清廷定制，王公年满18岁后，会有一定差使，可在内廷行走，亦有

---

① 本书所用的"中兴"并非专指同治中兴。宗室王公群体将庚子后的清末新政也视为"中兴"。在他们的诗词、书信中多有关于"中兴"的表述。诸如肃亲王善耆的《寄锡聘之先生（丁巳秋）·其二》："兵燹当庚子，城东屋接连。破窗榴弹烈，扈跸葛衣穿。未竟中兴业，还逢未造年。辽东归去好，大节能独全。"善耆：《肃忠亲王遗集》，北京师范大学图书馆藏1928年石印本，第18页。毓朗的《谢胡主事初泰赠地图诗集》，亦称清末乃"中兴当此时，非子孰与权。努力事新法，取多用始便"。毓朗：《余痴生诗集》，纪宝成等编：《清代诗文集汇编》，第789册，上海：上海古籍出版社，2010年，第591页。

机会在政坛发展，故与已革爵位的王公不同。整体来看，清末从政的宗室王公呈现以下特点：出洋游历的比例较高、主要供职于新设中央机构、以少壮王公居多。

一、眼界阅历拓宽：王公出洋游历者剧增

清朝皇权巩固以后，天潢贵胄非奉命不得出都门，王公外任者寥寥无几，更绝无亲贵出洋游历之先例。据《清代各地将军都统等大臣年表（1796—1911）》[1]所列人名录统计，清朝中后期，宗室王公鲜有外用者。该表共收录了嘉庆元年以后出任各省驻防将军、都统、副都统及盛京五侍郎之1437人，其中宗室者103人，尚不及总数的1/14。外任之宗室中有封爵者数量更少，爵位为王公者更是寥寥无几。嘉庆元年至宣统三年这115年间，封爵在辅国公（含辅国公衔）以上的宗室出任各地将军都统大臣的仅有10人，占总数尚不及1/100，而且除死后追封为怡亲王的奕格外，宗室王公中外任将军都统者的爵位没有超过贝子者。1900年后，出任各地将军都统大臣的王公，仅有镇国公载卓一人（荆州将军）。

清末宗室王公外任的情况虽无重大变化，但王公外出游历的情况却有所转变。1900年前，宗室王公外出任官尚且是小概率事件，且绝无王公出国者。1901年载沣奉命代表清政府出使德国为克林德遇害事件致歉，这是宗室王公出洋游历的开端。王公此时出洋乃应德国要求，不得不为。同时，这件事情也开启了清政府外交礼节的改变。据管理外务部的宗室王公庆亲王奕劻致军机大臣荣禄的信函可知，清政府虽然应列强要求酌改外交礼节，尤其是觐见礼节，但又奉行"阳存优待，隐示羁縻"的策略。清政府外交礼节的改革还体现在，其一，出于外交目的赏加宗室王公爵衔，如前文所提及的为载振恩封贝子衔。其二，与各国国君之间的观礼、问候、答谢等外事活动，派遣宗室王公作为专使出洋。另外，宗室王公出洋游历也是清末开展政治改革的需

---

[1] 章伯锋编：《清代各地将军都统等大臣年表（1796—1911）》，北京：中华书局，1965年。

要。1901年清政府为挽救统治危机，推行新政。此后陆续有官员，如胡惟德、袁世凯等奏请清政府派遣宗室王公出洋游历，以开通风气。1907年慈禧遂下令，所有近支王公，从亲王到奉恩将军，年纪在20岁以上、30岁以下，如有愿出洋游学者，向宗人府报名，听候派遣。此外，1901年后，从政宗室王公在主观意愿上也愿意出洋游历。清政府在《辛丑条约》的议定过程中重罚了极端排外的王公，1901年后，宗室王公中的极端保守者已经被清除出政坛，其余的从政宗室王公，从其主观意愿来看，基本上对外持开明态度，愿意出洋游历。如毓朗记叙自己赴日本考察警政之行，称自己为王公中至日本第一人："概当庚申以后、庚子以前，王子无入政界、使承命往异国者，际兹奇遇，或有异感欤！"① 毓朗将赴日考察警政之举视为奇遇，欣然出洋。1906年，肃亲王善耆又向军机首领庆亲王奕劻商议改变宗室王公不准出京旧例，得到奕劻首肯。② 清末，王公作为专使正式出洋游历计有七人十二次，其中七次集中在1906—1910年间。此外还有非专使身份的出洋游历者，如1908年庆亲王奕劻第二子载抟随唐绍仪访美，1911年奕劻第五子载抡自费出洋游历。

宗室王公作为专使出洋的目的主要有三：其一，为了巩固邦交，例如载沣使德致歉、载振赴英致贺；其二，参加国际商贸活动，如载振率团参加日本大阪博览会、溥伦率团参加美国圣路易斯世界博览会；其三，考察各国的先进制度，如毓朗赴日学习警政，载泽赴日、英、法、比四国考察宪政，载洵、载涛出洋考察军政。宗室王公出洋游历的具体目的虽各不相同，但他们在出洋游历时，却多注重考察风土人情，尤其注重参观国外军事院校、兵工厂等。有出洋阅历的王公，除载沣19岁使德外，其余王公的年龄皆在20—40岁间。同时，除载沣外，其余六位王公均任职于清末新设中央部门，计有巡警部、商部、度支部、资政院、海军部、军咨府，他们通常被报刊认为是王公中支持政治改革的激进派。从预备立宪及国会运动期间的舆论来看，这些王公大都被视为支持宪政和速开国会的急先锋。宗室王公出洋游历的影响主要有：一、促使宗室王公政治心态转变；二、推动清末军政改革；三、促进清政府宪政改

---

① 毓盈著，黄延复标点整理：《述德笔记》，中国社会科学院近代史研究所《近代史资料》编辑部编：《近代史资料》，总79号，北京：中国社会科学出版社，1991年，第95页。
② 《议删宗室王公不准出京旧例》，《通问报》，1906年，第209期，第6页。

革的开启。宗室王公出洋游历的影响，将在本书其他章节展开论述，在此不作赘述。

二、少壮多于老成：年龄结构剧变

清末十年从政宗室王公的年龄分布大约如是：年纪在 60—70 岁的老年王公两位；50—60 岁的三位，且都年在 55 岁以内；40—50 岁三位；30—40 岁八位；20—30 岁四位。总体而言，参政王公中 30—40 岁者最多。若以少壮派王公称之，则无疑能概括从政王公的绝大部分。

少壮派王公占据数量优势，他们的政见能够影响清末政治改革的方向。不过老年王公数量虽少，却长期领班军机，为枢臣之首，如奕劻、世铎，多年供职于中枢，奕劻在清末更是领袖军机，并掌外务、练兵两大部门。老臣派王公与少壮派王公政见时有不同，在清末政治改革过程中政争不断。老臣派王公数量虽不及少壮派王公，但他们长期占据重要职官，在政争中不一定处于下风。还需要注意的是，老臣派与少壮派也并非绝对政见不合。在国会请愿运动期间，老臣庆亲王奕劻与少壮王公载沣、毓朗的政见就趋于一致，主张从缓召集国会。[1]

三、群主新政与政出多门

1900 年前，宗室王公主要集中在宗人府任官、负责禁卫的高级武职、扈从皇帝等职务，在中央行政机构任官的王公数量极少。笔者从《清季职官表》[2]所列职官统计出，嘉庆元年至光绪二十五年这 104 年间，王公出任中央

---

[1] 载沣、毓朗在已有研究中常常被认为是急进派，支持国会速开，但据笔者考察并非如此。他们在国会请愿运动中的态度，将在第四章中展开论述，在此先不赘述。
[2] 魏秀梅：《清季职官表（附人物录）》，《"中央研究院"近代史研究所史料丛刊》，第 5 册，台北："中央研究院"近代史研究所，1977 年。

六部尚书、侍郎者仅有四人①。传统六部之外，雍正朝创设的军机处，逐渐成为清政府的行政总汇之区。军机处虽未专设尚书、侍郎，但却因皇帝倚重，被时人称为中枢、枢垣、政府；军机大臣虽为兼差，但权位重于一般高官，被时人视为枢臣。同治元年以前，出任军机大臣的王公仅有嘉庆朝成亲王永瑆、咸丰朝恭亲王奕訢两例，且任职时间均不长。同治元年后，简派王公入值军机处、管理总理衙门成为惯例。光绪二十六年后，宗室王公在中央行政部门任官的人数逐渐增加，在1900—1911年短短的11年间，宗室王公在中央任官的人数共计有二十人②。1900年后，宗室王公在中央高官中所占的比例也越来越大。

宗室王公在传统机构中任官最多的是军机处。同治元年后，王公入值军机处成为惯例，一般每年有一名王公入值军机。1900年后宗室王公入值军机处的总人数计有五人，为礼亲王世铎、端郡王载漪、庆亲王奕劻、醇亲王载沣、贝勒毓朗。在1900—1911年间，出现三次两名王公同时入值军机的情况，包括1900年同为军机大臣的世铎、载漪；1907、1908年的奕劻、载沣；1910、1911年的奕劻、毓朗。由此可见，清末王公在军机大臣中所占比例的低谷在1901年七月到1903年三月，近两年间无王公入值军机，打破了慈禧垂帘听政以来王公入值军机的惯例。王公在军机大臣中所占比例最高的时候是在1910年七月至1911年四月，因为奕劻、毓朗同时入值军机，及军机大臣人数锐减，王公在军机大臣中的比例占到半数2/4。

---

① 此四人计为：1.奕颢，镇国公衔，道光年间历任礼部、兵部、工部尚书；2.载铨，亲王衔定郡王，道光年间历任礼部、工部尚书；3.奕湘，贝子衔镇国将军，咸丰元年—三年，礼部尚书；4.载龄，辅国公，同治三年—光绪三年，吏部尚书。

② 1900年后在中央行政部门任官的宗室王公计有：1.礼亲王世铎（军机大臣），2.庆亲王奕劻（军机大臣、管理总理衙门事务、管理外务部事务、管理练兵处事务、内阁总理大臣），3.醇亲王载沣（军机大臣、监国摄政王），4.贝勒毓朗（巡警部左侍郎、军机大臣、训练禁卫军大臣、军咨大臣），5.端郡王载漪（管理总理衙门事务），6.贝子衔镇国将军载振（商部尚书、农工商部尚书），7.肃亲王善耆（民政部尚书、民政大臣、理藩大臣），8.贝子衔镇国公载泽（度支部尚书、盐政大臣、度支大臣），9.贝勒衔贝子溥伦（资政院总裁、农工商部尚书），10.郡王衔贝勒载涛（训练禁卫军大臣、军咨大臣），11.郡王衔贝勒载洵（海军大臣），12.恭亲王溥伟（禁烟大臣）。1910年资政院召开会议，钦选宗室公世爵议员中，派出：13.睿亲王魁斌，14.庄亲王载功，15.顺承郡王讷勒赫，16.贝勒载瀛，17.贝勒载润，18.镇国公溥霱，19.镇国公全荣，20.镇国公寿全。

军机处外，宗室王公供职于传统机构，如六部九卿者绝少。①1900—1906年中央官制改革前，传统的六部部院大臣中几乎全无王公任职尚书、侍郎之例。礼部、理藩部、都察院虽有皇族担任尚书，但除了1911年，肃亲王善耆短暂出任理藩部大臣外，其余供职者仅为无爵位之普通宗室。

综合计之，清末宗室王公在传统中央机构中任官者仅六人。相对传统职官，任职于清末新设中央机构的王公，共有十九人，其任职的部门计有：总理衙门（奕劻、载漪）、外务部（奕劻）、练兵处（奕劻）、商部（载振）、农工商部（载振、溥伦）、巡警部（毓朗）、民政部（善耆）、度支部（载泽）、资政院（总裁溥伦、王公世爵议员魁斌、载功、讷勒赫、载瀛、载润、溥霱、全荣、寿全）、禁烟大臣（溥伟）、军咨府（载涛、毓朗）、海军部（载洵）等。

清末从政之宗室王公几乎全体集中任职于新设机构的局面，与当时的政局变动密切相关。1901年后极端保守的宗室王公被清理出政坛，从政宗室王公群体的政治心态随之发生变化，呈现群体趋新的状态。他们主张学习西方国家，支持清政府进行政治改革，并参与其中。在这种改革思路指导下，就主观意愿而言，宗室王公愿意任职于新设机构。并且，不少新设机构的创建就直接与宗室王公相关，如贝子载振认为，开办商部，是仿行外洋成法中能够见诸施行者，极力建言清政府创办。在这种情形下，他出任新设商部尚书也顺理成章。此外，宗室王公出任新设机构的首脑，也与清皇室倚重王公以进行中央集权密切相关。②

从王公在中央部院大臣中所占的人数来看，1906年前并无数量优势。1901年，由于总理衙门改为外务部，列于六部之上，总理外务部事务的王大臣庆亲王奕劻成为中央机构中唯一的王公高官。1903年，载振出任新设六部之外的商部尚书，此时，王公在中央部院大臣中占到二人。1905年新增巡警部，贝勒毓朗出任巡警部左侍郎，王公在中央部院大臣中占至三人。1906年丙午官制改革后，宗室王公才在中央高官中占据了数量优势。光绪三十二年

---

① 仅毓朗一人在光绪三十一年三月授内阁学士兼礼部侍郎，当时他的爵位为三等镇国将军。
② 这部分将在第五章展开论述，在此不作赘述。

九月二十日（1906年11月6日）官制改革废除了六部原有的满汉两套班子，仅设尚书一人，侍郎两人，不分满汉。传统中央部院仅保留吏部、礼部、理藩部、都察院四部院，其余或新设或改设部门为外务部、民政部、度支部、学部、陆军部、法部、农工商部、邮传部八部。改革后，宗室王公在中央任职的人数虽然不变，但因为裁汰冗员，王公所占比例增高，约为2/14。1907年，王公出任中央部院大臣的比例增至3/14。1909年，增设海军部，王公出任中央部院大臣的比例再次增加，为4/15。到了1911年2月，王公出任中央部院大臣的比例继续增加，为5/15。宣统三年四月初十日（1911年5月8日）公布阁制后，行政总汇之区内阁中出任总理大臣、国务大臣的王公比例骤升至5/13，军政总汇之区军咨府的两名军咨大臣俱为宗室王公。

总体而言，清末王公群体从政、入值新设部门者占绝大多数。庚子后从政的王公，几乎全体都任职于清末新设的各部门，如商部、巡警、民政、度支等部及资政院；宣统朝步入政坛的王公，则集中任职于军政部门，如军咨府、海军部。从新设职官的职能来看，从事军政的王公所占比例最多，参与筹办、训练武备的王公多达十人。①

小　结

清末宗室王公的从政情况，从各方面而言，较之清初、清中期都有所转变。清末宗室王公外任的情况依然极少，但由于外国势力对清政府内政的干预，宗室王公群体爵位获取途径及阅历也发生变化。从爵位的获取途径来看，清末宗室王公依然有多种途径获得爵位，并因清末外交政策的调整，宗室王

---

① 庆亲王奕劻在清末管理练兵处、陆军贵胄学堂事务，参与筹备海军。贝子溥伦对筹办海军亦有所建言。载沣上台后，代皇帝为统率海陆军大元帅。贝勒载润管理陆军贵胄学堂事务。贝勒载涛、毓朗、镇国将军载扶训练禁卫军。肃亲王善耆、镇国公载泽、贝勒载洵参与清末兴复海军的筹谋并出任海军大臣。载涛、毓朗出任军咨大臣。载洵、载涛专门出洋考察海、陆军。

公封爵途径出现因外交而得封爵的新变化。宗室王公出洋游历的开端，是迫于外交压力。此后多次奉命出洋游历的现象，也是清政府推行政治改革的内在需求。宗室王公出洋游历，打破了此前王公轻易不得出都门的旧例，并使宗室王公进一步知晓世界大势，进而参与、推动清政府政治改革。从供职年龄来看，清末从政的宗室王公以 30—40 岁的少壮王公居多。这些少壮派王公大多有出洋游历经历，皆供职于清末新设中央行政部门，积极支持清末政治改革。从任职部门来看，清末宗室王公的供职部门集中于清末新设的中央机构。具体而言，庚子后从政的王公，几乎全体都任职于清末新设的各部门，如商部、巡警、民政、度支等部及资政院；宣统朝步入政坛的王公，则集中任职于新设军政部门，如军咨府、海军部。他们所掌管的部门，都是清末新政的产物，从其职责来说，他们必须推行新政。从任职比例来看，1900—1911 年间，宗室王公在中央行政机构任职的人员逐渐增加，比例不断升高，在 1911 年，王公在军机大臣中的比例占半数，在中央部院大臣中的比例也几乎过半。宗室王公群体中，从事军政的王公所占比例最多，参与筹办、训练武备的王公多达十人。

总之，宗室王公在中央行政部门担任职官的比例亦逐渐增大，呈现出中央权力逐渐集权于宗室王公的趋势。这种趋势打破了清末的政治生态平衡。政治生态即用生物学概念描摹的社会政治状态。在政治生态系统中，从政环境极为重要，是政治生态是否良好的集中反映。良好的政治生态会呈现出"政通人和"的状态。然而，对清末宗室王公群主新政，出现"近支排满，满排汉"的状况，绝对不是良好的政治生态。宗室王公群体不仅从政且集权，还不断政争，呈现出"政出多门"的状态，种种迹象已昭示着清末政治生态的失衡。

第二章　清末宗室王公的政治心态

庚子事变后的清政府，进入急需改革的时代。在此背景下，宗室王公被清皇室持续倚重，相继进入政坛。宗室王公在清末权势高涨一时，在中央行政部门担任官职的比例逐渐增大，并且位高权重，为统治集团的核心政治力量。考察宗室王公的所思所想，对全面了解清政府的政治改革将有所助益。宗室王公群体虽并未通过著书立说的形式形成系统的政治思想，但这并不意味着他们的政治理念不可探知。实际上，研究者还可以通过考察他们的政治心态，在很大程度上获知他们的参政理念。心态是人们心灵中一种有意识却未经系统化的世界观，常得以从人们的行为举止、文学艺术作品中窥见。政治心态，指的是人们关于政治过程和政治生活的心态。宗室王公的政治心态，包含其对政治生活的直接感受，关于是否从政、如何从政的认识以及行为倾向。本书各处所指的"政治心态"即此种意义的心态。在清末内忧外患的情势下，宗室王公呈现出怎样的政治心态？这些政治心态的形成原因是什么？与此前相比有无变化？变化的原因又是什么？这些都是值得探讨的问题。

第一节　趋公惟谨、明哲保身

宗室王公在清代长期保持趋公惟谨、明哲保身的政治心态。这与宗室王公的权势消长大有关系。清朝入关后，随着皇权日益巩固，宗室王公分领二十四旗、兼议政事之局面发生巨大改变。在乾隆皇帝废议政王大臣会议后，宗室王公才识日退，即便有贤名者也只是取青妃白、讲求诗文对仗而已。从此，宗室王公逐渐退出了政坛。

皇权巩固之后的清王朝，宗室王公群体的特殊性在于，他们存在着"主"与"奴"的双重身份。身为皇室懿亲的宗室王公，被尊为"天潢贵胄"，与皇室休戚与共。相对一般满汉大臣，他们长期存有身份等级上的优越感。然而，王公群体面对皇帝，又是所谓的"奴才"。他们长期担任御前大臣、领侍卫内大臣等侍从武职，负责扈从皇帝。伴君如伴虎之局面，常使得宗室王公感叹在宫内不敢多行一步路、多讲一句话。尤其是近支王公，与皇室血脉相连，还必须与皇权保持一定距离，以表示自己无觊觎皇权之意。① 故而，在生活状态上，宗室王公群体常常表现为不问政事，以追求闲适、安逸之面貌、心境示人。即使宗室王公奉命参与政事，也事事顺从皇帝之意愿，呈现出趋公惟谨、明哲保身的政治心态。

这种局面到了晚清有所改变。辛酉政变后，形成因皇帝稚龄、太后垂帘听政的局面，协助促成这种局面的宗室王公也逐渐受到倚重，开始参与中枢决策。晚清时期，宗室王公从政者日多，其政治地位也随之发生变化。亲王入值军机、管理总理衙门遂成为不成文之定制。辛酉政变后，先后有恭亲王、醇亲王、礼亲王、庆亲王入值军机处、总理衙门。然而，为了防止统治大权旁落，皇室也对王公进行提防。慈禧太后当政之初，倚重恭亲王奕訢，封其为议政王，又令其首领军机、总署，总管内政外交。但慈禧熟悉政务后，便多次打压奕訢，最终将奕訢投闲置散十年。

鉴于皇室对宗室王公秉政掌权的提防与限制，继恭亲王奕訢后入值军机、总署的宗室王公大都谨慎小心，于政务不轻易表态，被时人论以"均坐耗廪禄，以尽余年"②。除入值军机处、总理衙门的宗室王公外，其余宗室王公也大都保持相似的政治心态。他们虽屡有奉命从政者，但为防止皇室之猜忌，并未因皇室一时之倚重而积极参政。晚清时期宗室王公也常常训令其子弟如若

---

① 清末宗室王公从政者日多，然论及王公当差，善耆有言："我们宗族王公，在宫廷内错走一步便是死罪。"载涛亦称："清朝家法最严，尤其是近支王公更不能稍有轨外行动。"见载涛：《载沣与袁世凯的矛盾》，《晚清宫廷生活见闻》，北京：文史资料出版社，1982年，第81、80—81页。

② 《述德笔记》，《近代史资料》，总79号，第81页。

奉命当差,则必须谨慎行事。晚清时期在易州护陵的贝子奕谟,对其嗣子载涛及幼年丧父的侄子载沣、载洵兄弟三人多有教诲之书信。通过这些书信,可见在对幼年王公进行教育时,宗室王公虽强调其子弟必须勤奋向学,但对于参与政事,则告诫其必须谨慎自持。在奕谟的信函中,他谆谆教导载沣兄弟三人勤奋学习,不断寄语:"诗、书、弓、马须用心肄练,切戒怠荒,是为至嘱"①,"天气渐凉,宜小心保养,不可恃强,用心向学,是为至要"②。他又命载沣等人以"年岁渐长,日臻老练"的载泽为榜样,"正好趋步后尘,再加以勤谨,不可懒惰,酒食征逐固不可行,戏谑诙谐尤宜深戒,谦和接物,静默持躬,终身行之,可无愆咎"。③因载沣即将岁满当差,奕谟针对性地劝诫其不要因奉派差使而耽误学业:"每早趋公之外,归家仍须照常肄业,年华易逝,学问无穷,称(乘)此英年,须勉为有用之学,期为世用也。"他还令载沣如奉命御前行走,"尤当收束身心,谨慎自恃",教导载沣在扈从皇帝时,尤其需要谨慎当差。④

宗室王公又因其天潢贵胄之身份,在清代享有经济特权,坐享爵位俸禄及庄园收入,不愁生计,故能在生活上多追求享乐,而又常常以不问政事、畅游山林、喜爱吟咏之生活状态示人,以显示他们无意于政治权力。如定郡王溥煦,不仅自身怀有恬退之心态,也不愿子孙角逐名利,多次阻拦子弟进入政坛,称"不愿尔辈与世角逐者,以家足温饱,世衰道微,徒劳自苦尔"⑤。奉命从政的大多数王公,也往往另置别业,辟为花园别墅,以备游赏避世。晚清时期,与王公群体有所来往的大臣之日记,留有不少宗室王公在园林中畅游的记载。翁同龢在其日记中记载醇亲王奕譞新建适园,邀请亲朋欢聚:"陪殷谱经,坐有惠王、谟公、澍贝勒,遍游各处,台树池石殆以无过。"⑥荣庆亦在其日记中,用极其优美的文字记叙他与亲朋同游庆王奕劻之别墅:"天气嫩明,惠风和畅。……同游劻邸别墅,亭馆院落,备极清华。海棠正放,

---

① 《载沣存札选刊》,《历史档案》,1992年第4期。
② 溥任注:《奕谟诗稿和函件》,《紫禁城》,1988年第2期。
③ 《载沣存札选刊》,《历史档案》,1992年第4期。
④ 《载沣存札选刊》,《历史档案》,1992年第4期。
⑤ 《述德笔记》,《近代史资料》,总79号,第89页。
⑥ 陈义杰整理:《翁同龢日记》,光绪八年二月廿八日,北京:中华书局,1989年,第1650页。

柳线垂青，梨杏桃竹之属交加左右，绿堂红雨掩映座中，泂西城一名园也。"①除了沉浸于山光水色中，王公们还表现出附庸风雅之状，常常雅集吟咏，书画往来。恭王奕䜣、醇王奕譞、庆王奕劻与贝勒奕谟俱好吟咏雅集。宗室王公与其他大臣的诗文唱和之作，有迹可循的有：醇王奕譞与翁同龢，恭王溥伟、贝勒载滢与徐琪，醇王载沣与荣禄等等。庆王奕劻不仅对书画有专长，还有收藏书画的雅好。翁同龢曾写诗称其"家家画团扇，字字绣弓衣"②。翁同龢在其日记中屡次记载奕劻邀集其他大臣赏鉴书画、展示藏品。③从存世的宗室王公之诗文集、书信也可窥宗室王公此种心态之一斑。例如贝勒毓朗，他早年不愿事务缠身，追求的是乡间田园生活，伴以花木，享受闲适安逸。描摹他这种近于隐逸心境的诗歌，在庚子前比比皆是。毓朗对于处理政务并不感兴趣，将之称为俗务，并称"莫随俗吏莫随僧，吏太牢缠僧太清"④。毓朗的生活样态是："自乐安闲厌奔走"⑤，"懒性从来乐山水，到此徘徊不能归"⑥，"人生驹隙良足惜，不须与子问东流"⑦。总体而言，宗室王公群体在庚子以前，表现出不愿过问政事、追求享乐生活的状态，即便奉命从政，也呈现出趋公惟谨、明哲保身的政治心态。

晚清时期，宗室王公襄助慈禧太后促成辛酉政变，形成太后垂帘听政的局面，个别王公由此参与中枢决策。皇室也逐渐起用宗室王公参与政事，入值军机。为防止宗室王公大权独揽，皇室对王公之提防胜于笼络，故而在慈禧太后熟悉政务后，逐渐打压掌握中枢权力的宗室王公。皇室对宗室王公秉政掌权的提防与限制，使得其他宗室王公为防犯忌而表现出无意于政治的状态。同时，宗室王公作为特权阶级，他们的身份等级所带来的经济特权，已

---

① 《荣庆日记》，第10—11页。
② 翁同龢：《次韵赠庆郡王》，载谢俊美编：《翁同龢集》，下册，北京：中华书局，2005年，第759页。
③ 光绪十四年十月初二日，奕劻特别拜访翁同龢，向他展示"唐人李郢诗墨迹、赵字轴、唐画轴"，说是以百金得之。光绪十四年十一月十六日，翁同龢到奕劻府邸宴饮，看他的藏品，所藏书画甚多。光绪十八年十月廿九日奕劻邀请翁同龢"看新得《怀素千文》"。以上分见于《翁同龢日记》，第2230、2239、2566页。
④ 《答伯先姊丈》，《余痴生诗集》，《清代诗文集汇编》，第789册，第581页。
⑤ 《题翠微山香界寺壁》，《余痴生诗集》，《清代诗文集汇编》，第789册，第582页。
⑥ 《次香界寺壁间酒徒原韵》，《余痴生诗集》，《清代诗文集汇编》，第789册，第582页。
⑦ 《倒步香界寺壁原韵答友人》，《余痴生诗集》，《清代诗文集汇编》，第789册，第582页。

能保证其富足的生活，所以他们并没有通过谋求政治权力来获得经济利益的强烈意愿。基于这些原因，宗室王公群体，此时的主体政治心态表现为趋公惟谨、明哲保身。庚子前后，随着政局的变动，宗室王公群体的这种政治心态，发生了改变。

第二节　颟顸揽权、固执己见

辛酉政变后，清皇室虽逐渐起用宗室王公参与政事，但其对王公的权力限制亦严格。一旦宗室王公权力有膨胀的趋势，清皇室即将其罢黜，清除出政坛。戊戌政变后，慈禧太后提拔任用了宗室王公中的极端保守派，打压光绪帝倚重的维新派。慈禧曾试图废除光绪帝，遂于1900年1月24日下令将端郡王载漪之子溥儁封为大阿哥，承嗣同治帝。己亥建储后，载漪有望成为皇帝本生父，于是他联络其余保守派王公大臣，更加积极附和慈禧，揽权固宠。此时，从政的宗室王公中，开始出现积极谋求政治权力者。

庚子时期，义和团运动扩散至京畿地区后，为商议处置义和团的办法，清政府迭次召开御前会议。由此，宗室王公群体发生了更大程度的分化，一部分宗室王公继续对政治权力表现得无意、疏离；另一部分宗室王公则开始热衷于谋取政治权力，他们的政治心态发生了转变。庚子时期能够参与御前会议的从政王公共计十二名。在这十二名王公中，世铎、奕劻、讷勒赫、溥伟、载沣、魁斌、载润等七名王公依旧趋公惟谨、明哲保身，虽然他们不支持极端排外，但在御前会议中并未明确表态；而载勋、载漪、载滢、载濂、溥静等五名王公却颟顸揽权、固执己见，明确表示支持招抚义和团，借由义和团极端排外。

端王载漪、庄王载勋、贝勒载濂等宗室王公，都是踌躇满志之辈。尤其是有望成为皇帝本生父的端郡王载漪，试图获得慈禧太后之青睐，进而谋求更多的政治权力。故而，这些宗室王公在庚子期间，处处顺应上意。庚子时期的军机大臣荣禄在致其叔父奎俊的信函中称:"此事始于端王,继而诸王、贝勒各怀心意,从中犯浑不懂事理,皆以上意为顺,故在殿廷大声急呼。"①主战王公首领,荣禄用密码"八〇〇一""八〇〇二"指代,未知具体为哪两人,但从其信函语境及日后遭到重罚的祸首王公来看,当为端王载漪、庄王载勋二人。在御前会议讨论处置义和团之方式时,慈禧太后曾针对袁昶反对招抚义和团之议,认为"法术不足恃,岂人心不足恃乎?今日中国积弱已极,所仗者人心耳"②。清政府数开御前会议讨论对义和团之处置方式,最终以"沥陈愚民无知,姑开一面之网"③的论调占上风。慈禧太后的态度在两可之间:一面令刚毅、董福祥开导、勒令义和团解散;一面又令其将义和团中年力精壮者招募成军,严加约束。这些意图顺应慈禧意愿的宗室王公,在清政府做出此决定时,即在揣摩上意。贝勒载濂在义和团进京后,被派会同奕劻、载漪、荣禄督率兵员严拿。不过,载濂认为:"窃查拳民能避火器,虽无确据,其勇猛之气,不顾生死实为敌人所惮,不扰良善则系众口一词。"为此,载濂上折建议清政府饬令统兵大员妥为招抚,称利用义和团"可以资敌忾而壮军声"。载濂等人在游说慈禧时,并不一味地以义和团刀枪不入的神术为由,而是顺应慈禧意旨,以人心至上之说为其依据。在载濂的奏折中,他声称"拳民总宜善抚不宜遽剿,洋人总宜力拒不可姑容。剿拳民则失众心,拒洋人则坚众志,人心之所同即天心之所系,转移之机即在于此,伏祈宸衷立断以快人心,国家幸甚"。④极端保守派宗室王公,将义和团运动视为人心所向,附和慈禧太后,支持因清政府积弱只能倚仗人心来抵御外侮之说,极力建议清政府招抚义和团,并任用义和团力拒洋人。

宗室王公在此时极端排外,既有出于顺应上意以揽权的目的,也与列强拒绝承认己亥建储的私怨有关,同时也与清政府积弱已久、屡受外侮的国家

---

① 杜春和编:《荣禄存札》,济南:齐鲁书社,1986年,第405页。
② 李希圣:《庚子国变记》,中国史学会主编:《义和团》,第1册,上海:上海人民出版社,1957年,第13页。
③ 《光绪宣统两朝上谕档》,第26册,第133页。
④ 光绪二十六年五月二十日,载濂跪奏为敬陈管见事,中国第一历史档案馆:《庚子事变清宫档案汇编》,北京:中国人民大学出版社,2003年,第124页。

命运相关。载漪大力支持招抚义和团，对外宣称"雪耻强国，在此一举"①，表现出借此雪耻强国之姿态。其余支持招抚义和团的宗室王公，如庄亲王载勋、贝勒载濂等，皆积极附和端王载漪。清政府在庚子六月二十日，再次组织御前会议商议如何处置义和团。载漪、载勋、载澜等支持排外的宗室王公，在这次会议上自认为是近支宗室，号称"大清国不能送与鬼子"②。载漪、载勋更是声称："奴才等近支子孙，总以社稷为重，若不战，白白给他们，断不能甘心。"③他们在御前会议上力主招抚义和团，与列强开战，并为此大声疾呼，几乎将御案掀倒。由于主张招抚义和团的诸王、贝勒以皇室懿亲的身份倡议，又以不断送国家的大义为名，故而主张剿捕义和团的大臣心生胆怯，不敢反对。不过，随即天津大沽已失，清政府的勤王之师却所到无几。慈禧在召对王公大臣时，君臣相对痛哭流涕。荣禄感慨："惟有以死报国。"载漪、载勋等王公劝慰荣禄："汝不可死，汝欲死是不如我死，全仗汝救国救民，为祖宗计"，"汝系救社稷之臣，万不可死"。④虽然宗室王公此时认识到极端排外带来更深重的外侮，并因此劝慰支持剿灭义和团的大臣，但是他们仍旧固执己见，对义和团民的"神术"依然深信不疑，依然试图利用义和团排外灭洋，称："汝看他们是匪，我看他们正是上天打发下来灭洋者，源庚子至庚子，渠等在中国搅扰已一甲子，此时正天收时也。"⑤这些宗室王公极端排外，虽有抗拒外侮之心，但同时也暴露了他们的闭塞无知。载漪等极端排外的宗室王公从政的时间虽较短暂，却在慈禧忌恨列强之时，积极附和慈禧心意，并成功鼓动慈禧将严拿义和团改为招抚义和团。

庚子事变后，在《辛丑条约》的议定过程中，列强的外交团强烈要求清政府严惩仇洋的宗室王公。《辛丑条约》开议前夕，1900年12月16日，奕劻、李鸿章电西安军机处，称英国公使声称必须杀王公数人，否则不同意与

---

① 《清史稿》，卷465，列传252，第12752页。
② 八咏楼主人编：《两宫驻跸西安记》，《西巡回銮始末记》，卷三，沈云龙主编：《近代中国史料丛刊》，第八十三辑，第827册，台北：文海出版社，1972年，第127页。
③ 《荣禄存札》，第406页。
④ 《荣禄存札》，第406页。
⑤ 《荣禄存札》，第406页。

清政府和议。虽然奕、李"前已迭告，懿亲不能加诛"①，但外交团对此坚持不已。列强要求处死一干王公大臣，让慈禧、枢臣与参加和议的全权大臣"深费斟酌，理为势屈，事与愿违，天理国法人情三者皆无所用，惟有长叹息而已"②。为免列强借口延宕和议，清政府最终重罚在庚子期间极端排外的宗室王公，并打破此前懿亲除大逆不道者外，无处死者之例，赐死庄亲王载勋，并将端郡王载漪、镇国公载澜革职圈禁于新疆，其余参与支持义和团的王公如贝勒载濂、载滢也被革爵，归还本支，永不叙用。

　　庚子事变后，遭到重罚的王公大臣，既有宗室王公，也有汉族大臣。汉族臣僚在庚子后，犹试图谋求起复。例如董福祥，他在革职后致某王公的信函中，就流露出希望重新得以重用之意。《近代史所藏清代名人稿本抄本》之《荣禄档》中收录董福祥致某王爷函，从董福祥的经历和此函语境来看，应该是写给在庚辛和议中极力维持他的庆亲王奕劻，并委婉表示希望能够得到起用。③ 与被革之汉族大臣积极谋求起复相较，被革爵之宗室王公，在庚子后却并未谋求起复，反而集体表现出随遇而安的心态。清政府在应列强要求惩办宗室王公时，打破了懿亲非大逆不道不予处死之惯例，赐死庄亲王载勋。庚子事变后，因支持招抚义和团而被革爵的王公们，对自己得保性命，集体表现出随遇而安的心态。这部分王公虽然被削爵，却因得保性命而没有沮丧懊悔，反而表现出劫后余生的欣喜。清政府原本拟将端王载漪革爵归宗后，发往盛京圈禁，不过由于列强不满清政府如此处理"祸首"，几经周折，最后议定将载漪发往极边新疆。清政府在惩罚祸首的上谕中，将载漪、载澜定罪为处以斩监候，但"惟念谊属懿亲，特予加恩发往极边新疆，永远监禁"④。载漪奉到清政府将之发配新疆之旨，不惟不惊，反而大喜，称："这已是皇上恩典

---

① 全权大臣奕劻李鸿章电报，光绪二十六年十月二十五日（1900年12月16日），故宫博物院明清档案部：《义和团档案史料》，下册，北京：中华书局，1979年，第827页。
② 袁英光等整理：《王文韶日记》，光绪二十六年十二月二十四日（1901年2月12日），北京：中华书局，1989年，第1015页。
③ 董福祥在信中称："革员获罪于兹恒虞，鸠拙伏枥，倍昔浪掷驹光未报涓埃，愿春风之依旧再瞻云日，仰瑞雪而从新……"《荣禄档》，第十册，《近代史所藏清代名人稿本抄本》，第一辑，第73册，第437页。
④ 光绪二十七年正月初三日内阁奉上谕，《光绪宣统两朝上谕档》，第27册，第3页。

了，咱们尚等什么？快些往新疆走，不要动皇上盛怒了！"①奉旨之日，载漪即兼程起行，深恐西人再加以正法之罪。在载沣所遗留的存世信函中，有一件辛丑年某被革爵位的王公致其求情的信函。此函称："兄处此无可奈何之际，冤枉已极，惟有再恳吾弟转托张燕谋为兄设法救挽，辩兄之冤。现已革去爵职，为朝廷不用之人。再者，兄与团匪毫无干涉，求诸燕谋鼎力护庇，但能脱兄于无事，即感戴大德于无既矣。"②可见，庚子时期极端排外之宗室王公，恐惧于联军要求严惩祸首，害怕祸及性命，四处联络求援喊冤，所求者仅为性命无忧。性命无忧后，这些王公表现无不乐观。载澜在革爵后给载沣的一封信函中，自称"边疆远戍，葛裘频更。幸眠食如旧"③，毫无反省或忏悔之意，亦无谋求再入政坛之愿望。革去郡王衔贝勒爵位的载滢，也未因革去爵位而沮丧。推其原因，主要因为他们的爵秩、职任等全凭皇室的赏识与倚重而得，得来既易，失去了也不足惜。

载滢在庚子后所作的《还故园述怀，用谢灵运还旧园作诗韵》一诗，很能体现这类王公的复杂心态。载滢在诗中叙述自己的复杂情感：他庆幸自己能够"变乱经浩劫，苟安惭余年。殊恩保始终，曲宥还家山"。对自己的下场，自认为是咎由自取，故而没有太多抱怨，只叹"欢戚由自取，福祸相回旋"。虽然安慰自己今后不能涉足政务是"自顾庸愚性，勿为俗务牵。何以遣清素，托兴吟长篇"，但是，他心中依然有些戚戚然："安适固云好，易居敢忘艰"，"贵贱各有业，身心难两闲"。虽然被罢黜，他对清政府的走向还是很乐观的，认为庚子后已经四海升平："幸复升平景，寰海息烽烟。"④总之，庚子后

---

① 《罪魁奉旨赐死记》，《西巡回銮始末记》，卷一，《近代中国史料丛刊》，第 827 册，第 52—53 页。
② 《载沣存札选刊》，《历史档案》，1992 年第 4 期。
③ 《载沣存札选刊》，《历史档案》，1992 年第 4 期。
④ 载滢：《还故园述怀，用谢灵运还旧园作诗韵》，《云林书屋诗集》，《清代诗文集汇编》，第 788 册，第 169 页。原诗全文如下：变乱经浩劫，苟安惭余年。殊恩保始终，曲宥还家山。散黜沐天眷，感激言难宣。幸复升平景，寰海息烽烟。故园叹陈迹，情逐身事迁。齐心贵知止，守道庶惘愆。闲多诗酒兴，永结山水缘。买醉明月夜，吟啸翠微巅。安适固云好，易居敢忘艰。欢戚由自取，福祸相回旋。读书勉后裔，抱朴希前贤。忘机对野鹤，洗耳听鸣泉。端居思颠沛，饱暖念迍邅。慎独过须省，闻善心必甄。悠悠任天运，落落免纠缠。会心随境遇，妙趣得自然。池深鸥鹭狎，岩裂云霞穿。俯仰豁襟抱，行乐漫稽延。贵贱各有业，身心难两闲。自顾庸愚性，勿为俗务牵。何以遣清素，托兴吟长篇。

被革爵的王公们削爵归宗,或被冷落,或被禁锢。因为无法再参与政治,他们大多寄情山水,虽历经大难,却仍对清朝的走向抱有盲目的信心。他们庆幸自身性命无虞,不再谋求起复。然而,作为皇室懿亲,他们与皇室休戚与共,虽遭皇室罢黜惩罚,却依然希望清政府能够恢复升平景象。

1901年后,极端保守派宗室王公被彻底清除出政坛。从政宗室王公的群体结构发生变化,其主体政治心态也发生变化。庚子后,从政的宗室王公再无极端排外者,总体呈现出积极入仕、群体趋新的景象。

第三节 从消极处世到积极参政

庚子事变时期,东南互保虽使清政府半壁江山免于战火,但汉人督抚不听朝命的现象,却引起了慈禧太后对汉族臣僚的疑惧。故而,庚子后,清皇室更加倚重与皇室休戚与共的宗室王公。此时的从政宗室王公群体结构已发生巨大变化。宗室王公中的极端排外者已被彻底清除出政坛,剩余的宗室王公并不排外,反而或多或少支持清政府进行改革。清皇室也吸取庚子时期倚重极端保守派王公大臣引发祸端的教训,加强对宗室王公的教育,并鼓励宗室王公游学趋新。1901年后,随着清政府内政、外交政策的转变,宗室王公得以多次出洋游历。宗室王公出洋游历,目睹了清政府在国际上的孱弱地位以及强邻虎视眈眈之状况,进而促使他们转变心态,发愤图强。而宗室王公出洋游历,在增广见闻的同时,也在中西对比中深受刺激,激发了他们群体趋新。

庚子后新晋政坛的宗室王公,认为清末正是中兴的一大契机,普遍抱有奋发振作的想法。这部分宗室王公,不乏庚子前逃避政治者。他们的政治心态从趋公惟谨、明哲保身,转变为要积极施展壮志。他们对清政府能够再度实现中兴抱有热望,并在清末关心时局、向学从新、出仕政坛,积极支持清政府的政治改革。总体而言,1901年后,宗室王公群体的主体政治心态,已由此前趋公惟谨、明哲保身、忌惮权力，转变为积极入仕、热衷权力；同时，又一扫保守派王公从政时的极端排外，转变为群体趋新。

一、积极入仕

庚子事变时期国破家亡的惨况，对宗室王公政治心态的转变起到重大作用，促使宗室王公为挽救清政府的统治危机而发愤图强、积极入仕。

义和团运动期间，端王载漪等人企图依靠义和团抗击外侮，结果一败涂地。八国联军侵华期间，驻守西陵的贝勒奕谟目睹"英、意仅数百人，德、法约在三四千人。初七日攻紫荆关，意在恫吓扬威，尚非一意前进。六陵尊藏陈设，以瞻仰保护为名，纵兵掠取。至初九日，公私衙署营房同被占据，掠取财物。初十以后，兼及市镇乡村，抢夺一空"。目睹外国军队占据西陵，并大肆劫掠，奕谟却因中国驻军"兵气颓败，一闻洋兵信息，无论军民人等，纷纷逃窜"的现实，无法组织反击。身为守护西陵大臣的奕谟，也暂避白杨村，自称"忍辱求全，不得令彼藉端，有碍和议"。① 后来，奕谟派人与洋兵交涉，最终得以回到东陵衙署。然而，回到衙署的奕谟发现在洋人劫掠后，一切家具摆设荡然无存，"仅余空房一所、衣服一袭、朴被一具、残书数卷"。奕谟"与仆辈数人相依为命，苦况不可殚述，尚须设法周旋洋人，以冀保卫地方"。② 但是假若和议不成，如何保护山陵重地，奕谟坦诚自己"无可措手，不胜焦急之至"。③ 面对列强入侵，宗室王公却束手无策，只能任由其劫掠皇陵。而此时，北京城内的宗室王公，或从北京城狼狈出逃，或留京而处于外国势力的控制之下。甚至有些王公因府邸被焚掠，困顿至于"迄今两月有余，

---

① 西陵守护大臣奕谟等折，光绪二十六年十月十四日（1900年12月5日），《义和团档案史料》，下册，第798页。
② 奕谟致载泽函，《奕谟档》，第一册，《近代史所藏清代名人稿本抄本》，第一辑，第115册，第368页。
③ 西陵守护大臣奕谟等折，光绪二十六年十月十四日（1900年12月5日），《义和团档案史料》，下册，第798页。

均系亲友周济。时值天寒，尚无棉衣，合家嗷嗷待哺，实无一线生路"①。连参与和议的庆亲王奕劻都身无分文，回京后尚须四处筹措银两。他在给五城御史陈璧等人的函件中，自称入京后目睹"京中兵燹情形，十室九空"，"匪徒乘间蜂起，凡殷实铺户抢劫焚毁，惨不忍言"。②庚子兵燹还造成北京城内无人敢贩卖米粮、煤炭等生活必需品，导致京城民众口腹无资。庆亲王奕劻虽下令商贩进城贩卖，但是"各国洋兵麇集，良莠不齐，商贩入城难免有所掳掠"，奕劻的命令并无法改变京城的状况。他只得商之总税务司赫德，令其与联军商议，"函达各驻使转饬该洋兵随时保护，隐属不得骚扰商人致令裹足之意"。③赞成招抚义和团以灭洋的宗室王公，除多数随扈慈禧西行外，尚有数人留京。传闻怡亲王溥静被外国兵队拘捕，令其洗衣；克勤郡王晋祺亦被洋人拘捕，洋人对其侮辱备至，令其驮弃尸体。其余往日养尊处优的宗室王公，财产被焚掠一空，生计无着，屡有以宝石顶、朝珠沿街求售者。④无论是守护皇陵还是留守京城，宗室王公都亲历了列强入侵时期国破家亡的惨况。他们昔日纵情享乐的生活已被战火摧毁，重建家园的命令若不通过外国势力也无法施行。庚子事变，使得王公在物质、精神上都饱受外患深重之刺激。

　　庚子事变后，无论是极端排外，还是袖手旁观、明哲保身的宗室王公，都清晰地认识到：传统儒家知识体系所强调的人心至上是无效的，招抚义和团原为收拢民心，用人心、忠义去抗击外侮，结局却是"人心"不敌"枪炮"。清末的宗室王公群体中，仅有个别王公如庆亲王奕劻身历三朝，亲历数次列强对中国的侵略战争，其余王公则多是青壮年。英法联军劫掠北京，对他们来说，在时间上太过久远；甲午战败，虽然对国人刺激深重，但是对他们来说，战场距离遥远。庚子事变是这些王公亲身经历的国破家亡惨变，故而对光宣时期从政王公的冲击尤为重大。经历庚子巨变的宗室王公们，大发感慨，一

---

① 此段记载来自庚子时期，某王公致载沣的信函，其称载沣为"五弟大人"，应该是载字辈的宗室王公。《奕譞档》，第三册，《近代史所藏清代名人稿本抄本》，第一辑，第84册，第165页。
② 庆亲王致陈璧等函抄件，《陈璧档》，第一册，第三卷，《五城公牍汇存》（光绪二十六年四月至十二月呈移），《近代史所藏清代名人稿本抄本》，第一辑，第119册，第589页。
③ 庆亲王致陈璧等函抄件，《陈璧档》，第一册，第三卷，《五城公牍汇存》（光绪二十六年四月至十二月呈移），《近代史所藏清代名人稿本抄本》，第一辑，第119册，第590页。
④ 《王公大臣受辱记》，《西巡回銮始末记》，卷一，《近代中国史料丛刊》，第827册，第34页。

扫富贵闲人之状，声称因为身受世禄，要极力解决国之艰危，号称："中原求治切，敢惜涴缁尘。"① 亲身经历庚子兵燹的切肤之痛，是宗室王公群体集体转向发愤图强、积极入仕的重要原因，进而使得他们在清末新政中不约而同地赞成、主张、襄助练兵尚武。

除庚子事变时期国破家亡的惨况外，庚子以后宗室王公的出洋游历、朝鲜皇室灭亡的消息以及庚子后日益深重的外患威胁，都不同程度地推动宗室王公政治心态发生转变。

庚子事变后，应德国要求，醇亲王载沣出使德国为克林德遇害事件致歉，由此开启了宗室王公出洋游历之端。此后，宗室王公陆续出洋游历。这些王公参观考察的国家遍及日本、欧、美各国，在增广见闻的同时，王公们对比中外情形，深受刺激；另外，在听闻朝鲜皇室亡国消息后，唇亡齿寒之感也迫使王公们更加认清危局；清政府面临日益深重的外患威胁，更促使宗室王公群体奋发图强。在外患刺激下，庚子后的宗室王公群体普遍存在着奋发图强的想法。而庚子后，清皇室对宗室王公群体的继续倚重，又使他们得以相继进入政坛，将这种想法大加施展。

庚子期间，慈禧太后"虽在蒙尘，困苦中尚刻意以兴复为念"②。庚子后，慈禧、光绪又显示出"两宫勤圣治"之态，下令群臣建言，开启清末新政。清皇室在庚子后，依然持续倚重宗室王公以巩固皇权。慈禧太后以"时局艰难，励精图治"③为名，传令近支王公子弟逐日轮流觐见，训勉王公群体以自强为念。另外，庚子事变后，宗室王公任职于中央行政机构的人数逐渐增多、比例逐渐增大。他们多出任中央行政机构的首位，位高权重。随着1901年后清末新政的展开，肃亲王善耆、醇亲王载沣、贝勒毓朗、贝子衔镇国将军载振、贝勒衔贝子溥伦、贝子衔镇国公载泽等宗室王公逐步进入中央行政部门担任要职。1908年载沣上台后，郡王衔贝勒载洵、载涛等青年王公也进入政坛，掌管军政大权。

宗室王公在清末积极参与清政府的国家大政，屡次通过面奏、密折、说

---

① 《壬寅夏五月往日本途中作》，《余痴生诗集》，《清代诗文集汇编》，第789册，第588页。
② 岑春煊：《乐斋漫笔》，荣孟源等编：《近代稗海》，第1辑，成都：四川人民出版社，1985年，第88页。
③ 《两宫拟轮日召见皇族》，《申报》，1906年8月13日，第二版。

帖等各种形式、途径积极向清政府提出关于政治改革的建言。庚子事变后从政宗室王公的言行、举止，无不表露出他们参与政事的积极心态。例如肃亲王善耆，袭爵后即积极入仕。遭逢庚子之乱后，善耆痛惜："整军数载空防海，运甓何人解惜阴。"①虽然他对北京城被攻陷感叹万分："兵燹当庚子，城东屋接连。破窗榴弹烈，扈骅葛衣穿"②，但他并没有因此而丧失锐气。善耆在庚子后的诗作中表示："劫后余生醉后狂，楼头无语对斜阳。余家亦有曦园在，装点乾坤作战场。"③他的府邸在兵燹中被战火焚毁，但他并没有为此哀伤，反而将庚子事变所受的打击视为开启新政的警钟。他对日本人川岛浪速言称："国家受此打击，纯系自作自受。这一打击是促使吾人觉醒的绝好警钟，对我国来说，应将此视为值得庆贺之事。"④善耆在庚子后，"于国政每有建议"⑤。从善耆的僚属汪荣宝的日记中可见，在清末肃亲王善耆屡次委托僚属草拟、修改奏折、说帖，就清政府的宪政改革、警政革新、军政改革等诸项政治改革提出建言。即便辛亥革命爆发，清朝覆亡，他仍将庚子后清政府的所作所为视为未竟的"中兴业"，大声疾呼："未竟中兴业，还逢未造年。"⑥庆亲王奕劻、载泽，在清政府预备立宪期间，不仅通过面奏、与其他大臣合奏，还通过密折上奏向慈禧提出宪政改革的建言。庆亲王奕劻，在清末深受慈禧太后信任，颇能左右清末政治改革的一些决策。他在致军机大臣荣禄函中，亦慨然表示："弟与执事受国恩厚，责无旁贷，惟有勉竭血忱，立支危局。"⑦镇国公载泽在

---

① 《庚子冬日感事诗·其一》，《肃忠亲王遗集》，第4页。
② 《寄锡聘之先生（丁巳秋）·其二》，《肃忠亲王遗集》，第18页。
③ 《自题小照·壬寅在余园》，《肃忠亲王遗集》，第9页。
④ 王振坤、张颖：《日特祸华史——日本帝国主义侵华谋略谍报活动史实》，卷一，北京：群众出版社，1988年，第191页。川岛浪速在其《肃亲王》一文中称，与善耆第一次见面乃在庚子后，肃亲王奉命先从西安归北京。川岛浪速对庚子时肃王府所受损害表示同情，善耆则称"我国此次蒙受如此打击，是自作自受。但是，此痛击可说是促使吾人觉醒的绝好动机，岂能不为邦家庆贺呢？况且余高兴的是，因这一场战乱而得到与他日一致支持东亚大局之贵国的许多良友接触之机会，这与余失去一邸宅相比，所得者反而多得多"。川岛浪速：《肃亲王》，章开沅等编：《辛亥革命史资料新编》，第2册，武汉：湖北人民出版社，2006年，第373页。
⑤ 贡桑诺尔布丙寅秋日题《肃忠亲王遗集》序言，《肃忠亲王遗集》扉页。
⑥ 《寄锡聘之先生（丁巳秋）·其二》，《肃忠亲王遗集》，第18页。
⑦ 奕劻致荣禄札（光绪二十六年十二月初四日），《荣禄档》，第六册，《近代史所藏清代名人稿本抄本》，第一辑，第69册，第11页。

清末出任度支部尚书,屡次向清政府进呈说帖建言改革币制。为了推进币制改革,他还联络盛宣怀,与不愿改革之老臣相争。他在宣统年间屡次致函盛宣怀讨论币制改革之策,言称币制改革"此事上关国计,下切民瘼"①,他此前已两次进呈说帖,建议清政府进行改革。而载洵、载涛,则利用与监国摄政王载沣的同胞兄弟关系,在国会请愿运动等重要历史时期,屡次面奏载沣加速进行政治改革。宗室王公在庚子后出洋游历时,亦处处留心考察各国强盛之因,以图清政府国富民强之策。

总之,庚子后从政的宗室王公一改庚子前追求闲适安逸、吟诗作对、隐逸山林的生活状态,转而积极出仕政坛,积极参与清末的政治改革。他们认为庚子后是清政府再度中兴的契机,号称"中兴当此时"。

庚子后,于外,日益深重的外患刺激了宗室王公奋发图强;在内,清政府内部政局的变化,也促使宗室王公积极入仕。由于清皇室的皇储悬而未决,近支王公子弟均有望获得最高统治权力。这在无形中促使宗室王公为备选皇储而积极于政务,展现自己的施政才能。1901年后,因内外反对,慈禧太后谋划的己亥建储并未成功,宗室王公中的近支王公子弟,仍有入承大统的机会。光绪二十七年十月二十日(1901年11月30日)清政府颁布谕旨,因端郡王载漪罪为祸首,其子不膺储位之重,将溥儁撤去大阿哥名号,即令出宫。"至承嗣穆宗毅皇帝一节,关系甚重,应俟选择元良,再降懿旨,以延统绪,用昭慎重。"②至此,清朝的国君储嗣悬而未决,近支王公中之表现为"元良"者,均有机会入承大统。在自身利益的驱使下,宗室王公群体在庚子后积极入仕、励精图治,以求备选皇储。政治利益的驱使下,王公群体中积极参政者大大增加。

清末,清皇室遴选近支王公子弟入内读书,预备储嗣。虽然储嗣人选直到光绪帝死后才正式公布,但此前外界对皇位储嗣揣测纷纭,更有许多报刊登载所谓的内廷秘密消息,称慈禧、光绪拟于载振、载櫄、载洵之子内选拔

---

① 载泽至盛宣怀手札,载《近代名人手札真迹——盛宣怀珍藏书牍初编》,第六册,第2769—2770页。
② 《光绪宣统两朝上谕档》,第27册,第217页。郑孝胥在其日记中很是郑重地抄录了此条谕旨。《郑孝胥日记》,第二册,北京:中华书局,1993年,第815页。

一人为同治皇帝立嗣。①报刊的此类新闻为时人重视，日本在清朝的屯军参谋就将此类新闻慎重翻译，将一条主要内容为慈禧将于近支皇族中寻找帝位继承者，召集幼年王公数名考察其平素言行及个人能力，被选者有庆、郑、醇三亲王后裔的新闻，作为密件上报日本陆军省。②此外，还有溥伟在慈禧、光绪离世时咆哮宫门，溥伦两次备选皇嗣的传闻。由于"储嗣"未定，不少近支王公自身或子嗣都有机会入承大统，这激起王公们转向积极入仕，希图在政治上有所作为，以备中选。

庚子事变后，外患的刺激、宗室王公出洋游历对国外大势的了解，以及皇储悬而未决的内部原因，无不促使宗室王公在政治心态上转变得对参政更为积极。

二、群体趋新

清末宗室王公群体除了转向积极入仕外，还呈现出群体趋新的变化。庚子事变前，从政的宗室王公中热心洋务者，声名显著的仅有恭亲王奕訢。另一些王公，如醇亲王奕譞、庆亲王奕劻，除支持编练新军外，对于其他方面的改革均持保守态度。其余的宗室王公，或冷眼旁观，或无动于衷，甚至竭力阻挠。需要指出的是，庚子事变前个别宗室王公趋新，主要是由于形势所迫，以及其入值总理各国事务衙门的职责所限。整体而言，宗室王公还是趋于保守的。

1898 年恭亲王奕訢去世后，宗室王公中几乎无人能继续大规模推广洋务。而后的庚子时期，甚至出现保守派宗室王公极端排外的现象。1901 年后，宗室王公因庚子事变国破家亡的刺激，开始反思清政府统治的弊端。贝子奕谟认为，庚子巨变是庸臣误国所导致的。他痛骂庚子时期颟顸揽权的极端保守

---

① 《密议储嗣之传闻》，《申报》，1906 年 2 月 15 日，第二版。
② 见《国立公文图书馆历史资料》*Japan Center for Asian Historical Records*，清国驻屯军参谋抽原完藏，第 848 页，新闻翻译第九号一部，《支那未来天子》，明治三十九年（1906 年）四月十五日。

派王公为"膏粱竖子,全无心肝"①,认为是他们致使清政府遭受奇辱。这种将庚子事变的起因归于极端排外的宗室王公的观点,并非奕谟一人独有。庆亲王奕劻亦认为"端王等迷信拳匪,肇此大祸"②。不仅如此,清末宗室王公大多都持这种看法,认为庚子事变是由保守派宗室王公所引起的。基于这样的认识,庚子事变后从政的宗室王公进而转变为群体向新、集体支持学习西方。他们在清末崇尚西法③,认为清政府学习西方就能解决统治危机。宗室王公群体较为一致地认为,清末新政是清政府再度中兴的契机,通过学习西方、推行政治改革,将再度实现"中兴业"。

宗室王公在庚子后出现群体向新之转变,除了源于自身的反思,还与清皇室强化宗室教育及宗室王公出洋游历密切相关。

庚子事变时期,清皇室所倚重的保守派宗室王公载漪、载勋等人,颠顶揽权而又极端排外,力主招抚义和团,最终导致政局剧变。最高统治者认识到,宗室王公的闭塞无知,致使其从政素质低下。而宗室王公的从政素质低下,又导致清政府的统治危机更加深重。但作为异族统治者,清皇室无法容忍从政素质更高的汉族督抚势力坐大,进而威胁皇权。故而,皇室必须继续倚重与之休戚与共的宗室王公。于是,在庚子后,清皇室一面继续倚重宗室王公,一面加强对宗室王公的教育,以图培养宗室人才。

庚辛之际,慈禧尚在西安,即下令整顿宗室风气,称:"我朝开国以来,宗室人才蔚起,超越前古,凡属宗支,宜如何谨守家法、增辉瑶牒。乃近来风气,日趋浮靡,其已登仕版者,每多沾染习气,不思上进,著宗人府宗令等传谕各宗室,务当力除积习,争自濯(琢)磨,勉成大器。其闲散宗室,

---

① 《奕谟档》,第一册,《近代史所藏清代名人稿本抄本》,第一辑,第115册,第378页。此函在目录中注为心泉(奕谟)致荫坪侄函(光绪二十六年二月初三日),但是根据信函内容提及奕谟等人的眷属从西陵逃难、住宅被日本兵占据,应该是光绪二十七年二月初三日。
② 陈夔龙:《梦蕉亭杂记》,卷一,北京:北京古籍出版社,1985年,第39页。
③ 本书的"西法"是取其广义,泛指西方的军事技术、政治制度等。而且"西"涵盖了学习西方改革、完成明治维新后的日本。其实在军政改革时,宗室王公力主西化。宗室王公所支持的军政改革西化在各项具体改革中各有侧重:武器、舰船等的购买,多出自德国;军队的训练方式也师法德国,但任用留日士官学生负责训练;海军军队建设,则模仿英国,增加海军警卫队之设置。在政体改革时,王公群体所支持清政府仿行的君主立宪,并不是源自最早实行君主立宪的英国,而是主张学习日本的二元君主制。

往往有不务正业，日事游荡，甚至谓匪徒邪教煽惑，肆意妄行者，实属有玷天潢，殊堪痛恨，并著该宗令等严加约束，随时察究，如有自甘暴弃，信邪为匪者，即著从严惩办，毋稍姑容。"①此谕旨认为清末的社会风气日趋浮靡，才造成宗室不思进取，立意于处置极端排外的保守宗室，劝勉宗室积极上进，故而命宗人府告诫宗室力除积习，又令宗人府严管并惩办参与义和团的闲散宗室。总之，虽皇族成员多有不思上进者，但清皇室仍对宗室懿亲抱有厚望，并通过惩戒不务正业之宗室、鼓励其改变风气等手段，来促进宗室群体积极上进。

1901年，慈禧又谕令宗人府、八旗都统在宗室、八旗子弟中挑选15岁以上、25岁以下之"志趣正大、资质聪明、体气强壮者"②，造册送交军机处，听候清政府派遣至各国游历。清皇室下令宗室子弟游历各国，是为了避免宗室子弟再度出现庚子期间保守派宗室王公大臣的颠顸无知，并试图以此广造宗室人才。皇室如此谕令号召，宗室子弟则必须奉命上进向学。伴随着清皇室派遣宗室八旗子弟游历各国的谕令出台，清末还有不少臣僚上奏清政府，加强对近支王公的教育，并派遣宗室王公出洋游学。1903年，御史姚舒密上奏请设书房专为宗室近支教学。③顺天府尹沈瑜庆也奏称，近支王公不修武备，读书有名无实，请从年在二十以下十五以上的王公中，择取"质地聪明、身体精壮、读过汉文者"④，派遣前往德国学习陆军、英国学习海军。1906年，出使俄国大臣胡惟德又奏请清政府参考日、俄、英等国王族游学之例，分别派遣宗室近支王公出洋留学。⑤随着臣僚奏请的增多，清政府又出台了鼓励宗室王公出洋游学的谕旨。1907年，慈禧颁布谕令："所有近支王公，自亲王至奉恩将军，年届二十岁以上、三十岁以下，有愿出洋游学者，著报名由宗人府

---

① 《光绪宣统两朝上谕档》，第27册，第96页。
② 《光绪宣统两朝上谕档》，第27册，第272页。
③ 姚舒密:《奏请专设书房教学宗室近支并拟定书房条目事》，光绪二十九年八月二十九日（1903年10月19日），一档馆藏，档号03-7213-012。
④ 沈瑜庆:《奏为拟请特旨下宗人府将近支王公钦派德国陆军英国海军学堂学习事》，光绪二十九年十月二十六日（1903年12月14日），一档馆藏，档号03-7213-037。
⑤ 胡惟德:《奏请分派宗室近支出洋留学事》，光绪三十二年八月二十二日（1906年10月9日），一档馆藏，档号03-7219-019。

汇奏,听候点派。俟三年期满回国,试验果有心得,定当破格录用。倘竟毫无成就,亦必量予惩戒不贷。"① 清政府最高统治者不遗余力鼓励、劝勉,甚至动用奖惩手段来倡导宗室王公群体发奋向学、游历西方。"破格录用"之许诺,"惩戒不贷"的严令,自然会触动王公群体趋新。

庚子后在统治者大力提倡宗室王公向学从新的背景下,从政王公群体,尤其是少壮派王公开始集中学习西学。1905 年,陆军贵胄学堂专设王公讲习所,供有职任的王公贵胄听讲,除了规定必须学习兵学和战术、军制等军事相关的内容外,规定必须学习的课业还有:中外历史、中外政治摘要、地形。② 贵胄学堂还有伦理、汉文、外国文、算学、格物、画图、操练等"随意课"供王公们任选。据陆军贵胄学堂学员名单所列,入堂听讲的宗室王公计有:恭亲王溥伟,醇亲王载沣,顺承郡王讷勒赫,贝勒载洵、载涛,镇国公溥堃、溥偣、毓璋、全荣,辅国公溥钊、溥葵、惠普、溥纲、溥绪,辅国公衔镇国将军溥侗,共十五人。醇亲王载沣在 1905—1910 年间,开列了包含一百六十余本书籍的《时务要务书目录》,其中不乏《天演论》《进化要论》等在近代影响深远的西方理论书籍,还包括为数众多的时务书籍,涵盖天文、地理、外交、政治、军事、法律等方面,可见其学习范围已经突破原来的"诗、书、弓、马"范畴。清末陆军贵胄学堂中被寄予重望的贵胄学员们,在学习新学的过程中透露出无限的惶急。诸贵胄不安于学堂试办章程的学制,原定章程规定五年毕业,学堂刚建立不及一年,各贵胄即认为毕业年限过长,联名禀请改为三年毕业,改为适量增长每日授课时限。③ 最终得到允准,故而 1909 年,陆军贵胄学堂的第一期学员即已毕业。

清政府强化宗室教育的举措,促进了宗室王公群体趋新。此外,1901 年后宗室王公自身阅历的变化,也加速了宗室王公群体向新。1901—1910 年间,宗室王公中共计有 7 人 12 次作为专使出洋游历。宗室王公通过出洋游历,在

---

① 《著二十岁至三十岁近支王公报名点派出洋游学期满回国考验录用事谕旨》,一档馆藏,档号 03-7224-091。一档馆藏件无具体日期,参考《清实录》,时间应为光绪三十三年八月初一日(1907 年 9 月 8 日)。载《德宗景皇帝实录》,卷 577,第八册,《清实录》,第 59 册,第 639 页。
② 奕劻等:《呈拟定陆军贵胄学堂章程清单》,光绪三十二年闰四月初一日(1906 年 5 月 23 日),一档馆藏,档号 03-6003-048。
③ 《贵胄学堂请改年限》,《申报》,1907 年 8 月 30 日,第十一版。

增广见闻的同时,也耳闻目睹中国处于列强环逼之下、岌岌可危之状态。他们在中西对比的巨大落差中深受刺激。他们归国后,在外患的刺激下,政治心态亦大为改变,进而支持清政府学习西方,更强烈地支持清政府推行政治改革的新举措。

宗室王公出洋游历,促使他们相信清政府能够改变颓势,而改变颓势的方法是学习西方。1901年,醇亲王载沣出使德国,在赴德途中船行经南方。在路过福建时,载沣看到德国公司派船来装运茶叶,发生感触:"闽省宜茶,二三十年前,出口之茶岁以数百万计,后因印度各处植茶而闽茶销路渐窒,近复稍盛,然仍不如前。夫外人之考求种茶,可谓至矣。而闽茶出口者尚多,徒以闽省为天生植茶之地故耳。果能培植有方,何患不骎骎日上哉。是所望于有通商惠工之责者。"①载沣认为,外国人是通过考求种植茶叶的方法,才压制了中国茶叶的出口。而中国若能讲求种植之方法,加以东南有适宜种植茶叶地利,一定能让中国茶叶再度恢复此前出口之盛况。载沣在旅途中关注的不仅仅是东南产茶,他还遍观"中国生齿之繁及东南财产之富",并念念不忘如何利用这些资源强国。载沣认为"倘能教育有方",清政府"何难与欧洲诸邦齐驱并驾哉"。②可见,虽然经历庚子事变的兵燹,载沣对于改变清政府的衰颓之势仍抱有信心,认为如果能寻到治国良策,清政府不难与列强并驾齐驱。故而,他在出洋游历途中处处留心外国的风土人情、治国之策。在使德途中,载沣路过柔佛国(今马来西亚柔佛洲),听闻其前任国王因强邻逼处,亲赴英国伦敦考察,并招徕英国人襄理国政,是以柔佛虽小却得以不亡之故事。③柔佛因学习西方得以在强邻逼处之下存留,令载沣心生学习西方、筹谋良策以图自存之思。在出使德国期间,他又感叹于德国陆军军备之强盛,并多次发现德国各项事物的先进便捷,而这些多为中国所无。④载沣的出洋阅历,

---

① 载沣著,丁山整理:《醇亲王使德日记》,《近代史资料》,总73号,北京:中国社会科学出版社,1989年,第143—144页。
② 《醇亲王使德日记》,《近代史资料》,总73号,第142页。
③ 《醇亲王使德日记》,《近代史资料》,总73号,第147页。
④ 《醇亲王使德日记》,《近代史资料》,总73号。载沣在德期间,游览参观水族馆、博物馆、蜡像馆、消防局、柏林动物园、西蒙电机厂、来福炮厂、照相馆、伏尔铿船厂、工部局、轮船屯栈、德国军队操练、克房伯炮场等等,不断感慨:"皆中国所无"(第155页);"有中华所未有"(第156页);新式枪炮"其最速者,每分钟能放五百出,可称行军利器矣"(第156页)。

使得他对西方国家心生欣羡，试图仿效。

载沣出使德国，开启了宗室王公出洋游历之先例。其余宗室王公，亦通过出洋游历，愈发体会到清政府外患深重，进而群体支持改革，以图自强。1903年，贝子载振率团赴日本参加大阪博览会。他在日本对留学生进行演讲时，称："今日己国家已至如此地位，凡急于求治者，动言'借才异地'。予闻此四字辄为泪下。吾辈学问何以不专不精，至令国家不得已借才异地？试思借才异地岂是持久之道乎？"①言语之中，透露出载振对国家落后于人、缺乏人才的深深忧惧。他试图倡行清政府培养自己的人才，不再借才异地。归国后，载振颇有一些改革言论。当时慈禧太后对兴办学堂犹豫不决，认为革命思想会趁机大为传播。载振以自己的亲身见闻，为新式学堂尽力开脱，说服慈禧兴办新式学堂。热心学务的大臣张之洞与管学大臣张百熙得知后相互庆幸，认为"学堂之兴，皆振贝子之力"②。1906年，镇国公载泽出洋考察政治归国后，不仅与其余大臣合奏，还单衔密奏建议清政府宣布立宪。载泽考察时，游历日、英、法、比四国，所受外患刺激尤深。他在考察英国政治时期，体会到因国家实力之差异，东道主国在外交礼节上也区别对待。载泽等清政府派来的政治考察团，仅仅被英国外部草草接待。相形之下，日本海军军舰至英时，英国派遣大臣郊劳宴礼，举国欢迎。载泽在法国参观东方博物馆时，竟然看到乾隆皇帝的"古稀天子之宝""八征耄念之宝"两方印玺赫然在列。这两方印玺，根据乾隆的圣训，是让后世皇帝年至七十、八十时启用的。载泽"深恫于中"，让驻法使臣向法方委婉陈述这些印玺的由来，最终得其归还。③不仅目睹祖宗遗产被掠夺，在参观比利时的铁道车厂时，载泽还发现中国虽然地大物博，但铁道兴修尚未及半，且所用火车均来自外国，利权大肆外溢。④为此，载泽感慨良多，直道："人之敬我者，或非无因，在我要当亟图自重之策。人之轻我者，何莫非忠告，我当益自警觉愤发，勿启自侮之端。

---

① 《记振贝子在日本演说》，译录九月六号《东京时事新报》，《选报》，1902年，第28期，第26页。
② 《时事要闻》，《大公报》，1903年6月12日。
③ 载泽：《考察政治日记》，《走向世界丛书》，第9册，长沙：岳麓书社，2008年，第678页。现这两方印玺收藏于故宫博物院。
④ 《考察政治日记》，《走向世界丛书》，第9册，第667页。

一彼一此，皆可借镜。"① 这种"亟图自重之策""警觉愤发"的自觉并非载泽一人所独有。清末的宗室王公群体，尤其是出洋游历的宗室王公，无不有此自觉，转而群体向新。他们对清政府通过政治改革、改变颓势抱有极大信心。载泽考察政治归来，称："伊古文明之治肇始中土，厥后自印度而西，希腊、罗马为欧洲先导，法、奥、英、德更雄互长，今美已骎骎代兴，日本亦相应崛起。天道好还，无往不复。神皋区夏，振奋之机会不在远。"② 一方面，载泽怀着西学中源的优越感，认为西方文明是从中土传出；另一方面，他又从美、日两国由原来的落后转而成为先进，看到了清政府由弱变强的机会。故而，载泽归国后，向光绪、慈禧剖陈心迹："奴才谊属宗支，休戚之事，与国共之。使茫无所见，万不敢于重大之事，卤莽陈言。诚以遍观各国，激刺在心，若不竭其愚，实属辜负天恩，无以对皇太后皇上。"③ 在外患的刺激下，载泽极力向清政府建言宣布立宪以救亡图存，最终说服慈禧太后下令预备立宪，开启清末宪政改革之端。此时，宗室王公已群体趋新，较为一致地支持清政府仿行君主立宪。④

庚子后新晋从政的宗室王公转向群体趋新，还体现在他们积极联络外国势力，以求清政府在强邻逼处下得以自存。宗室王公的出洋游历，使他们见识到其他国家因改良政治而国富民强，进而总结出清政府若是学习西方，亦可由弱变强的认识。同时，他们也更为深切地了解清政府所面临的深重外患。宗室王公出洋游历后，不仅建言清政府于内政进行改革，以救亡图存，还为清政府的外交策略出谋划策，建议清政府在强邻逼处之下，与列强普遍建立邦交，以谋求自存之策。1907年，贝子溥伦奉命作为专使赴日问候。自日本回国，溥伦向慈禧面奏提防强邻日本。虽然"日皇并谆嘱寄语我皇太后、皇上，极力图强，联为唇齿"⑤，但溥伦却认为不能倚仗日本表面的殷勤，需要

---

① 《考察政治日记》，《走向世界丛书》，第9册，第679页。
② 《考察政治日记》，《走向世界丛书》，第9册，第564页。
③ 载泽：《奏请宣布立宪密折》，中国史学会主编：《辛亥革命》，第四册，上海：上海人民出版社，2000年，第30页。
④ 宗室王公群体支持君主立宪，将在第四章中展开论述，在此不作赘述。
⑤ 《伦贝子之面奏》，《申报》，1908年1月7日，第三版。《申报》载慈禧于丁未十一月廿七日（1907年12月31日）召见溥伦。

在交涉中防微杜渐，严防后患。1910年，贝勒载洵在日本考察海军期间，得知朝鲜国王被迫与日本签订《日韩合并条约》，已经彻底沦为日本殖民地。载洵由此产生了更深切的忧患。他致电北京军机处，向其痛陈朝鲜亡国之惨，认为清政府当引以为鉴。他又请军机处为其代奏："日俄协约甫成，日韩合并之事随即发现，恐该两国之所图断不能只此而止。则我满洲、蒙古之危局日促一日，万一稍有变迁，而欧洲列强自必援利益均沾之例，益逞狡思，则东南西南各省亦恐因之摇动，务请朝廷迅即妥筹变通办法，力为振作，以保大局。"①同年，载涛在出洋考察陆军时，取道西伯利亚回国，目睹俄国沿边增兵运械情形。②载涛将外患深重情形禀告监国摄政的载沣，并屡次建议载沣采取应对举措。载涛向载沣描述清政府之国际地位为，"我之存亡，仅于人微有牵掣耳。人犹如此，我何以堪"③！为了在日本、俄国两个强大的邻国威逼之下获得生存，载涛电请清政府与美、德等远隔重洋的国家联络邦交，以求得其援助。摄政王载沣对此颇为重视，令载涛同时联络德、美两国："聘德将，练兵于北徼外；借美国资本，兴农工商业。"④试图与此同时并交德、美两国，以牵制强邻。

　　出洋游历之宗室王公，从人员构成上来看，基本上是庚子后新晋政坛的少壮派王公。他们的出洋阅历促动其政治心态发生巨变，转向群体崇洋趋新。伴随着政治心态的转变，他们群体参与清政府的政治改革。在清末崛起于政坛的多数少壮派宗室王公，尤为力主急进改革。因出洋游历，少壮派王公对日本、欧美诸国有所了解，兼之少年锐气，极力谋求清政府迅速实现富强。他们在清末主张迅速推行各项新政。如贝勒载洵，在其出洋考察海军归来，亦以"持急进主义，速谋改革"为言。⑤少壮派宗室王公，虽然不完全集体出洋游历，但在学习西方、推行新政的过程中，多数力主急进。例如肃亲王善耆，称："旧组织如腐朽糜烂的房屋，无论怎样修补支柱也无济于事。必须彻

---

① 《洵贝勒电陈时局之悲痛》，《申报》，1910年9月10日，第三版。
② 《宣统政纪》，卷48，《清实录》，第60册，第869页。
③ 刘体智：《异辞录》，卷四，北京：中华书局，1988年，第225页。
④ 《异辞录》，卷四，第226页。
⑤ 《洵邸出洋后之智识》，《申报》，1910年11月21日，第四版。

底破坏之,重要的是建新建筑。"① 秉持着要抢在革命发生之前,将清政府旧制度革新之理念,善耆的行动往往不顾旧习、风俗,任性径行新政,被很多老成持重者认为是年轻气盛,指责其轻率妄为。相对而言,老成派宗室王公,虽然政治心态有所转变,但对于推行新政,仍有所疑虑,往往一面支持改革,而又一面瞻前顾后,试图徐徐图之。

庚子后,宗室王公自身的反思,兼之清皇室强化宗室教育、鼓励宗室王公出洋游历等因素最终促使宗室王公转向群体趋新。总体而言,庚子后宗室王公群体的主体政治心态呈现出积极入仕、群体趋新的变化。这说明他们在清末的政治改革过程中,带有主动性及强烈的奋发图强意愿。学界对清末推行新政与预备立宪原因的研究,归纳起来大体有外部、内部两种。外因归纳起来主要是指列强的压迫、革命运动的勃兴、立宪派的鼓吹和日俄战争的刺激;内因则为清政府亦有振兴的意愿。过去研究者对内因的注意较少。学界长期认为清政府的预备立宪是一个骗局,对其进行政治改革的主动性持怀疑态度。近些年不少学者认为,不能否认清政府的主动性,认为清末新政的推行,表明清政府自身也有振作图强的意愿。宗室王公群体政治心态的转变,反映了清政府统治集团的核心政治力量在推行新政、进行政治改革时是带有主动性的。

小　结

清末宗室王公的政治心态存在明显的转变轨迹。庚子前,他们长期保持趋公惟谨、明哲保身;庚子期间,宗室王公群体出现明显分化,一部分王公继续维持明哲保身、从政谨慎,而另一部分从政王公则出现颛顸揽权、固执己

---

① 《肃亲王》,《辛亥革命史资料新编》,第 2 册,第 373 页。川岛浪速在《肃王之极端革新主义》中记述了肃亲王在与其交谈中流露出来的极端革新思想。

见的转变；庚子事变后，从政宗室王公多数转变为积极入仕、热衷权力，在对待政治改革方面，于心态上已群体趋新。清末，作为清政府统治集团的核心政治力量，宗室王公群体多数积极参政、群体趋新，也表明清政府在进行政治改革时具有主动性。

宗室王公的政治心态在清末发生巨变，是各种因素综合作用的产物。除外患深重激发出救亡图存的自觉外，皇室对宗室王公的持续倚重、近支王公或其子嗣有望成为皇储的切身利益、皇室加强对宗室王公的教育以及宗室王公自身阅历变化等原因，都是促成宗室王公政治心态转变的重要原因。宗室王公政治心态的转变与清政府的政局变动密切相关。一方面，随着政局的变动、统治危机的加深刺激了宗室王公的政治心态发生相应的变化。在宗室王公的权力受到皇室限制打压时，宗室王公较为一致地忌惮权力，表现出趋公惟谨、明哲保身的政治心态；而随着清皇室加大对王公的倚重与扶持，王公群体又表现出明显的积极从政倾向。另一方面，宗室王公的心态转变，又影响政局的变动。庚子时期，保守派宗室王公的颛顸揽权与极端排外，引发了庚子政局巨变;庚子事变后，宗室王公的主体政治心态转为积极入仕、群体趋新，又改变清廷的权力格局，推动清末新政的开展。

总体而言，清末从政王公群体的政治心态，确有明显积极入仕、群体趋新的转变。但不可忽视的是，在王公群体中，趋公惟谨、明哲保身的政治心态仍长期存在。尤其是老成派宗室王公，虽然随着时局的变动，他们的政治心态有所改变，但在推行新政的过程中，多数时候他们仍力持谨慎。

第三章　宗室王公与军政变革

改革军政是清末新政中清政府统治者最为关心的变革，诸如"现在时势积弱，非练兵无以立国，亟应整军经武"①之语屡见于谕、懿旨。在清末皇室加大对宗室王公的倚重趋势之下，宗室王公在军政改革中扮演着重要的角色。

庚子期间，驻守京畿内外的武卫诸军败散，随着辛丑后袁世凯调任直隶总督、北洋大臣，继续编练新军，北洋新军渐有一支独大的趋势。鉴于此，慈禧遂借重宗室王公试图集中兵权于中央予以制衡，进而推行了一些军政改革，计有：1903 年，创设练兵处，任用庆亲王奕劻管理练兵处事务，统一各省练兵事宜；1905 年，创办陆军贵胄学堂，培养贵胄军事人才，以弘扬尚武精神；1907 年，设陆军部，又命庆亲王奕劻管理陆军部事务，不仅责成其整顿陆军部一切事务，还予以随时面奏之权；光绪朝末年，除编练新式陆军之外，清政府还筹划兴复海军，宗室王公中庆亲王奕劻、贝子溥伦对筹办海军都有所建言。1908 年载沣当政后，益发重用宗室王公进行军政改革并进行集权：派贝勒载润管理陆军贵胄学堂事务；遣贝勒载涛、毓朗，镇国将军载扶训练禁卫军；令肃亲王善耆、镇国公载泽、贝勒载洵参与清末兴复海军的筹谋。1910 年，载沣又称继承慈禧遗愿，设置海军部、军咨府，②简派载洵出任海军大臣，载涛、毓朗出任军咨大臣。此外，他还派遣载洵、载涛专程出洋考察军事。

---

① 朱寿朋：《光绪朝东华录》，第五册，北京：中华书局，第 5121 页。
② 光绪三十二年九月二十日（1906 年 11 月 6 日），慈禧在宣布预备立宪谕旨第二天，即令镇国公载泽等共同编纂、厘定官制，并派庆亲王奕劻等总司核定。经慈禧审核公布的丙午官制改革中，即定："兵部著改为陆军部，以练兵处太仆寺并入。应行设立之海军部及军咨府，未设以前均暂归陆军部办理。"参见《德宗景皇帝实录》，卷 564，第八册，《清实录》，第 59 册，第 468 页；《光绪朝东华录》，第五册，第 5579 页。可见海军部、军咨府确实早在光绪朝即有计划。

第一节 整军经武之举措

宗室王公参与清末军政改革者多达十位，在1900—1911年中央任官王公中所占比重最大。宗室王公群体参与军政改革主要是为了增强清政府的军事实力以挽救统治危机。他们的军政改革专注于储备军事人才，尤其是贵胄人才；重振尚武风气；编练新式军队。在练兵尚武的过程中，宗室王公还注重收拢军权于中央并掌控于自己之手。他们整军经武的显著举措计有：创建陆军贵胄学堂、编练禁卫军、出洋考察军政、兴复海军等。

一、整顿陆军

庚子后，清政府整顿陆军之策，莫如鼓励大臣编练新式陆军。直隶总督、北洋大臣袁世凯，编练了六镇新军，北洋新军遂在全国一枝独秀。虑及巩固统治地位，清政府在扩大编练新军规模的同时亦编练京旗兵丁，不过由于宗室王公、八旗贵胄中缺乏军事人才，编练八旗新军之重任仍交由清末练兵成效最著的大臣袁世凯。光绪二十八年九月十五日（1902年10月16日）慈禧太后下令：现在练兵紧要，著于满洲、蒙古、汉军前锋营、护军营及圆明园内外火器营、健锐营兵丁中挑选年龄在16—22岁、年力精壮者，咨送军机处。① 虽如此，宗室王公也在一定程度上参与了编练京旗兵丁的工作，并发挥了相应作用。慈禧又于同年十一月初七日（12月6日）派睿亲王魁斌、贝子溥伦等人于此前所咨送的八旗壮丁万人之中，再挑选四千人，先派三千人交由袁世凯训练，其余未中选兵丁则等待第一批训练有成效后，将可入选者分批送交袁世凯训练。② 光绪二十八年十二月初六日（1903年1月4日），睿亲王魁斌等挑选八旗各营兵丁完竣，慈禧下令先挑拨一千名，发往天津交给袁世凯认真训练，其余听候命令陆续前往。正式训练京旗兵丁时，清政府又添派旗

---

① 《光绪宣统两朝上谕档》，第28册，第129页。
② 《光绪宣统两朝上谕档》，第28册，第297页。

籍大臣铁良为京旗练兵翼长，与袁世凯会同练兵。后续有报道称光绪二十九年正月初十日（1903年2月7日），北京选八旗兵一千二百九十三名，由直隶总督袁世凯督练。① 到了光绪二十九年十二月二十七日（1904年2月12日）袁世凯、铁良会奏八旗兵丁三千人已经陆续编练，但人数参照北洋常备军营制尚不及一军的四分之一，故而奏请添练成协。② 清政府欣然同意。新编京旗常备军地位特殊，驻扎近畿。光绪三十一年六月初一日（1905年7月3日），练兵处奏报各省新练之军的编目，特别提出将京旗常备军编订为中国陆军第一镇。③

1908年前宗室王公并未参与新军的具体训练事宜，他们所进行的新军编练工作仅仅限于挑选兵丁，仅有个别王公，如庆亲王奕劻以管理练兵处、陆军处王大臣之身份参与军政改革的议论。1908年载沣当政后，倚重少壮派宗室王公，先后派遣载涛、毓朗、载扶担任训练大臣编练新式禁卫军，使得宗室王公参与到编练新兵的具体过程中。

由于宗室王公贵胄中缺乏军事人才，京旗常备军只能统自外臣。鉴于这样的现状，为储备贵胄军事人才，1905年九月清政府又创办陆军贵胄学堂，招收贵胄子弟入学听讲。陆军贵胄学堂对宗室王公尤为优待，即便王公担任有职任差使，也可入堂听讲，故计有十五名宗室王公④进入陆军贵胄学堂的王公讲习所听讲。

（一）储材与尚武

1905年初，出使大臣梁诚上奏清政府称，为改变中国积习，请饬大员甄选合格王公子弟入陆军学堂学习，又在附片中奏陈筹办陆军贵胄学堂。梁诚

---

① 李振华辑：《近代中国国内外大事记（光绪二十九年至三十四年）》，沈云龙主编：《近代中国史料丛刊续编》，第六十七辑，第661册，台北：文海出版社，1974年，第1页。
② 近代史所藏《袁世凯、铁良会奏训练京旗常备军拟再添营成协折》，转引自中国社会科学院近代史研究所中华民国史组编：《清末新军编练沿革》，《中华民国史料丛稿》，第二辑，北京：中华书局，1977年，第96页。
③ 《近代中国国内外大事记》，《近代中国史料丛刊续编》，第661册，第133页。
④ 计有：恭亲王溥伟、醇亲王载沣、顺承郡王讷勒赫、贝勒载洵、载涛、镇国公溥堃、溥佶、毓璋、全荣、辅国公溥钊、溥葵、惠普、溥纲、溥绪、辅国公衔镇国将军溥侗等十五人。

的折片强调:"尤宜慎选王公宗室满汉大臣子弟"①进入陆军学堂学习。梁诚的建议得到奉命复议的管理练兵处王大臣奕劻等人认可,认为符合清朝王公子弟自幼学习骑射的定制。兼之"查日本学制,凡王公子弟入陆军学校肄业",又与清末新政折中中外之宗旨吻合。加之清末政府支持更新军制、弘扬尚武之风,"允宜始自贵近,以为风气之先"。奕劻等人遂同意建立陆军贵胄学堂"专为王公大臣子弟肄武之区"。②此外,载沣之子溥任撰文称,陆军贵胄学堂的设立还与科举制的废除有关,他认为"满蒙汉八旗子弟以马步弓矢考差之途也随废科举作废,为了考虑到八旗官员子弟的功名问题,由练兵处与兵部联衔上奏,设立陆军贵胄学堂"③。传统的马步弓矢考差之途,在清末被改为考验气枪授差,宗室子弟授差之途在事实上并未全然废止。④不过,清政府在陆军贵胄学堂的兴办过程中的确对八旗官员子弟,尤其是宗室王公世爵子弟多加优待。为贵胄子弟提供功名,是宗室王公支持创办陆军贵胄学堂的一条不能书诸公文、却在实际运作中不断贯彻的理由。

宗室王公自身早有培养近支皇族学习西方军事之意。贵胄学堂尚在草创

---

① 《奏为改变中国积习请饬大员合格王公子弟备选陆军学堂事》,光绪三十年(1904年),一档馆藏,档号03-6000-74。
② 奕劻等:《奏为拟订陆军贵胄学堂章程并拟先行试办请旨事》,光绪三十一年九月二十日(1905年10月18日),一档馆藏,档号03-5764-045。
③ 溥任:《陆军贵胄学堂》,《紫禁城》,1983年第5期。
④ 清末统治者已经认识到传统的骑射武功已经不适用于改革时代的考验,光绪三十一年六月十九日(1905年7月21日),清政府发布上谕令八旗王公大臣讲求兵学,不得虚应故事,又令御前大臣及兵部筹议如何改革考验武职人员的新方式,称:"我朝开国,以弧矢威天下。故向制考验官员、训练军士均用骑射,所以崇尚武功、昭示来许。惟近来兵法日变,器械日新,当仰体列圣重武之精心,力行有用之实效。嗣后八旗王公大臣均当深求兵学,修明武备,勿尚虚文。所有引见人员例应持弓者,著毋庸持弓。其出入扈从宫禁守卫官兵所备军械尤应变通尽善,不准虚应故事。至挑取各项侍卫、拔补内外官员、挑选满汉兵丁,应如何验其学识、试其膂力、考其艺能之处,均著御前大臣会同兵部妥定章程,奏明办理。"《德宗景皇帝实录》,卷546,第八册,《清实录》,第59册,第254页。宣统元年十二月十五日(1910年1月25日),内阁奉上谕:贝勒载润等奏考试宗室气枪暨识满汉文字开单呈览一折。中气枪五枪,识满汉文字之锡启、保善、溥佑、龄秀均著赏给三等侍卫。中气枪五枪,识汉字之印符、裕瀛、长续、清鉴、荣谦、荣沛、松顺、荣俊、富森、宝鑫、玉昆、常福均著赏给四等侍卫。中气枪四枪,识汉字之松锟着赏给大缎一匹,银十两。中气枪三枪,识汉字之铁超、全斌、朴清、双山、连启、成昆、升复、溥芳,并识满汉字之常年,均著赏银五两。见《光绪宣统两朝上谕档》,第35册,第512页。根据此上谕,清末考校宗室授予差使、职任之方式,已经由原来的考试骑射换为考校气枪。

之中，醇亲王载沣便面奏慈禧，自请留学德国以讲求武备专门之学。慈禧对此深为嘉许，甚至有意令其带领近支皇族数人一同前往，以广为培养贵胄军事人才。① 虽然载沣出洋留学军政之事最终并未落实，但鼓励王公子弟学习西方军事还是得到最高统治者的支持，故而兴建陆军贵胄学堂势在必行。

1905年九月，清廷发布上谕：

> 自来习戎整武，实为强国之基。方今军制日新，尤应讲求兵学。兹据奏称，建立贵胄学堂，令王公大臣各遣子弟投考入学，亲习士伍，洵属振兴武备之资。所定章程亦尚周密，即著责成该王大臣等切实举办，督饬认真讲肄，力底精强，随时考察，毋稍宽弛。各该王公大臣，务当父诏兄勉，激厉奋发，树之风声，俾壮干城而安磐石，庶共副国家培植世臣、崇简俊杰之至意。②

从谕旨来看，清政府强调建立陆军贵胄学堂与强国密切相关，下令王公子弟等贵胄学习武备，既弘扬尚武之风声，又为国家储备了"世臣"中的军政人才。陆军贵胄学堂的试办章程之《学堂总则》亦称，此学堂之建立是为了"振尚武之精神，储干城之才俊"③。创建陆军贵胄学堂是清政府为培养贵胄、储备贵胄军官而进行的军政改革举措，是名副其实的贵胄班。其章程明确说明：

> 陆军贵胄学堂设于京师，隶于练兵处，专考收王公世爵暨四品以上宗室、现任二品以上京外满汉文武大臣之聪颖子弟，教以普通学术及陆军初级军事，并入军队观览学习，统计学期以五年为毕业。④

---

① 此事当时报刊多有记载，参见《醇亲王奏请出洋学习武备》，《大陆》，1905年，第三卷，第17期，第2页；《醇王请留学德国》，《大陆》，1905年，第三卷，第22期，第1页；《醇王请留学德国》，《江西官报》，1905年，第29期，第58页。
② 《德宗景皇帝实录》，卷549，第八册，《清实录》，第59册，第294—295页。
③ 奕劻等：《呈拟订陆军贵胄学堂试办章程清单》，光绪三十一年九月二十一日（1905年10月19日），一档馆藏，档号03-5764-046。
④ 奕劻等：《呈拟订陆军贵胄学堂试办章程清单》，光绪三十一年九月二十一日（1905年10月19日），一档馆藏，档号03-5764-046。

宗室王公在创建陆军贵胄学堂的过程中，又以"讲求兵学乃图强本务，四方观听，视贵族之趋向为转移"①为理由，重用、优遇王公世爵。故而在陆军学堂的贵胄子弟中，又尤其优待王公世爵，为之放宽录取条件。陆军贵胄学堂的拟定章程中，定下遴选学员的标准为：体质强健、文理通顺、无暗疾嗜好、年在18到25岁。然而，对于王公世爵学员则优待之，如果文理不及格，体质尚与军人体格相符，即可放宽录取，补习汉文一年后即可随班学习。对年长、不合定格，又充当差使的王公世爵，只要是"情殷尚武，志切从容"的，开学后即让其入堂听讲，以示优遇。②这些因年龄、体格、差使等原因不能正常入学的王公们，组成一个听讲班，需要学习中外历史、中外政治摘要、兵学和战术、军制、地形这六门"必习科"科目，其余科目均为"随意课"可听可不听。③

虽然陆军贵胄学堂拟定章程中规定先选取学生一百六十名，入学后三个月，严行甄别后留下一百二十名为定额。但是，由于贵胄子弟对于从事武职仍有疑虑，报名入学者不多，陆军贵胄学堂第一期实际招生并未达到一百二十名定额。1906年2月9日，《申报》报道据练兵处人员透露，庆亲王奕劻等已议妥贵胄学堂开办之章程，经费也将筹足。但是当时报名者仅有一百余名，练兵处拟在二月间进行考试后即行开学。④据溥任记载，陆军贵胄学堂于光绪三十二年二月十二日（1906年3月6日）开始报名，四月二十四日（5月17日）正式开学。陆军贵胄学堂第一期学员实际共招收九十六人，另有八旗在职听讲员四十六人。五月十一日（7月2日），宗室子弟中醇亲王载沣、恭亲王溥伟等三十二人到校听讲，其中爵位在辅国公以上的宗室王公共十五人。醇亲王载沣在未入军机处时，每日都按时到学堂听讲，并详细笔记。在军机大臣上学习行走后，每日上午入值，下午仍按时去听讲。⑤

---

① 《光绪朝东华录》，第五册，第5319页。
② 奕劻等：《呈拟订陆军贵胄学堂试办章程清单》，光绪三十一年九月二十一日（1905年10月19日），一档馆藏，档号03-5764-046。
③ 奕劻等：《呈拟定陆军贵胄学堂章程清单》，光绪三十二年闰四月初一日（1906年5月23日），一档馆藏，档号03-6003-048。
④ 《贵胄学堂定期开办》，《申报》，1906年2月9日，第四版。
⑤ 《陆军贵胄学堂》，《紫禁城》，1983年第5期。

贵胄学堂的建立，体现了清政府对培养贵胄军事人才、弘扬尚武精神的重视。陆军贵胄学堂不仅归陆军部统辖，还指定时任军机大臣领班、管理外务部事务的宗室王公庆亲王奕劻管理。陆军贵胄学堂原定章程仅供王公世爵、四品以上宗室、现任二品以上满汉大员子弟投考，第一期学员入学后，又因仅有王公大臣子弟入学，范围太狭窄，不足以广造人才，拟定将学员范围扩充致闲散宗室、汉人在京供职主事以上的子弟皆可入学，组成附班。① 宣统朝，摄政王载沣急于收拢兵权于宗室王公，尤其是少壮王公之手。他于宣统元年十二月十七日（1910年1月27日），开去庆亲王奕劻管理陆军贵胄学堂的职务，以贝勒载润代之。② 载润上台后，积极扩大陆军贵胄学堂的生源学额。第一届陆军贵胄学堂的学生毕业后，尚武之风得到一定推广，报名者增多。载润得以将原来的一百六十名挑留一百二十名定额，扩大到二百一十名留二百名③，不但拓展了录取人数，还拓宽了录取比例，并试图将"正额一百六十名外所余四十六名作为正额"④ 奏定成为规制，又拟将蒙古八旗附班中录不满的学额调拨给满汉八旗，保障额度充分利用。除了扩充学额，载润还试图强化陆军贵胄学堂的军事气息，以学生们"在堂肄业，无异入伍从戎"，奏请重订陆军贵胄学堂的职员官阶等级，将之一律订为武职，其中管理大臣等同于都统，其余职司人员分别等同于协统、参领等武职。⑤ 他为强化管理，以陆军贵胄学堂大臣是武职，又以陆军贵胄学堂之功课、操练俱照军队编练办理为由，申请给自己按照武官爵章章程佩戴相应爵章。⑥

陆军贵胄学堂中被寄予重望的贵胄学员们，在学习的过程中透露出无限的惶急。他们不满于学堂试办章程中为期五年的学制，学堂刚建立不及一年，

---

① 《贵胄学堂扩充学额》，《申报》，1908年1月12日，第四版。
② 《光绪宣统两朝上谕档》，第35册，第514页。
③ 载润等:《奏为陈明学堂甄别考试情形事》，宣统二年九月二十日（1910年10月22日），一档馆藏，档号03-5772-041。
④ 载润等:《奏为变通办理贵胄班学生学额事》，宣统二年九月二十日（1910年10月22日），一档馆藏，档号03-5772-042。
⑤ 载润等:《奏为酌拟陆军贵胄学堂职司阶级列表会陈事》，宣统三年正月二十五日（1911年2月23日），一档馆藏，档号03-7491-012。
⑥ 载涛等:《奏请颁给管理陆军贵胄学堂事务贝勒载润贝勒爵章事》，宣统二年九月初十日（1910年10月12日），一档馆藏，档号03-7483-026。

各贵胄即认为毕业年限过长，联名禀请清政府适量增加每日授课时限，将学制改为三年。① 最终此请求得到政府允准，故而1909年陆军贵胄学堂第一期学员毕业。第一期学员毕业时，在王公讲习所听讲的诸王公也获得毕业证。摄政王载沣在刊印同学录时，欣然上交照片一张，随同刊发。

拥有在陆军贵胄学堂学习经历的醇亲王载沣摄政后，将其视为王公子弟深造之所。他当政后认为提倡教育，应该先从皇族近支子弟入手，下令"先筹款设立亲贵蒙小学堂，凡亲王、郡王、贝子、贝勒及镇国公爵各子弟，年在七八岁以上者，均令入堂肄习简易课本，俟学龄增长，再送贵胄学堂，俾资深造。"② 他还时常召见管理贵胄学堂之大臣，询问贵胄学堂的情形，诸如学院程度，适合毕业者人数等等。③ 陆军部第一批学员毕业之际，陆军部拟了一个《陆军贵胄学堂各生毕业出身暂行章程》，毕业的贵胄学员得以"奏请带领引见，原有世爵官阶者听候录用，无官阶者分别优予出身以示鼓励"④。贵胄学堂第一期毕业生毕业时，正值载沣当政初年，他对陆军贵胄学堂的毕业生多加任用。如，宣统元年九月十一日（1909年10月24日），载沣下令将陆军贵胄学堂毕业生成全、恩厚等十人交由专司训练禁卫军大臣酌量委用。⑤ 不过，专司训练禁卫军大臣载涛等仅将这些贵胄学堂的毕业生委派担任名誉军职。⑥ 宣统二年五月十四日（1910年6月20日），载沣又将所召见的陆军贵胄学堂毕业考列二等之二品荫生承启简派以陆军部员外郎。⑦

1912年3月，陆军贵胄学堂随着宣统帝退位而停办。在其办学的近六年时间中，陆军贵胄学堂培养了两期学员，大约三百名。假以时日，或许可以逐渐实现宗室王公储备贵胄军事人才的设想。然而，在辛亥革命爆发时，肃亲王等人试图倚任之组建军队，但仓促之下却无济于事。

---

① 《贵胄学堂请改年限》，《申报》，1907年8月30日，第十一版。
② 《提倡强迫教育办法》，《教育杂志》，1909年，第3期，第13页。
③ 《摄政王注重贵胄学堂》，《大同报》，1909年，第十一卷，第11期，第32页。
④ 《陆军部奏陆军贵胄学堂各生毕业出身暂行章程折》，《东方杂志》，1908年，第五卷，第6期，第105页。
⑤ 《光绪宣统两朝上谕档》，第35册，第390页。
⑥ 《宣统政纪》，卷28，《清实录》，第60册，第505页。
⑦ 《光绪宣统两朝上谕档》，第36册，第164页。

（二）编练禁卫军

早在 1907 年，御史赵炳麟即奏请精造军械、讲求马政，以振武备，并请厘定禁卫军制度以固根本。① 时人亦不乏认为兴建禁卫军乃恢复清朝崇尚武功传统者，恽毓鼎就认为此举"既得祖宗时八旗兵遗意，兼寓固本之谋焉"②。载沣当政不久，即派贝勒载涛、毓朗，尚书铁良为专司训练禁卫军大臣，禁卫军练成后，统归监国摄政王统辖调遣。因光绪朝即有鼓噪编练禁卫军的奏折，兼之时人将编练禁卫军与清朝八旗崇尚武功遗风相联系，故载沣派王公编练禁卫军之举并不让人感觉意外。不过清初的尚武之风，强调的是骑射武功，虽延续到清末依然考校王公们的弓马之术，但清末的尚武之风，强调的是学习德日，采用西法练兵，在方法上与清初已是天壤之别。

曾任专司禁卫军训练大臣的载涛记载，载沣建立禁卫军的设想早在他出使德国时即已萌生。鉴于德皇族之威势及德国近卫军之精良，载沣特地请教于担任武职的德国皇弟亨利亲王。亨利告之，德国皇室如皇弟、皇子之流，无不自陆军学校毕业，身入军队当兵，由低级军官进而为将领，因此皇族军事力量强大。亨利亲王告诉载沣，皇室应以揽握兵权、革新武备为第一要义。1905 年亨利访华，载沣奉命接待，又与之谈及创建皇族武装诸事。③ 曾任禁卫军一等书记官的恽宝惠也认为载沣特别注重军权掌握与军队训练源自其德国之行，称载沣认为德国皇族从幼年起即身受军事训练，故而国势强盛，有心效法之。④ 宣统朝，载沣身为监国摄政王，面谕出使德国大臣时，谆谆告以德国于军事上之制造素所讲求，令其赴德后留心考察。⑤ 总之，载沣早有模仿德国皇室由皇族掌握兵权之意，不过在光绪朝，因胞兄光绪帝与慈禧太后不和，恐犯慈禧之忌讳而不敢有所创议。载沣一待掌权，不俟年号更改，便于

---

① 《德宗景皇帝实录》，卷 571，第八册，《清实录》，第 59 册，第 550 页。
② 《恽毓鼎澄斋日记》，第 2 册，第 420 页。恽毓鼎对此举颇为看好，固然有他在清末新政中对政治改革并不赞成，积极赞成者仅有改革练兵、外交两项而已的缘故，也有其子恽宝惠被载涛派充禁卫军一等书记官的缘故。
③ 载涛：《禁卫军之建立与改编》，《文史资料选辑》，第 3 辑，北京：文史资料出版社，1962 年，第 112 页。
④ 恽宝惠：《清末贵族之明争暗斗》，《晚清宫廷生活见闻》，北京：文史资料出版社，1982 年，第 64 页。
⑤ 《专电》，《申报》，1910 年 3 月 24 日，第四版。

光绪三十四年十二月初三日（1908年12月25日）下令派贝勒载涛、毓朗，尚书铁良三人专司训练禁卫军，酌量从各旗营兵丁中选拔精壮者认真训练组建的禁卫军。禁卫军必须"专归监国摄政王自为统辖调遣，俟有成效，再候谕旨"①。

载沣对编练禁卫军非常上心，要求训练大臣将"所有练兵规划奏请事件均径行密陈，朱批特准发下，始行录咨陆军部备案，与近畿六镇不同"②。负责训练禁卫军的载涛等人逐日呈给载沣的禁卫军训练处日报表③，可见载沣对训练禁卫军的关注程度。

载沣重用宗室王公中的亲信担任禁卫军的训练大臣。训练禁卫军大臣中，贝勒载涛乃载沣的同胞弟弟，贝勒毓朗亦为与载沣交好之皇族。宣统元年五月二十八日（1909年7月15日），因毓朗添派管理军咨处事务之职，载沣另派庆亲王之子、镇国将军载扶充当专司训练禁卫军大臣。④载沣加派庆亲王第二子载扶出任专司训练禁卫军大臣，既是为拉拢四朝老臣庆亲王奕劻，更是为了保证训练禁卫军大臣为皇族成员。次日，又因载涛、载扶面奏禁卫军创办伊始，事务繁重，恳请仍留毓朗专司训练以资熟手，载沣遂下令毓朗继续担任训练禁卫军大臣之职⑤，直到毓朗入值军机处方撤之。值得注意的是，摄政王大肆任用皇族亲信担任禁卫军最高长官之举并不为时人反对。1907年御史赵炳麟奏请厘定禁卫军制度，即请参用日本近卫师团之制，设置禁卫军，都督请选择近支王公补充，因为"统自外僚，深驻内府，似非慎重根本之意"⑥。担任训练大臣的少壮王公们对于创设禁卫军之事很是积极，贝勒载涛为专心创办禁卫军，还面奏载沣恳请酌减其他差务⑦。

宣统元年正月二十四日（1909年2月14日），距载沣下令编练禁卫军不

---

① 《宣统政纪》，卷4，《清实录》，第60册，第62页。
② 《禁卫军之建立与改编》，《文史资料选辑》，第3辑，第112页。
③ 中国社会科学院近代史研究所藏的《奕譞档》实乃醇亲王档案，含奕譞、载沣两代醇亲王相关的各类书信、诗文、公文、电报等各类档案，其中存有当时禁卫军训练处的日报表。
④ 《光绪宣统两朝上谕档》，第35册，第252页。
⑤ 《光绪宣统两朝上谕档》，第35册，第252页。
⑥ 赵炳麟：《奏请厘定禁卫军制度事》，光绪三十三年二月初二日（1907年3月15日），一档馆藏，档号03-5766-003。
⑦ 《光绪宣统两朝上谕档》，第35册，第118页。

及两月，载涛等人即上奏禁卫军训练处人员职掌并营制、饷章开单列表呈览一折、刊刻关防并发钤记一片、请拨军米一片、调溥侗充军咨官各差一片，载沣均依其议。① 至此，禁卫军正式开始分期编练。载涛等派人查勘地址、建造禁卫军营房，又派人分赴各旗挑选精壮造册呈报，并亲自点验。禁卫军于宣统元年六月二十日（1909年8月5日）组建成协、开始训练。训练大臣载涛、毓朗前往南苑点验，并向载沣汇报禁卫军"所有步马队官兵行列，均属整齐"②。

对于禁卫军的士兵，虽然载沣在下令创建禁卫军时，曾谕令训练大臣从八旗兵丁内选拔，且专司训练禁卫军大臣载涛等人也曾奏请挑选禁卫军兵丁兼挑闲散宗室，但在实际编练过程中并不拘泥于京旗旗丁。宣统二年八月二十三日（1910年9月26日），载涛奏请变通禁卫军挑选步、马队兵丁办法，将禁卫军第四标的步兵挑选范围扩大到顺天、直隶、山东等处，马兵则挑选蒙古合格马兵。载沣认为此法尚属妥善，下谕依议行。③ 载涛在主持编练禁卫军的过程中，不仅挑选士兵不拘泥于京旗旗丁，任用中下层军官时亦不拘泥于满汉之分。在拟定禁卫军营制饷章时，载涛称："两协官长拟不分满汉，由各军队衙署军官、军佐内择其兵学优长、操法娴熟者，挑选调派。"④ 载涛在任用禁卫军军官时不仅不拘泥于满汉，亦未拘泥于德国军制、理念，他所重用的禁卫军中层军官亦有一批留学日本士官科毕业归来的留学生，如哈汉章（留日士官步兵科）、文华（留日士官炮兵科）、章遹骏（留日士官工兵科）、王廷桢（留日士官骑兵科）等。

载涛编练禁卫军尤为注重振兴军人尚武之思想，对禁卫军"勉以忠君敬上之道，激其勇敢奋发之忱"⑤。他特别奏请参考新制，研习军乐以"振军人尚

---

① 《光绪宣统两朝上谕档》，第35册，第33页。
② 《宣统政纪》，卷16，《清实录》，第60册，第313页。
③ 《光绪宣统两朝上谕档》，第36册，第324页。
④ 载涛等:《奏报禁卫军第一期编练成营日期事》，宣统元年六月二十六日（1909年8月11日），一档馆藏，档号 04-01-01-1096-070。
⑤ 载涛等:《奏报禁卫军第一期编练成营日期事》，宣统元年六月二十六日（1909年8月11日），一档馆藏，档号 04-01-01-1096-070。

武之思，启将士同袍之乐"①。载涛还很注重通过禁卫军的军容、军貌来弘扬尚武精神。宣统元年闰二月初七日（1909年3月28日），载涛特别奏定禁卫军服色章记，"常服一项，略分帽正、军帽、领章、肩章。军常服各项，仍用三等九级，以辨品秩"。载涛在奏折中将禁卫军的服装、徽章等的用料、形制事无巨细，一一规划齐全。②他认为"全军目兵，悉著呢衣革履，一切领帽章记，制造均属精良，所以示判别而壮军容"。基于用军服凸显禁卫军军容的目的，载涛设计的军服不但讲求用料精良，外观上也不容许简陋，故而用款自然昂贵。为此，他又奏请加拨服装常年经费。③载涛非常重视军服的象征意义，不但自己常以军服形象示人，而且还在其出洋考察时，下令随行的所有禁卫军、军咨处等军官一律穿着军服以示尚武精神。④

在载沣、载涛、毓朗等宗室王公的直接干预下，禁卫军编练不及三年，便于宣统三年七月二十四日（1911年9月16日）正式宣告编练成军。禁卫军之战斗人员自正都统至副兵共9805人，非战斗人员自同正参领至驾车兵为1718人，共计12523人⑤，包含步、马、炮、工、辎、机关炮、军乐、警察各标，分为两协。禁卫军成军典礼上，由监国摄政王载沣亲自前往校阅并颁发标旗，是为清末编练新军成军的最重之典礼。载沣意在借亲临校阅、训谕禁卫军以振奋士气、鼓励戎行。舆论亦赞以："监国临阅禁卫军大操，为我国未有之创举。"载涛等人拟更进一步，奏请载沣身穿大元帅军服莅临阅兵仪式，用以显示重视军政。但载沣以"本监国虽有代表大元帅之资格，然揆诸事实，殊有惭德，断不敢如此僭越，有亏臣节"为由，拒绝穿着军服出席，最终穿着传统官服参加禁卫军的阅兵仪式。⑥载沣在禁卫军之阅兵仪式上，训谕禁卫军以：

> 尔大小将领以及京旗驻防、顺、直、山东各兵，其共听予言，从古

---

① 《宣统政纪》，卷41，《清实录》，第60册，第727页。
② 《光绪宣统两朝上谕档》，第35册，第93页。
③ 《宣统政纪》，卷41，《清实录》，第60册，第741页。
④ 《涛贝勒定期出洋续记》，《申报》，1910年3月19日，第五版。
⑤ 《清末新军编练沿革》，《中华民国史料丛稿》，第二辑，第135页。
⑥ 《监国不御大元帅军服》，《申报》，1911年9月20日，第五版。

国无兵不立,兵非练不精,求兵制精,固由于身体之坚强、胆气之充足、器械之精美、步伐之整齐,尤在娴习战法、通晓礼义,无事则研究学术,有事则戮力同心,须知一兵一士之微,皆能捍卫社稷,推之全国各军,胥宜共明此理。况本军巩卫禁廷,楷模军队,一切行为动作无不上系国体,下树观瞻,位置实与他军不同。本军现归本监国摄政王统辖调遣,甚愿尔官兵等操练日益精进、战备日益完善,屹然足恃,俾称国家劲旅,庶不负朝廷创练此军及本监国摄政王殷殷期望之初意。尔官兵等其共勉之。①

从载沣的训谕中可见,载沣强调练兵求精,禁卫军既要强健、勇敢,装备之以新式军械,训练之以整齐划一,更要求士兵娴熟战法、通晓礼义,戮力同心以拱卫禁廷。禁卫军创办的理念不管是来自清朝祖制还是德国启示,它的创设乃是"为保护禁城皇宫以及宗室王大臣起见"②。当时推翻清朝专制政府之言论颇多,革命已成风潮,载沣在训谕中,特别强调禁卫军成立后,归其统辖调遣,训令禁卫军官兵不负创练之初意拱卫紫禁城。

宗室王公实际参与主持的清末新军编练,仅有禁卫军一支。清末宗室王公的练兵举措与汉族大臣的练兵不同。汉族大臣练兵声名显著者如袁世凯,他从中下层武官逐渐晋升为地方督抚,其操练新军多亲力亲为,从1895年小站练兵到1909年被罢黜,皆或多或少参与到实际编练新军的过程当中。袁世凯在编练新军的过程中,重用门生故旧,将其任用到各级军官任上,借此掌控军队。宗室王公在禁卫军的编练过程中,对于清政府创办的陆军贵胄学堂的学员,虽然摄政王载沣拟定予以重用,但训练禁卫军大臣载涛在实际的编练过程中仅予他们以名誉军职。载涛重用的军官是留日学生。留学生的确有助于进一步推进军政西化,但他们与宗室王公利益并不攸关,不少人还因为清政府预备立宪的拖沓转向革命,成为反对清政府的革命力量。虽然宗室王公在编练过程中也极力宣扬忠君思想掌控军队,然而他们却多是通过军服、军乐、训谕等手段来培养军人尚武忠君之思想,实际上并没有完成对军队的

---

① 《监国摄政王校阅禁卫军训词》,《内阁官报分类合订本》,1911年8月,第24—25页。
② 《监国校阅禁卫军记》,《协和报》,1911年,第1期,第5—6页。

完全掌控。

（三）载涛考察军政之行

宣统二年正月十九日（1910年2月28日），军咨处管理事务大臣、专司训练禁卫军大臣载涛奏称："上年筹备海军大臣曾奏请准赴欧美各国考察海军事宜。查陆军与海军相表里，均为国防最要机关，亟宜出洋参观游历，俾便絜长补短，徐图扩充。"① 载涛此行拟赴日本、美、英、法、德、义、奥、俄八国。他拟定的考察内容为与陆军相关的一切事项，包括：国家军队编制、官署组织、军队实情、局厂办法、服装器械、精神教育等。载涛的奏陈得到清政府允准，遂于二月初十日（3月20日）由北京起程游历各国。

载涛的行程虽拟定考察八国，但其最注重的还是师法德国。载涛早就拟定在德多延时日以便详细考察。② 载涛在出洋考察前，曾与载洵、毓朗、载润、载泽等王公商议考察内容，计划详查德国军队编制。③ 德国亦极为优待载涛。德国驻华公使专门致电德国政府，请预备欢迎载涛事宜。德国政府为此专令驻华公使派熟悉中国事务的人员回国与外务部一同准备接待事宜。④ 载涛抵德后，德国皇太子代表德国皇室宴请载涛等人于波但宫（即位于波茨坦的无忧宫）。宴会上，载涛在致答辞中恭维德国军队乃"世界最强陆军"⑤。他在德国参观了各处陆军及诸兵工厂，尤其留意于德国陆军训练之法及各枪炮厂之制造情况。当时旅德中国留学生称载涛到柏林时"只穿便衣，将辫子盘于头顶"，还向德国人展示了自己精湛的骑术，表现出一派开放气度。⑥ 他在德国最后游阅之处为康斯丹士湖之佛里安特里区沙甫，与齐泊林伯爵同乘飞船升空游览约半小时。⑦

---

① 《宣统政纪》，卷30，《清实录》，第60册，第543页。
② 《涛贝勒考察军制之方针》，《申报》，1910年3月13日，第四版。
③ 《涛贝勒兼查海军之原因》，《申报》，1910年3月26日，第六版。
④ 《各国优待涛贝勒》，《外交报》，1910年，第十卷，第19期，第24页。
⑤ 《德国欢迎涛贝勒》，《国风报》，1910年，第一卷，第13期，第123页。
⑥ 林献炘：《载洵、萨镇冰出国考察海军》，《文史资料选辑》，第23辑，北京：中华书局，1962年，第188页。
⑦ 《中国陆军大臣将次离德》，《申报》，1910年6月23日，第三版。

相比之下，在其他国家考察军政时，载涛则显得敷衍、懒散。如在美国，载涛抵达旧金山后，与美方约定于某日九时参观金门炮台。但是预约之期至，他却高卧不起，经人催促再三，才姗姗而来。①

宣统二年六月十四日（1910年7月20日），载涛行抵出洋考察最后一站俄国。他在俄国参观考察两星期后，乘西伯利亚火车回国。七月初二日（8月6日），载涛行抵长春，前赴日俄战争旧地，实地调查当时战况，七月初十日（8月14日）回京复命。②

载涛在考察各国军政时留意到列强军事实力之强大，而中国处于军事劣势，故认定迅速编练新式海陆军为必然之举。③宣统二年七月十一日（1910年8月15日），载涛归国后第一次书面建言就涉及设立新式机构，奏陈创建军事法庭专司军人犯罪的司法审判，将军人的司法机构独立出来。独立军人司法审判，乃载涛考察各国军政所得之结论，因为列强"凡军人犯罪统归军法会议处审断，非普通裁判处"④。载涛向载沣罗列军人司法审判必须独立之缘故有四："一、军事概归独立，故军法亦然所以昭军政之统一。二、司法人员备顾问官而裁判之长必以军人充之，所以全军人之体面。三、军法会议处长官，其品秩必高于犯罪人员一级者始得司审判，所以维军人之秩序。四、军人犯罪情形非练习军事人员不能察。故犯军法者，不能治以普通刑律，所以期判断之公平。"这些理由说服了打着军政统一口号、谋求军权集中的摄政王载沣，载沣随即批复"速即按照所请办理"。除了呈递奏折奏陈建言外，载涛在觐见隆裕皇太后时亦历述各国军政之完备与列强对待中国之状况，言称中国处境危急，亟应力图挽救之法。⑤载涛向隆裕太后陈请中国需要急速振兴军政，方足以抵制列强。并力请隆裕皇太后颁发内帑及孝钦显皇太后遗金充海陆军费，以补国帑之不足。⑥面对主持国政的摄政王载沣，载涛奏对更加详尽。载涛与摄政王载沣为同胞兄弟，比寻常王公大臣有更多机会向载沣面奏建议，

---

① 《涛贝勒旧金山旅行记》（留美记者函稿），《申报》，1910年7月3日，第三版。
② 《涛贝勒电告回国日期》，《广益丛报》，1910年，第239期，第6页。
③ 《涛贝勒注重速练陆海军之政策》，《大同报》，1911年，第十五卷，第19期，第33页。
④ 《宣统政纪》，卷38，《清实录》，第60册，第679页。
⑤ 《涛贝勒奏对之述闻》，《大同报》，1910年，第十四卷，第1期，第27页。
⑥ 《涛贝勒请颁内帑》，《广益丛报》，1910年，244期，第2页。

并对其用人行政施加影响。他屡次向载沣面奏中外军政情况，建言振兴军政，并向载沣详细分析列强军事之优势，认为海军以美国为优，陆军以德国为优，器械亦以德国及法国为优，其余亦无大异。较之中国，列强均有过之而无不及。载涛还将自己的日记簿及调查飞行艇详细造法一并呈送载沣留览。①

由于在中外强烈对比中深受刺激，载涛归国后的改革建言超出军政改革的范围，呈现锐意革新的态势。载涛归国后，见人必谈参观各国官绅商民程度之高，政治之良美，武备之强壮，中国如何腐败，外人待中国如何景况，及其所目睹之东三省受日俄蹂躏情形，宣称中国若不再图自强，一味因循守旧，大局将不堪设想。②载涛不仅向他人广泛宣传列强政治、军事的强大，中国急需改革以求自强的理念，还屡次向载沣提出改革建议。除军政方面的建议外，他还建议载沣支持全国上下剪去发辫，以示实力欧化；解除党禁；退黜老朽之臣，以免借口持重，延误国事。③载涛在出洋考察时，便屡次表露清朝的辫发制不适于世界大势，在出行时尽量隐藏发辫。他在考察途中的演说场合，均改易西装。他的随员们也相率效之。甚至传闻有个别随员不愿意剪辫，载涛用强制手段以去之。这些消息传入国内，"海陆军界中人闻之，均喜动眉宇，以为载涛归国必能主持割发变服，一改旧观"④。他屡次向载沣面奏因日俄订约成功，列强对华政策发生变动，中国危在旦夕。他建议载沣重用敢于作为之人，将素以谨慎著称的世续、吴郁生开出军机。⑤载涛认为毓朗、徐世昌达时知兵，向载沣力荐此二人入军机。⑥载涛考察归来后的建言包含了罢黜老臣、剪辫、除党禁等激进建议，被时论认为大有旋转乾坤之势。但是，载涛虽有锐意革新之建言，却无切实躬行之努力。被寄予厚望的载涛回国后，却迟迟不至军咨处办公。⑦他主张推行的各项政策亦得不到落实，最终有负众望。载涛的举止并非独特现象，宗室王公群体普遍存在着倡言革新，而自身的实

---

① 《涛贝勒奏对志闻》，《广益丛报》，1910年，第244期，第1—2页。
② 《涛邸出洋之刺激》，《北洋兵事杂志》，1910年，第2期，107页。
③ 《涛邸锐意新政》，《丽泽随笔》，1910年，第一卷，第13期，第1—2页。
④ 《涛贝勒割辫纪闻》，《广益丛报》，1910年，第239期，第2页。
⑤ 《世吴开除军机之原因》，《大同报》，1911年，第十五卷，第19期，第32页。
⑥ 《涛贝勒之新见解》，《大同报》，1911年，第十五卷，第19期，第32页。
⑦ 《涛贝勒到处办公之迟迟》，《大同报》，1911年，第十五卷，第19期，第32页。

际能力、才识又不足以践行，甚至耽于逸乐不愿践行的现象。

二、兴复海军

甲午海战后，北洋海军几乎全军覆没，清政府的海军已成一蹶不振之势。虽然清政府在 1896 年春于英、德两国订购海圻等五艘巡洋舰，但清政府的威、旅、胶、澳等优良军港均被列强占据，即便添此五艘巡洋舰亦无补于事。庚子后，清政府推行新政，重振海军之议屡屡被提及。光绪末年，清政府即有派遣王公出洋考察海军、设立海军部之议。① 宗室王公群体亦积极参与议复海军。

（一）重建海军之建言

1904 年，慈禧特令户部筹备兴复海军经费，并交政务处议复。以庆亲王奕劻为首的政务处议复称："今所最难之事，即寄泊兵舰苦无天然合宜之海湾，宜俟俄日战事既终，要求日本交还旅顺，一面向英人索取威海卫。"② 将兴复海军之重任推脱到无军港上，并希冀列强能够归还侵占的海军良港。然而，日俄战争结束后，清政府仍未摆脱被列强侵略的地位，旅顺、威海卫二港亦未收回。

1904 年末，贝子溥伦再次提出重振海军。溥伦奉旨出洋参加美国圣路易斯世界博览会途中，曾于吴淞考察海圻等舰船。他认为当时中国海军所余舰船"尚能调度有方，训练有素，若使扩充兴办，尚足以强邦本扼海权"。他提议兴复海军以造船为主，购船为辅，应详细筹划整顿中国的船厂、船坞，裁汰归并各局所并将制造枪械划一。溥伦还建议整顿已建水师学堂、增派留学生游学以储备海军人才，并条陈筹集海军经费以整顿渔业、筹定土药新章程

---

① 《醇邸伦贝子出洋查察海军消息》，《南洋兵事杂志》，1907 年，第 6 期，第 8 页。
② 《议复海部》，《申报》，1904 年 11 月 18 日，附张。

为法。①1906 年，溥伦在御前奏对时，又称留心兵政，以整顿海军为要旨，颇得慈禧赞成。②1907 年，溥伦再次条陈恢复海军的具体建议，奏请以端方、袁世凯为南北洋水师大臣，鄂督张之洞为长江水师大臣，所有筹款、购舰、筑港等事，统归这三大臣酌度情形，会同陆军部举办。③与宣统朝兴复海军不断任命宗室王公截然不同的是，溥伦在光绪朝末年筹议的兴复海军计划并未倚仗宗室王公，而是举荐地方督抚中的干练大员。

在未设海军专部之前，陆军部暂理海军，关于兴复海军的建言常常交由陆军部议复。管理陆军部事务王大臣奕劻等认为在财政困窘的情况下，欲建大规模舰队，不但面临难筹经费的困难，而且还缺乏相应的海军人才。于是，奕劻等筹议的兴复海军之策为从编练巡防船、建港、储材入手。他们筹议出来的兴建之策主要有三条，其一为购买舰船，其二为修建象山港，其三为增设原有海军学额。陆军部奏暂理海军拟添购三四千吨穹甲快船数艘、炮船二十余艘、练船一艘，并修筑浙江宁波府属之象山港，以便各船收泊，共需开办经费一千五百万两、常年经费一百五十万两，请饬度支部设法筹措。④慈禧下令军机大臣会同度支部、陆军部筹议，最终拟定海军经费由内帑拨五百万两为开办经费，各省摊派一千万两，如有不足款项由度支部设法筹拨。常年经费则拟举行印花税，并将火车票加价两宗作为海军专款。⑤时人对于廷议中建议火车票加价以所得费用办海军颇多反对，孙宝瑄在日记中甚至认为铁路加价之说至愚，称："我国今日安用海军。"⑥由于兴复海军所需经费无着，光绪朝末年兴复海军之议遂中辍。

宣统朝，载沣以监国摄政王之位当政，复以慈禧留有兴复海军之遗命

---

① 溥伦:《奏为富民强国请广择人才劝捐集资兴办海防等敬陈管见事》，光绪三十年十一月二十四日（1904 年 12 月 30 日），一档馆藏，档号 03-6188-090。当时报刊对溥伦此议的大体内容也有报道，参见《请设海军》，《申报》，1905 年 1 月 13 日，附张。
② 《贝子奏对称旨》，《申报》，1906 年 6 月 4 日，第九版。
③ 《伦贝子条陈兴办海军事宜》，《申报》，1907 年 5 月 6 日，第三版。
④ 奕劻等:《奏为遵旨筹设海军巡练等船事》，光绪三十三年八月初一日（1907 年 9 月 8 日），一档馆藏，档号 03-6004-070。
⑤ 《兴复海军之决议》，《申报》，1907 年 11 月 22 日，第四版。
⑥ 孙宝瑄:《忘山庐日记》，下册，上海：上海古籍出版社，1984 年，第 1082 页。

为名，特召心腹大臣与军机大臣商议兴复海军办法。① 宣统元年正月二十日（1909年2月10日），肃亲王善耆奏陈筹办海军基础一折。善耆认为就大势而论，海军尤为重要，若不巩固海权，则不能言战言守。虽明知财政困难，但他仍强调"际此海军角逐之时，海权被侵之候，不将现有者先定基础，恐将来虽欲扩充亦无从措手"。他认为兴复海军必须"将海军事宜特简大臣综理其事，虽不必遽设专部，但责令该处切实举办"，通过海军处商议如何集合费用、搜集人才、教育官兵、编制船舰、改良厂坞、分配据点、制定海上法规等具体事宜。善耆还希望通过宣示兴复海军以振奋国人精神，声称："时局如此，宜示天下以必办海军宗旨，庶国人耳目一新，争相策励。"② 载沣于正月二十九日（2月19日）批复善耆所奏筹办海军基础一折，称其"所奏不为无见"，故而派肃亲王善耆、镇国公载泽、尚书铁良、提督萨镇冰按照善耆所陈各项，妥善筹划先立海军基础，并令庆亲王奕劻随时总核稽查，以昭慎重。③ 肃亲王善耆被简派为筹办海军大臣后，即筹划1909年夏季赴沿海各处巡阅清廷所余之海军状况，以便详细调查军港地址之布置，筹划如何兴复海军。④ 他在会议筹办海军办法时称环球海军以英、美最强，清朝要兴复海军，各项制度均应仿效英、美，并力主派遣留学生留学英美学习海军。⑤

在兴复海军的过程中，摄政王载沣对筹办海军大臣任命的频繁变动，从一个侧面反映出宗室王公在军政改革中的权力之争。总体而言，载沣倾向于任用与皇室血缘最近的宗室王公。宣统元年二月初二日（1909年2月21日），镇国公载泽奏请收回派遣筹办海军成命。载沣以"海军关系重要，亟应筹办以立始基"为由，安抚"向来办事妥慎，筹画精详"的载泽，驳回此折，令载泽既管理度支部总司财政，又兼办筹备海军事宜。⑥ 1900—1911年筹议海军时，奕劻、善耆、溥伦、载泽等王公均有建言及筹划。但最终在宣统元年五

---

① 《摄政王决意兴复海军》，《大同报》，1908年，第十卷，第19期，第33页。
② 善耆：《奏为拟请早定海军基础以维时局敬陈管见事》，宣统元年正月二十日（1909年2月10日），一档馆藏，档号04-01-20-0021-002。
③ 《光绪宣统两朝上谕档》，第35册，第41页。
④ 《肃邸有巡阅海军港消息》，《大同报》，1909年，第十一卷，第9期，第30—31页。
⑤ 《筹办海军最近闻》，《申报》，1909年3月7日，第四版。
⑥ 《光绪宣统两朝上谕档》，第35册，第44页。

月二十八日（1909 年 7 月 15 日），载沣定计筹办海军大臣简派最为自己亲信的近支王公、胞弟载洵。

宣统元年六月初七日（1909 年 7 月 23 日），筹办海军大臣载洵等奏："目前船舰无多，军港未辟，不必遽行设部，似宜另行编制，作为暂时统系。并请拨给经费，以重要工而应亟需。"①六月二十八日（8 月 13 日），载洵奏陈的筹划兴复海军基础的办法主要涉及六方面，分别为预算经费、编练舰队、开建军港、筹办学堂、改良厂坞、整顿炮台。②六月二十九日（8 月 14 日），载洵奏请请辟象山军港并顺道考察各省海军一折，奉旨依议。③

载沣认为整顿海军为经国要图，他在筹备兴复海军的过程中亦有所建言。他面谕肃亲王善耆兴复海军一事为各国所注目，必须切实筹划，令筹办海军大臣和衷共济，结合清末国势，妥善议定海军用人行政章程，不得依旧沿用海军衙门旧章。④他在召见载洵时，又谕令载洵速行巡察水师情况，并令重点考察三门海湾能否作为海军根据地。⑤他还催促清廷各驻外使臣，设法采购关于海军教育、制造等方面的各项书籍，以供海军处设立的海军编译局编译，以资研究。⑥

宣统元年七月初八日（1909 年 8 月 23 日），清政府派遣筹办海军王大臣载洵、萨镇冰考察沿江沿海各省武备。⑦载洵一行主要巡查了当时清朝所存留的制造局所、船厂、船坞，及沿途的军港、炮台，水师学堂等。他参观了江南制造局的炼钢大炮等厂，福建船政局的马江船厂、船坞，汉阳兵工、钢药各厂等军械制造、修理厂局，又考察了原有的厦门军港，还参加了浙江象山军港的辟港典礼。载洵沿途巡视虎门炮台、查勘江阴炮台及要塞工程、视察镇江炮台，并令镇江各台官设靶江心，演习射击。视察关山、象山、云山、

---

① 《宣统政纪》，卷 15，《清实录》，第 60 册，第 293 页。
② 载洵等：《奏为遵筹海军基础办法各事》宣统元年六月二十八日（1909 年 8 月 13 日），一档馆藏，档号 04-01-01-1099-099。
③ 中国第一历史档案馆：《宣统元年筹办海军大臣载洵巡阅海军奏折》，《历史档案》，1999 年第 4 期。
④ 《摄政王之海军谈》，《通问报》，1909 年，第 341 期，第 6 页。
⑤ 《洵贝勒萨军门巡阅军港》，《南洋兵事杂志》，1909 年，第 36 期，第 10 页。
⑥ 《催购海军书图》，《大同报》，1910 年，第十三卷，第 6 期，第 29—30 页。
⑦ 《宣统元年七月大事记》，《东方杂志》，1909 年，第六卷，第 9 期，第 411 页。

都天庙等处炮台营垒，江宁雨花台等处炮台。载洵参观海军学堂计有：烟台海军学堂、福建海军学堂、黄埔水师学堂。除了巡阅海军，视察清朝海军状况，载洵在上海还接见了各国驻沪总领事官，藉敦睦谊。到香港又与香港总督路嘉互相拜访，藉联与国之欢。①

巡察清朝水师期间，载洵屡次与沿途所遇督抚筹商筹措经费及兴复海军事宜。七月初十日（8月25日）载洵行抵天津，会晤直隶总督端方，会商筹措海军开办经费及关于海军一切事宜。七月十八日（9月2日），他行至浙江定海厅，又会晤闽浙总督松寿、浙江巡抚增韫，会商开辟象山军港的辟港典礼礼节及海军应办事宜。八月初三日（9月16日），他又与浙江巡抚增韫会商布置军港事宜。八月初五日（9月18日），他在江阴晤见两江总督张人骏、长江水师提督程文炳、江苏巡抚瑞澂，会商筹款及江防各事宜。八月初九日（9月22日），载洵在九江，安徽巡抚朱家宝、江西巡抚冯汝骙先后来与之会晤，筹商海军应办事宜。②

经过1909年8、9月间的实地查看，载洵等认为象山军港地势适合军用，实为天然海军根据地，将抵浙后查勘象山军港之详细情形电告军机处，请之代奏。载洵还特别发电文告知诸军机大臣，筹办海军颇得民心，其电文称经过各处绅商人民均以贵胄出京考察，足见朝廷筹办海军之认真，极表欢迎之意。③回京后，载洵又奏称："此次出京巡阅，共历十省。除京汉铁路所经之河南省不计外，其余九省，皆与海军有密切之关系。沿途举办重要事件，厥有七端：一、举行辟港典礼。二、奖励船舰官兵。三、考察各省船坞。四、考察海军学堂。五、阅视制造局所。六、抽阅炮台。七、激励民情。"④

载洵奏请在赴浙江象山港巡阅军舰、学堂、厂坞后出洋考察，声称："现在中国海军甫有萌芽，百端代理，奴才等尤应亲历外洋，专就海军各项事宜参观其成规，面询其要领，庶将来筹拟扩充时较有把握，其有益于海军实非

---

① 《筹办海军大臣南下日记》，《东方杂志》，1909年，第六卷，第9期，第254页。
② 《筹办海军大臣南下日记第二》，《东方杂志》，1909年，第六卷，第10期，第303—304页。
③ 《洵贝勒电奏考察军港情形》，《申报》，1909年9月14日，第五版。
④ 《宣统政纪》，卷19，《清实录》，第60册，第363页。

浅显。"①巡阅沿江沿海各省海军情形完毕后,载洵又以"治军之道,贵在知彼知己"为由,奏请尚须周历各国,博采成规,取人之长以为准则,庶办理较有把握。②最终载洵的奏请得到监国摄政王载沣首肯,遂于宣统元年九月、宣统二年七月,两次出洋考察海军事务。

(二) 考察海军与外交

载洵出洋考察海军③共分两次。第一次是宣统元年九月至十二月,游历国家为意大利、奥匈帝国、德国、英国;第二次是宣统二年七月,主要游历国家为美国、日本。

宣统元年九月初三日（1909年10月16日）,筹办海军大臣载洵、萨镇冰由上海起行,往欧洲各国考察海军事务。④载洵此行首先抵达意大利,他在意大利参观各海港船厂及工厂,并订购一艘1000吨炮舰。次抵奥地利,参观奥匈帝国各船厂后,订造一艘2000吨的四烟囱特快驱逐舰。十月廿五日（12月7日）,载洵一行抵达德国首都柏林,得到德皇及太子等接见。载洵等人还拜访德国首相吴鲁维格,赴海军大臣提尔比所设晚宴。⑤在德国,载洵等人参观德国海军机构之组织及德国各船厂、炮厂,并与德国订造多艘军舰。在德国参观考察完竣后,载洵一行又赴英国考察。在英国,载洵参观了各船厂、炮厂及英国皇家海军大学。载洵在英订购两艘3000余吨的巡洋舰。结束英国之行后,载洵于宣统元年十二月初四日（1910年1月14日）取道柏林,前往俄

---

① 载洵等:《奏为拟赴浙江象山港乘便巡阅军舰学堂厂坞并出洋考察事》,宣统元年六月二十九日（1909年8月14日）,一档馆藏,档号04-01-01-1099-103。
② 《宣统元年筹办海军大臣载洵巡阅海军奏折》,《历史档案》,1999年第4期。
③ 关于载洵出洋考察海军的研究论文,概述性质有两篇:周京南:《载洵、萨镇冰出国考察海军始末》,《军事历史》,1994年第4期。此文大略概括载洵等人两次考察海军始末。戴彦清、唐宏:《载洵、萨镇冰的欧美日之行》,《文史精华》,1997年第9期。大略介绍载洵等人欧美日之行的行程,认为此行对中国海军建设有一定推动作用,送出培养了一批优秀海军人才、订造了一批海军需要舰艇（这些舰艇来华时已是民国时期了）、为海军组织机构建立完善提供可资借鉴的经验、设立海军部、创建海军警卫队。针对载洵出洋考察海军事务的专题性研究有:崔志海:《海军大臣载洵访美与中美海军合作计划》,《近代史研究》,2006年第3期。专门研究1910年载洵访美并与美国订购买"飞鸿"舰之合作计划。马俊岩:《洵贝勒出德记》,《文史参考》,2012年第4期。主要记述载洵在德国的行程。
④ 《近代中国国内外大事记》,《近代中国史料丛刊续编》,第662册,第1022页。
⑤ 《画图新报》,1909年,第三十卷,第10期,第124页。

国。抵达俄国后，俄皇派大公爵包里司代迎，并召见载洵，赠其宝星。十二月初九日（1月19日），载洵从俄国乘坐西比利亚专车起程回华。十二月十三日（1月23日），抵达哈尔滨。十二月二十日（1月30日）申刻，载洵回京，载涛及当时在京的国会请愿代表均赴车站迎接。①

宣统二年七月，载洵等人第二次出洋考察海军事务，此次前赴国家主要是美国和日本。载洵在给军机处的电报中称，七月初十日（8月14日）请训，十四日（18日）乘坐京汉火车，于十五日（19日）抵达湖北改乘兵轮到上海。二十日（24日）率领随员搭乘美国商船出洋。因美国商船要在日本停留四日装货，他拟定应日本海军部邀请，率考察海军诸人员登岸考察日本川崎、三菱等厂。②据载洵后来的电报，他们在日本经过长崎、神户，考察了岩崎、川崎两船厂，本打算在横滨乘船赴美，不料乘坐的美国商轮被查出有疫病，拘留十日，只能将在日本应考察的事项先行考察完毕再乘船赴美。③在美国，载洵一行考察了檀香山军港、俾斯廉钢炮厂、美国费城官船坞、克廉浦及纽约造船商厂。在华盛顿觐见美国总统后，载洵一行又分别行动，考察各处船厂、海军训练营、炮台和战术学堂等，除了察看船、炮等制造工厂，还考察了飞行器的制造厂。最后由美国前往日本。④在美国考察期间，载洵订造一艘3000余吨的巡洋舰。宣统二年九月，载洵又在日本考察了船厂、军械厂并日本海军建制，并向日本订购两艘1600吨炮舰。第二次出洋考察海军，载洵主要游历了日、美两国。在日本他主要参观船厂、军械厂和海军建制；在美国，他主要参观钢炮、船厂、船坞、炮台等军事器械相关的内容，并兼及战术学堂、海军训练营，考察海军军事教育、训练方法。

从载洵参观考察的内容比重来看，显然是重器械多于重方法。当然，这也是被考察国为了销售军舰、武器特别安排所致。清政府曾为此专门电谕载

---

① 《画图新报》，1909年，第三十卷，第10期，第124页。
② 宣统二年七月二十一日（1910年8月25日），《收考察海军大臣致外务部请代奏电》，中国第一历史档案馆编：《清代军机处电报档汇编》，第32册，北京：中国人民大学出版社，2005年，第442页。
③ 宣统二年七月二十九日（1910年9月2日），《收考察海军大臣致军机处、外务部请代奏电》，《清代军机处电报档汇编》，第32册，第461页。
④ 宣统二年九月初五日（1910年10月7日），《收考察海军大臣致外务部请代奏电》，《清代军机处电报档汇编》，第32册，第475—476页。

洵等人，称"海军巡舰实为始基，关系重要，该大臣等有鉴于此，不惮烦劳，亲往东西洋考察，所有兵舰及枪械，何种为新式，何种为合用，当不难得其要领，应俟考察完竣后，再行订购，勿稍冒昧，致涉糜费"①。不过，载洵出行前即有计划在英、日、德等国分购军舰，并赴美订购新式大舰。据海军处人透露，载洵及军咨大臣载涛、毓朗虽不愿购用外人军舰以保中国海军舰队机密，但又有不得不为的苦衷。中国舰队若采取自造之法，耗费时日太久。故而，载洵等人打算军舰暂行购自外国，但采取在各国分订之法，以为如此稍可秘密，并可借以联合邦交。②可见，载洵在考察海军期间，基于节省经费，要在各国中对比款式价格，又要平衡与各国之间的外交，及保护中国海军舰队机密，早已打算从各国购买军舰。列强为了其在华势力的扩张，也都极力向清政府兜售军械。清政府组建一支军舰购自多国的舰队为势所必然，但这支多国舰队并非没有侧重。笔者在第二章中已论及由于日、俄两强邻逼处，宗室王公借出洋游历之机，另寻他国巩固邦交以自存谋。他们建议清政府并交德、美两国。崔志海在《海军大臣载洵访美与中美海军合作计划》一文中指出 1910 年载洵访美并与美国订约购买"飞鸿"舰之合作计划，反映了美国在华势力和影响不但在铁路和财政、金融领域获得重大突破，还渗透到长期受欧洲和日本影响的军事领域；也同时表明随着东亚国际格局的变化，清政府在军事上开始改变以往一味依赖欧洲和日本的政策，转而寻求美国的合作与支持。③从载洵出洋考察海军的整体情形来看，他更为注重在军械的引进上，向德国寻求合作与支持。整体观察载洵两次出洋考察海军时的购舰情形，可知清政府从德国购买的军舰占购买比例最大，形成一枝独秀之势。统览载洵订购军舰数量及类型，可发现这支多国舰队是有所倾向的，德国军舰占载洵订购的所有军舰总数的 8/15：载洵从德国订购的军舰共八艘，含三艘新式鱼雷艇"同安""建康""豫章"；两艘内河炮舰"新珍号""新璧号"；三艘驱逐舰"长风""伏波""飞云"。其他国家，数量最多的是英国、日本，也亦仅仅两艘而已。美、意、奥各一艘。从载洵订购军舰的数量、规模来看，并

---

① 《电谕海军大臣勿遽订购械舰》，《广益丛报》，1910 年，第 222 期，第 1—2 页。
② 《海军大臣分购军舰之原因》，《北洋兵事杂志》，1910 年，第 2 期，第 108 页。
③ 《海军大臣载洵访美与中美海军合作计划》，《近代史研究》，2006 年第 3 期。

未体现出清政府转向美国寻求合作、支持的巨大转变，反而特别突出清政府对德国军舰之信赖。载洵订购军舰的数量也在一定程度上反应当时清政府与列强外交的亲疏。在载洵出洋考察期间，英国待载洵等人为上宾，并赠之宝星。清政府为此电寄载洵，称"英主赠给宝星，著准其收受"①。载洵在归国途中经过俄国，俄国沙皇又赠予其宝星，亦获清政府电准"贝勒载洵等收受俄皇所赠宝星"②。第二次出洋考察期间，日本待载洵以上宾礼，赠其宝星，清政府也电谕"日皇赠给勋章，均著准其收受佩带"③。以上宾礼节优待载洵、赠其宝星的国家，除了俄国不作为考察国，英、日两国各有两艘军舰的订单，而其他未赠送宝星的国家，除了德国外，仅有一艘军舰的订单。在军舰的订购上，清政府的确含有外交目的，针对优待中国考察大臣的国家有订购数额倾斜。但对于德国，却又不遵循这个政策，不管德国是否优待考察海军大臣一行人，依然大量订购德国军舰。这反映出清政府在军事上依旧信赖、倚仗德国的特点。

另外，虽然载洵等人在电报中汇报美国考察之行"蒙该国上下敬礼有加，和好之意甚挚"④，但却没有特别强调要与美国合作。反而在载洵访美期间，德国太子计划游历中国，载洵虽人在美国，却授意随员致电军机处、外务部，称"接待德储一事，洵邸以为关系甚大，欲俟回都然后赴部会议，以便亲裁一切，益臻周备"⑤，极其重视与德国之间的关系。

除购买舰船外，载洵还十分重视海军人才的培养。他在出洋考察期间电商军机处聘请外国著名人员为海军顾问官，被军机处以海军重要，恐泄秘密阻止。⑥载洵归国后，仍以海军人才培养为要务。他在奏折中声称考察归国后，办理海军的急务有两大端，其一为训练人才，他请参考英国海军学习制度改

---

① 《宣统政纪》，卷23，《清实录》，第60册，第429页。
② 《宣统政纪》，卷27，《清实录》，第60册，第497页。
③ 《宣统政纪》，卷42，《清实录》，第60册，第497页。
④ 宣统二年九月初五日（1910年10月7日），《收考察海军大臣致外务部请代电奏》，《清代军机处电报档汇编》，第32册，第475页。
⑤ 宣统二年九月二十七日（1910年10月29日），《收考察海军大臣随员周自齐呈外务部电》，《清代军机处电报档汇编》，第32册，第540页。
⑥ 《慎重聘人》，《广益丛报》，1910年，第222期，第2页。

办国内海军学堂,并请将烟台海军学堂改为海军初级学校,并拟于象山军港内设立海军中等学校。① 又奏请派留学英国海军学生料理员兼充使馆海军随员,以裨学务。②

载洵考察归国后,还建议全面仿行西方海军建制。他奏称英国海军专设海军警卫队,"平时保卫本国海疆,以补陆军所不逮","战时占据要地,以助海军之进攻,而整饬舰队纪律等事亦归管理"。中国此前兴办海军,仅仅学习其驾驶、轮机、枪炮、鱼雷等四项训练,并没有海军警卫队,故而载洵提出筹建海军警卫队的建议,奏请在京师城外昌运宫废址,设立海军警卫队总营,以资试办。③ 宣统二年三月初一日(1910年4月10日),第一次出洋考察海军归来的载洵,虽有意重振海军,但也深知海军成立尚待时日,对于之前遗留的水师,载洵则奏称"请将浙省水师各营暂缓裁撤,以资防卫"④。

(三)设置海军部

载洵第二次考察海军后,清政府于宣统二年十一月初三日(1910年12月4日)发布上谕设立海军专部:

> 立国之要,海陆两军并重。前因厘订官制,钦奉先朝谕旨,海军部未设以前,暂归陆军部办理。嗣有旨派载洵、萨镇冰充筹办海军事务大臣,复派载洵等前赴各国考查一切,筹办渐有端绪。兹据载洵等会同宪政编查馆王大臣奏拟订海军部暂行官制大纲列表呈览一折,详加披阅,尚属周妥,自应设立专部,以重责成。所有筹办海军处,著改为海军部,设立海军大臣一员,副大臣一员。该大臣等务当悉心规画,实力经营,以副朝廷整军经武之至意,至应设之海军司令部事宜,著暂归海军

---

① 其二为军港建制事。他称军港以能屯泊船舰、便于操练为合适,修建各种厂所规模不必求大,但基址一定要宽筹,以备日后扩充。载洵等:《奏为原拟海军基础办法酌分次第举办事》,宣统二年二月二十九日(1910年4月8日),一档馆藏,档号04-01-01-1113-033。
② 《宣统政纪》,卷32,《清实录》,第60册,第579页。
③ 载洵等:《奏为海军警卫队各情事》,宣统二年二月二十九日(1910年4月8日),一档馆藏,档号04-01-01-1113-034。
④ 《宣统政纪》,卷33,《清实录》,第60册,第581页。

部兼办。①

清政府改筹办海军处为海军部，设海军大臣、副大臣各一员，载沣依然遣派其胞弟载洵为海军大臣。载洵等人所筹划的海军部建制、职官皆模仿陆军部而设，并无太多新意。在筹办海军期间，载洵奏请将海军人员官阶职任照陆军奏定三等九级新官名目品位，自正都统至协军校，皆冠以海军字样，以示区别而专任使。②他于议复海军办法折内奏定暂设海军处官制为日后设专部奠定基础，其制度亦模仿陆军部章程，略有改动：暂不设丞参，乃设参赞一员，以谭学衡充补。又设参谋四员，暂以司长兼充。设六司，每司设正副司长各一员，每司分四科，共设二十四科，每科设科长一员，科员分三等，录事分二等，廉俸津贴悉照陆军部，司长二百两，副司长一百六十两，科长一百两，头等科员八十两，二等科员六十两，三等科员四十两，录事头等二十两，二等十八两。俟二年后办有基础，即设专部。时人根据载洵、萨镇冰分驻两地，广传海军大臣有划分内外责任之说。载洵驻内，担任设署筹款，萨镇冰驻外，担任筑港购舰，为内外联络一气之计划。③

虽然载洵采取了一些兴复海军、改革军政的举措，但他受命出任筹办海军大臣、海军大臣期间，除巡阅南洋水师、两次出洋考察海军、促成海军部独立设部外，并无超出前人之成绩。辛亥革命爆发后，袁内阁向各亲贵要求输捐时，载洵向袁世凯声明："余于此项公债非不勉力输捐，实因身在任海军大臣以来不过两年，而亏空已不知凡几，每月所得尚不能敷衍，目前安有余资可以报效国家？"④表现出一意兴复海军、身无余资的形象。然而，在他出任海军大臣不久即遭御史弹劾，称其除出洋考察之外，毫无成绩。⑤其实，据各种记载，载洵贪污纳贿实为清末少壮派王公中首屈一指者。载洵兴复海军的热忱，随着辛亥革命的爆发而烟消云散。在宣统三年九月十四日，载洵上奏自称辛亥革命爆发后，自己"智虑短绌，虽已寝食不遑，犹觉难以应付"，

---

① 《光绪宣统两朝上谕档》，第36册，第442页。
② 《宣统政纪》，卷17，《清实录》，第60册，第325页。
③ 《筹办海军种种》，《申报》，1909年8月1日，第四版。
④ 《可怜可笑之京师》，《申报》，1912年1月6日，第六版。
⑤ 《海军大臣被参消息》，《广益丛报》，1910年，第236期，第2页。

于九月初十日后,他即以"疲劳过度,寒热侵体,精神恍惚,间作呕泻"为借口,不再趋公办事,奏请让海军副大臣谭学衡代替自己行使职责。①

综观清末宗室王公军政改革之举措,不管陆海军,皆倾向于学习西方,为此专程派遣王公出洋考察列强之海陆军军政。陆军方面,清政府顺应梁诚之奏请创设了陆军贵胄学堂,以振奋尚武之精神,储备贵胄的军事人才。在陆军贵胄学堂的办学过程中尤其优待宗室王公,试图培养王公的军事能力。宗室王公还在清末参与编练新式禁卫军,禁卫军独立于新军各镇,视为皇室亲军。海军方面,从1904年至海军部设立,宗室王公对兴复海军多有建言。然而宗室王公在兴复海军的过程中言多于行,兴复海军的实践,限于巡阅、考察,除推动成立海军部外,并无太大成绩。

第二节 集权·西化·尚武

清末宗室王公进行的军政变革,与此前一二王公如恭亲王奕䜣、醇亲王奕譞、庆亲王奕劻参与军政改革的显著不同在于:清末王公推行军政变革是一种集体行为,尤其是在1908年末载沣当政后,参与军政变革的王公数量众多。宗室王公于清末群出参与军政改革,又与清末中央集权,尤其是集中兵权紧密相关。他们通过出任陆军部、海军部、军咨处等中央军政机构的首位,通过制定相关的规章制度来进行集权。同时,清末参与军政改革的王公,大多有出洋阅历。载洵、载涛在1909、1910年还专门周游列国考察军政。正如出洋考察政治归国的镇国公载泽所指出的:"六七强国,莫不殚国之力与财于海陆军备"。②这些王公出洋游历后,推行军政改革,不仅是清政府弘扬八旗尚武遗风的自强之策,更是将之视为顺应世界大势之举措。他们在军政改革

---

① 载洵:《奏为因病请赏假调理事》,宣统三年九月十四日(1911年11月4日),一档馆藏,档号03-7462-077。

② 《考察政治日记》,《走向世界丛书》,第9册,第565页。

的过程中，群体支持西法，从军队的器械、训练方法、征兵制度乃至兵种无不力图西化。在推行军政具体改革的同时，宗室王公群体还致力于重振尚武之风。

一、集中军权

清末新设的军政部门有：练兵处、陆军部、海军部、军咨府，对于这些新设军政部门，清政府均倾向于简派宗室王公管理，试图以此改变咸同以来的兵权分配原则，从各省督抚，尤其是从袁世凯等强势督抚手中夺取兵权。军政集权从光绪朝到宣统朝一以贯之。1903年，清政府设立练兵处以为练兵总汇之区，试图从统一新军编练章程开始，统一各省编练新军的军制、号令、器械，最终"蔚成劲旅，用副朝廷整军经武之至意"[①]。1904年，练兵处、兵部会奏遵旨厘定营制饷章，请采外国营制操法，让已经练成三镇新军的直隶，将现有营队遵照练兵处拟定新章，切实办理，编成第四以下等镇，以为各省之倡。[②]因北洋军编练最有成效，清末统一营制饷章、练兵方式，常以北洋军为标杆，勒令各省统一标准。练兵处还试图统一军事人才的培养方式。奕劻等人在集议杨枢奏请添派陆军留学生的奏折时，提议欲培养将才，必须多派学生出洋学习新法，但"各省向无一定办法，多派少派，人数即属不齐，官费私费，人类亦复不一"，称要想有效地"鼓舞振兴"，"必有整齐划一之规"。[③]1908年，陆军部颁布新定章程，对各省练兵逾期未成镇者，按贻误军机从严惩处。[④]当时已出任军机大臣的醇亲王载沣，尤其注重新军编练，意欲亲至皖北观看秋操。[⑤]

宣统朝，根据慈禧遗旨，军国政事均由监国摄政王载沣裁定。内阁等衙

---

① 《光绪朝东华录》，第五册，第5325页。
② 《清末新军编练沿革》，《中华民国史料丛稿》，第二辑，第55—56页。
③ 《光绪朝东华录》，第五册，第5188页。
④ 《严定练军不力之处分》，《大同报》，1908年，第十卷，第9期，第29页。
⑤ 《醇亲王欲观秋操》，《大同报》，1908年，第十卷，第9期，第29页。

门议定摄政王礼节,在军权上,"皇上有统率全国海陆军之权。凡宪法纲要内所定皇上大权关系军事者,即属之于摄政王。其京外旗绿各营、海陆各军应归摄政王节制调遣"①。在载涛、毓朗等少壮亲贵眼中:"军事为立国之根本,皇上有统率海陆军及编定军制之大权,诚如宪政编查馆所谓此非宪法所能左右,并非议院所能干涉。"②载沣上台伊始,便于光绪三十四年十二月十一日(1909年1月2日)以袁世凯身患足疾为名,令其开缺回籍,罢黜实际掌控北洋六镇军权的袁世凯,试图将军权收归中央。宣统元年五月二十八日(1909年7月15日),载沣又以遵照慈禧遗训、依照《宪法大纲》,在皇帝未亲政以前代理统率全国海陆军大元帅为由,专设军咨处于陆军部,以贝勒毓朗管理军咨处事务。五月二十九日(7月16日),载沣又添派自己的胞弟、郡王衔贝勒载涛管理军咨处事务。③军咨处后改为军咨府,独立于陆军部。其权责定为可以统筹全国海陆各军事宜之所,关于国防用兵一切命令计划,由军咨处拟案奏请裁夺后,饬下陆海军部钦遵办理,掌握军队调动之权。至于筹办海军、海军部大臣,载沣下令由胞弟贝勒载洵充当。最终,形成弟兄三人分揽军政大权的局面。宣统二年十一月初三日(1910年12月4日),宪政编查馆、军咨处、陆军部会奏厘定陆军暂行官制大纲,列表呈进一折。载沣认为"陆军部总持军政,责任宜专"④,同意裁撤尚书、侍郎、左右丞参各缺,改设陆军大臣一员、副大臣一员。载沣又以军政不统一非振军经武之道,下令日后各省督练公所的各总办由陆军部委派,试图以控制各省督练公所之用人大权以统一军权。然而,军权集中于中央后,掌权的是二三青年宗室王公,时论质疑之:

> 以全国军政委之于三、二人。三、二人中,属于亲贵,以其天潢贵胄,信之于朝廷,是否有军事之学问,军事之阅历,军事之常识,皆非计也。……以此而欲求全国军事之进步,岂不是南辕北辙,缘木求鱼哉!

---

① 《宣统政纪》,卷3,《清实录》,第60册,第44页。
② 载涛、毓朗:《奏为遵议陆军部前奏九年预备一切事宜并请各项军事计划先咨商军咨处办理事》,宣统元年十月十八日(1909年11月30日),一档馆藏,档号04-01-01-1095-089.
③ 《宣统元年五月大事记》,《东方杂志》,1909年,第六卷,第7期,第331页。
④ 《光绪宣统两朝上谕档》,第36册,第442页。

故政府专筹统一军事以防内乱，实乃春蚕自缚耳。①

　　在清末军政改革的过程中，慈禧倚重老成持重者，注意任用满汉大员相互协调牵制，故而光绪朝之陆军部掌权者为庆亲王奕劻、铁良、袁世凯；宣统朝，年仅26岁的醇亲王载沣摄政，他主要倚重年少气锐者，注意集中军权于少壮派宗室王公。宣统朝宗室王公参与军政改革的计有：奕劻、载泽、善耆、载洵、载涛、毓朗、载抃、载润等八人，形成军权集中于王公群体之现象。载沣最为重用其胞弟载洵、载涛，将此二人分别简派为新设之海军部、军咨府首脑，大造收拢军权于少壮王公之势。宗室王公注重收拢军权，并将之归于为练兵强国起见。有报道称载涛出国考察陆军回来后，深知"各国协力谋我之心至危且险"，谈及国家前途，伤心至于泪下，并决心速练陆军，将中国一跃而为世界头等国。②从表面看，清末成功地实现了军权集中于中央、宗室王公之手，然而，宗室王公群体并非铁板一块，在群体内部争权夺利、纠葛不断，产生了持续的政争，同时，在实际军队掌控上，宗室王公也未完成真正集权，反而招致舆论一边倒的质疑。

二、力倡军政西化

　　慈禧、光绪在庚子后更加重视学习先进国家经验来进行军政改革。清末群出主持军政变革的宗室王公几乎都有出洋阅历。从政之宗室王公在1900年后，亦相续以巩固邦交、考察外国先进制度等不同目的出洋游历。1901年醇亲王载沣使德道歉为王公出洋游历之肇端，不过此举乃迫于德国要求必须近支王公作为专使而为之。1902—1904年，载振、溥伦两人相继出使各国，较之载沣使德，清政府派遣载振、溥伦两王公出洋游历之自愿成分居多。报刊报道清政府将继续选择王公中年壮才富者出洋游历，并选派宗室中少年者赴

---

① 《统一军政之办法》，《大同报》，1910年，第十四卷，第15期，第29页。
② 《涛贝勒之哀国泪》，《蜀报》，1910年，第一卷，第4期，第56页。

各国海陆军学堂留学,故而时论认为载振、溥伦两贝子出使各国,乃"天潢贵胄远涉重洋,纡贵降尊,此其始也"①。的确,此后宗室王公出洋游历的人次逐渐增加,截至宣统退位,宗室王公正式出洋游历计有七人十二次②。虽然王公出洋游历并不一定以考察军事为目的,但他们游历的目光始终流连于军政。

1901年醇亲王载沣赴德的主要目的是应德国要求,为义和团时期德国驻华公使克林德被杀害一事致歉,并传达中国愿与德国和好之意。当时英、美、法、俄、义(意)、奥、比、日等国均表示欢迎载沣使德后顺道访问。一时报刊舆论认为载沣虽"年纪不上二十",但"人极明白,真是当今少有的一位王爷","游历各国,是开智慧、广见识,是顶好的事"。③不过因德国方面表示不愿意载沣游历列国,认为载沣周游列国将冲淡赴德致歉之行的意义,故而载沣除了约略参观旅途必经之地,并未周游列国。此次载沣除专门觐见德皇之外,还参观了博物院、万生园(动物园)等处,阅看了德国海陆军操演,会晤了德国统领海军之亨利亲王。④德国陆军精湛的训练方式给他留下了深刻印象。据载沣出使德国时期的电文可见,载沣晋见德皇后,德皇不仅邀请他观看德国陆军操演,还邀请他在柏林停留参观各厂院,到丹西会晤亨利亲王,阅看德国海军。载沣"未便拂却",于是安排行程,在柏林历观各厂并前往丹西阅看德国海军、会晤统率海军之亨利。⑤载沣对德国陆军精良的欣羡,早在使德途中即见端倪,从他出使德国的日记中可见如下记载:"六月十二日,德兵附此船回德者,每日在船操练两次。下午,各兵洗枪,呈其管带官验察。至于其他军器、军装亦逐日验视,毋或稍懈。每逢礼拜休沐日,其管带官亦必督率兵弁,戎服列队操演。其军中所蓄之犬,能送信、寻觅被伤之人,亦系素练而成。德国陆军之精,于此可见矣。"⑥德国之行的亲身见闻给载沣留下了深刻印象,载沣上台执政,即仿行德国,令胞弟载涛创设禁卫军。

---

① 《天潢游学》,《申报》,1904年9月9日,第一版。
② 具体统计数据参见附表《宗室王公出洋游历情况表》。
③ 《醇亲王游历各国》,《杭州白话报》,1901年,第6期,第1页。
④ 《醇邸行程述函》,《北京新闻汇报》,1901年10月26日,第6页。
⑤ 《光绪朝东华录》,第四册,第4718、4721页。
⑥ 《醇亲王使德日记》,《近代史资料》,总73号,第145—146页。

其他王公出洋游历目的各自不同，但几乎个个留心考察各国之军政。1904年，贝子溥伦虽是奉旨参加在美国举办的世界博览会，但他在沿途游历各国时对于军政时时留心。溥伦自称："奴才所历各邦既详察其政事学术，而思其因富以致强，因强以保富之道，舍讲求军政无以臻此。"① 归国后，他即上折奏请清政府集资兴办海防。1906年，镇国公载泽出洋游历的名目是考察政治。但他在向伊藤博文请教君主立宪政体的同时，仍不忘请教"方今时势，练兵为亟，何以使将卒精练，饷不虚糜"②？载泽等人在德国觐见德皇时，论及中国变法，德皇告诫："必以练兵为先，政治措施尤宜自审国势，各当事机。"③ 归国后，载泽即将考察过程中所听闻的列强关于军政改革的建言，连同政治考察内容一并上奏清廷。

这些另有出洋游历目标的王公考察军政，仅仅是其游历过程中的兼及之行，出于王公自身留心军政的敏感。他们对于各国军政并未有计划、有目的地做周详、系统的考察。他们对各国军政的认识，或因目睹列强军队之精湛，或因参观他国的军队阅兵仪式，或因与他国军政大员交谈所发，仅仅是蜻蜓点水、浮光掠影的表面印象，故所得之结论亦较为笼统。他们归国后所奏称的建言，亦仅仅是大略而言之，概以富国强兵为论，并没有太多具体的实施意见。未专门考察军政的王公出洋游历，尚且留心军政，更遑论专门出洋考察各国军政的王公了。清末专门考察军政的王公，1909、1910两年间，计有郡王衔贝勒载洵、载涛，两人三次。

虽然载涛等人出洋考察军政之行，被辜鸿铭认为是不识字者看书，并不是阅读内容，而是"看画儿"④，意为此番考察虚有其表，不得其实。不过，清末宗室王公支持练兵尚武，并投身兴办海陆军的举动，还是引起了革命党人的警觉。不少革命党人认为宗室王公出洋考察军政会阻碍中国革命，遂有革命党人刺杀海军大臣载洵之举。除革命党人熊成基谋刺载洵于哈尔滨外，载

---

① 溥伦：《奏为富民强国请广择人才劝捐集资兴办海防等敬陈管见事》，光绪三十年十一月二十四日（1904年12月30日），一档馆藏，档号03-6188-090。
② 《考察政治日记》，《走向世界丛书》，第9册，第583页。
③ 《德宗景皇帝实录》，卷559，第八册，《清实录》，第59册，第403页。
④ 辜鸿铭：《看画》，《张文襄幕府纪闻》，太原：山西古籍出版社，1995年，第51页。

洵在美国考察海军时，也曾遭遇革命党人刺杀。这次刺杀行动并未成功。被捕革命党人认为载洵"来游美国，实非为谋中国公益。彼定造战船，实为压制革命党起见，使我辈长受管束"①，故而有刺杀之举。刺杀载洵的革命党人是少年社社员，声称"会中最注恨者，为兴办海陆军，因此两项足以阻中国革命云云"②。

王公出洋考察军政的最直接收获是引进新式军械。载涛在德国考察军政时，见识到德来风根公司无线电通信之便捷，即拟回国后仿照该公司办法，在北京创办，以便利海陆军通讯。③他与军咨府诸官员商议各省编练海陆新军应用之炮甚多，而多购自外国，拟于适中省份建立炮兵总工厂一处，俟有进步，再行添设分厂。④辛亥革命爆发后，载洵仍打算与美国贝里威钢铁公司订合同，借款二千五百万两，以二百万两改良清政府的枪炮、弹药厂，以二百万两改良船坞制造局，剩下的资金用来订购中国船厂不能制造的海军船舰、大炮。⑤

除了引进西式武器装备外，在军队训练方法上，宗室王公进一步推广练兵西化。同治年间，恭亲王即请令火器营旗兵学习制作洋人器械，此时乃试图将军队的器材改变；光绪年间，醇亲王主持神机营抽练，虽采用的是旧式操练方法，但却练习使用西式枪炮，有所进步。甲午战争后，奕劻等王公进而支持西法练兵。庚子后，西法练兵得到进一步推广。光绪三十年六月初五日（1904年7月17日），练兵处致电驻德使臣荫昌，令其将德国陆军新制择要译送。光绪三十三年七月二十一日（1907年8月29日），管理陆军部事务和硕庆亲王奕劻等奏请派遣驻外武官，并奏定相关章程，规定驻外武官的主要职责为就所驻国一切军事详加调查、细心研究，汇报清廷以备参考。醇亲王载沣当政后，更是力主军政西化。他认为陆军部军制、军饷多有不合时势之处，

---

① 《洵贝勒遇险记详》，《东方杂志》，1910年，第七卷，第12期，第360页。
② 《洵贝勒遇险记详》，《东方杂志》，1910年，第七卷，第12期，第360页。
③ 《涛贝勒考查无线电报纪闻》，《申报》，1910年7月29日，第五版。
④ 《军咨处筹设炮兵总厂》，《申报》，1910年1月17日，第四版。
⑤ 参见载洵《奏为遵旨与美国贝里威钢铁公司拟订合同事》，及《呈与美国贝里威钢铁公司订立合同清单》，宣统三年八月三十日（1911年10月21日），一档馆藏，档号分别为03-7498-023、03-7498-024。

主张采择西方各大国军政实施办法制定章程以整军政。①1911年，军咨大臣载涛、毓朗又与外务部商议，组织向中国驻扎各国使馆加派武参赞，定计先于英、德、法、美、日、俄等国试行。②

以禁卫军为例，此前清廷沿用之侍卫府等传统禁卫之职，除守卫宫廷，还包揽皇室出行、玩乐的一切事务，具体包括："司辔、司鞍；尚虞、鹰鹞房、鹁房、狗房；善骑射、善射鹄、善强弓、善扑；专司乘舆卤簿"③等，专管这些事务的侍卫亦系侍从武职。清末载涛等王公编练的禁卫军，则有别于此种专为皇室服务的侍卫，将其列为独立之军队，更加倾向于训练其武力。载涛等王公训练禁卫军，主要参照西方军事制度，采用西法训练成军。

为了贯彻西法练兵，载涛在编练禁卫军时，积极任用留学生或有西学背景的学生。禁卫军第四标的中下层武官俱选陆军留学生、速成学堂毕业生充当。报刊报道这些留学生在日本受过军事教育，故而禁卫军第四标组建后军纪严肃、军中上下权责分明，"绝无各镇上下无别、紊乱军纪"的情况。④载涛重用留学的士官，既出于力图禁卫军训练方式西化的考虑，又出于打破北洋武备势力的目的。良弼游说载涛"我们训练军队须打破北洋武备势力，应当找士官作班底，才能敌得过他"⑤，最终说服载涛在禁卫军的编练中，大量起用留日士官学校的毕业生。然而，在禁卫军未及成军之时，又有报刊指出，禁卫军每年用款三百万两，第一次编练却由京旗挑选，以久练之军为新编禁卫，实乃有名无实。⑥禁卫军的成效到底如何？从清亡的结局来看，它的成军并未挽救已经颓危的清王朝。宣统三年三月二十日（1911年4月18日），管理军咨处事务郡王衔多罗贝勒载涛奏，本年拟援照旧案举行秋操，在滦州、开平一带，调集军队练习野外勤务及攻守一切战法。所有会操军队，拟以陆

---

① 《醇邸提议改良陆军部事宜》，《南洋兵事杂志》，1908年，第18期，第7页。
② 《试行派驻使署武参赞》，《大同报》，1911年，第十四卷，第21期，第29页。
③ 张寿镛：《清朝掌故汇编》内编，卷四十七，《近代中国史料丛刊三编》，第十三辑，第129册，台北：文海出版社，1985年，第3671页。
④ 《禁卫军官长冲突纪闻》，《申报》，1911年8月7日，第五版。
⑤ 《北洋军阀的起源》，《北洋军阀史料选辑》，上册，第41页。
⑥ 《禁卫军之耗财记》，《民呼日报》，1909年6月27日，马鸿谟：《民呼、民吁、民立报选辑》，第一册，开封：河南人民出版社，1982年，第135页。

军部直辖驻扎小站马厂第四镇为主力,将禁卫军混成一协及驻扎保定第六镇步队一标、马队一营、工程一队酌量一并编为一军,是为西军;另以驻扎北苑第一镇为主力,将驻扎保定、永平第二镇混成一协,酌量入编为一军,是为东军,定于本年秋间举行会操。奉朱批"依议"。① 秋操本可一窥禁卫军是否拥有一定战斗力,然而载涛总监永平秋操未完毕,辛亥革命即爆发。宣统三年八月二十二日(1911年10月13日),载涛奏称"本年秋操所调各项军队之军镇协自行演习业经办竣,现在抽调军队赴鄂,所有大操可否停办",奉旨:"本年大操,著即停办。"② 禁卫军在辛亥革命后,由冯国璋统领,据闻由于冯国璋承诺不触动皇室、旗人既得利益,并让两名旗籍禁卫军士兵随身监视,遂得以平稳过渡。1912年,袁世凯接任民国临时大总统后,北京城改用五色国旗,"禁卫军稍起冲突"③。然而,此时禁卫军的冲突,并未在共和大潮流中留下太多痕迹。民国政府忧虑禁卫军毕竟有万余人,遽然解散会导致社会不稳,故而将其军额、俸饷如旧,只是改归民国陆军部编制。

在征兵制度上,宗室王公亦尝试改变原来的八旗兵制,由旗人皆兵改为招募士兵,甚至试图实行征兵制。以禁卫军为例,兵丁挑选扩大到直隶、山东、内蒙古等地,不拘泥于满汉。军官的任命,则重用留日士官。载涛在训练禁卫军时,试行征兵制,改变清朝沿用八旗子弟为兵丁的固有之法。他还与陆军部大臣荫昌商议,提前训练全国陆军,拟定在1914年练足四十八镇,再添练十二镇,并改订征兵制度。④ 肃亲王善耆亦主张实行征兵政策,他认为蒙藏各藩之地,皆毗连俄国,应靠实行征兵政策以消弭外患,拟于调查藩部户口后编订章程,再简派大臣前往督办征兵事宜。⑤

清末宗室王公在兵种上也试图仿行西方兵种进行改革,不仅参与训练新式禁卫军,还试图兴复甲午后一蹶不振之海军,甚至试办空军。

宗室王公极为重视兴复海军。储备海军人才之建言,充斥清末筹办海军

---

① 《清末新军编练沿革》,《中华民国史料丛稿》,第二辑,第84页。
② 《宣统政纪》,卷61,《清实录》,第60册,第1907页。
③ 鄂多台:《鄂多台日记》,《近代中国史料丛刊三编》,第五十八辑,第578册,台北:文海出版社,1990年,第8页。
④ 《京师近事》,《申报》,1911年3月17日,第六版。
⑤ 《肃邸治藩新政策》,《申报》,1911年8月28日,第三版。

诸王公的奏章中。宣统年间出任海军大臣的载洵，甚至认为兴办海军的第一要义是养成海军人才。他特别指出兴复海军虽然贵在精良军舰，但更重要的是要有优良的海军人才，称："查海军船舰固贵制造精良，尤贵所用得人操演娴熟。"① 他向载沣请旨饬令沿海各省督抚从速开办海军学堂，已经设立海军学堂的，也须次第扩充、认真整顿。② 他还奏请将王公世爵所报效的府第地段，收拨以建海军学校。③ 为了鼓励海军人才，载洵还专折为甲午海战中自杀殉国的海军提督丁汝昌奏请开复原官并赐给恤典，以激励兴复海军各官员。④ 他在奏折中指出，甲午海战乃中国海军兴废之一大关键，急需研究。而他在了解甲午海战的过程中，认为提督丁汝昌力竭捐躯，其情可悯。请求开复丁汝昌原官，以此"鼓励戎行"⑤。载洵注重海军人才的培养，还刻意培养宗室子弟学习海军。他曾遴选八旗宗室子弟二十人前往烟台水师学堂学习。但这些宗室子弟不仅每次考试成绩低下，还只知挟贵骄人，不甘与一般同学为伍。后因宗室学生在操场练习盘杠坠地被在场同学嘲笑，各宗室学生竟引以为辱，相约退校回京。载洵在斥责、劝导无效后，只能将二十名宗室学生一律开除。⑥

除兴复海军，宗室王公还有建立空军的设想与尝试。1909年，有报刊报道摄政王载沣非常注重新出现的军事飞艇。他召见军机大臣特别询问广东有人拟仿造西洋飞艇之事，向军机大臣询问中国人所制飞艇的具体情况，尤其注意能否适用于军事。又因军机大臣未悉详情，致电粤督袁树勋，令其将粤人新造飞艇形式详速电复。⑦ 出洋考察军政之载涛对国外新鲜、先进的军事技术、制度素有浓厚兴趣，并力图引进。载涛德国考察期间，也拟购办飞艇，并调查品种、价位，但是因为所需款项太过庞大，不敢擅自订购。回国后，

---

① 载洵等：《奏为拟赴浙江象山港乘便巡阅军舰学堂厂坞并出洋考察事》，宣统元年六月二十九日（1909年8月14日），一档馆藏，档号04-01-01-1099-103。
② 《专电》，《申报》，1910年3月19日，第六版。
③ 《宣统政纪》，卷36，《清实录》，第60册，第641页。
④ 《洵贝勒请赐丁汝昌恤典》，《申报》，1910年5月6日，第七、八版。
⑤ 载洵：《奏为开复已故提督丁汝昌原官原衔事》，宣统二年三月十六日（1910年4月25日），一档馆藏，档号04-01-01-1113-035。
⑥ 《洵贝勒斥革海军贵胄全班学生》，《申报》，1910年6月28日，第四版。
⑦ 《注重军事飞艇》，《摄政王之新政见》，《华商联合报》，1909年，第20期，第32页。

载涛迭次向载沣提议创设空军，宣传："飞艇实为近时军事中必不可少之具。"[①]载涛还拟在禁卫军中设飞艇队以图军备完全，并在南苑内修建飞行艇收停场，派遣飞行研究家刘佐臣、李弼卿两人组织一切编练事宜。[②]还有报刊报道，载涛派出军咨府二等科员德国留学生喻某前往德国购办飞行艇，已于辛亥六月初八日起程。[③]此事受阻于经费有限，飞艇一只需售价三十万金，建队耗资尤巨，后中止于辛亥革命的爆发，不过这仍算是中国空军最早的筹划。并且，在宣统三年永平秋操时，对阵之东、西两军，均有"气球队"一队[④]，可见载涛出洋乘坐飞艇升空，并由之感触有了兴练空军之设想，在编练禁卫军时已有所尝试。

三、重振尚武之风

宗室王公支持清政府改革军政，并支持、参与建立陆军贵胄学堂。庆亲王奕劻等人支持梁诚关于兴办陆军贵胄学堂的条陈，是出于让贵胄讲求兵学，并带动上下练兵尚武之风。这与清末兴办教育秉持"忠君、尊孔、尚公、尚武、尚实"[⑤]的宗旨相符，也受清末民间尚武的军国民运动强健体魄、培育军人精神的推动。可见，他们大力弘扬尚武精神，既源自重视骑射的八旗传统，又受西方坚船利炮的影响，还暗合民间志士发起的军国民思想。

载沣、溥伟等王公进入陆军贵胄学堂听讲，从某种程度上来说，陆军贵胄学堂用王公贵胄肄习武备以开通尚武风气之目的已经达到。宣统朝参与军政改革的王公还致力于平一文武品级，以消除重文轻武之积习，开通尚武风

---

① 《涛贝勒拟组织飞艇队》，《北洋兵事杂志》，1910年，第2期，第105页。
② 《京师近事》，《申报》，1911年2月4日，第六版。当时清政府内部，也有官员上奏制作飞行艇机以图自强。宣统二年九月初九日（1910年10月11日）翰林院代奏编修王会厘呈请精练陆军，兼兴海军并制飞行艇机，以图自强。参见《宣统政纪》，卷42，《清实录》，第60册，第753页。
③ 《京师近事》，《申报》，1911年8月11日，第六版。
④ 《清末新军编练沿革》，《中华民国史料丛稿》，第二辑，第85页。
⑤ 光绪三十二年三月初一日（1906年3月25日），清政府宣布之教育宗旨，以忠君、尊孔、尚公、尚武、尚实为其扼要。《近代中国国内外大事记》，《近代中国史料丛刊续编》，第661册，第210页。

气。军咨大臣载涛、毓朗奏称清末已是"万国竞进之世，均以武备相尚"，而中国尤沿袭重文轻武之积习，文武官员体制大相径庭，官职相类、品级相同，而文官、武官有贵贱之分，朝廷不仅对其接待有差，赏罚黜陟也文武分处之。故而载涛等奏请"凡同品之文武官员一律相待，彼此相见之礼，或以功勋之多寡，或以年龄之长幼定为次序，似较合宜"[①]。

　　载沣当政后，重视推崇尚武风气。他在召见军机时，特别向军机首领庆亲王奕劻宣称，改革军政以振兴海陆军诸事，应注重培养军人忠勇、高尚、威严之品格，教育军人深明大义，方能以捍卫国家为宗旨。[②] 不过他将重振尚武精神与集中军权于宗室王公之手联系起来，走向了另一个极端。

第三节　变革军政之局限

　　宣统三年正月二十三日（1911年2月21日），载涛、毓朗为首的军咨府在总结清末军政改革的成败得失时，称："溯自光绪二十九年，奉旨设立练兵处，创练新军已将十年。而限于财力、掣于群议，以致筹备计画，未尽实行。学堂不能多立，将校无所取材，枪炮不能画一，子弹无法补充，粮饷一无存储，马匹无从征发，加以交通不便，运输维艰。凡此支绌情形，外人皆深悉底蕴。故一遇事会，即施其恫喝惯技，迫我就其范围。俄事即能和平了结，而外患之来，方兴未艾。"[③] 载涛等人认为军政改革所受限制在于财力、群议和交通的落后。实际上，经费不足、交通不便等的确对军政改革产生了一定限制，但其所受局限并不止于此。主持军政改革的宗室王公的能力、见识不足，及王公群体之间相互倾轧，借军政改革争权夺利，无不限制着军政改革的深化。

---

① 《奏请平均文武阶级》，《广益丛报》，1910年，第222期，第1页。
② 《对于海陆军之卓见》，《摄政王之新政见》，《华商联合报》，1909年，第13期，第30页。
③ 《宣统政纪》，卷48，《清实录》，第60册，第870页。

一、财政困窘

清末新政各项并举,处处需要财政投入,而当时清政府又财政支绌。所以,军政改革所需费用常常是东拼西凑、四处筹措所得。宗室王公的筹饷之策,主要是增加赋税。光绪二十九年十一月,总理练兵处事务的庆亲王奕劻奏称,"练兵必以筹饷为先",提出筹饷之策五条,除限提中饱外,其余四条均为增加赋税。[1]陆军部成立后,亦筹饷无着,于是定计节流。1909年,陆军部建议将"沿江沿海无用之炮台一律拆毁,以节经费。其险峻要害之处,则绘图呈览,再行酌设"[2]。为筹集军费,清政府还收受臣僚的捐输。如宣统元年镶黄旗蒙古都统、内务府大臣增崇,提出报效购办枪支银一万两。载沣当即欣然下谕令:"此项报效银两,准予赏收,增崇著加尚书衔。"[3]清末海军开办经费入不敷出,参与筹办海军之宗室王公对筹措经费亦多有建议。1909年,时任筹办海军大臣的肃亲王善耆致电江、鄂各督抚,以长江已增驻陆军,商议裁撤水师,将原水师款项腾出充当海军经费。[4]摄政王载沣与军机大臣商议振兴海军需要购买、制造军舰,需用巨大,拟劝令王公大臣竭力捐助款项以为制造军舰。[5]载沣又向军机大臣提议,称"海军为全国军民共担之责任,捐款应由本监国始,拟首先提取醇贤亲王之遗蓄金拨作海军开办费,以为王公臣僚及海内外商民之观感"[6]。1910年,宗室王公又建议拨发内帑为海军军费,隆裕太后允诺将三分之一内帑颁发用以兴办海军及酌量拨给各省用作行政经费。[7]虽然宗室王公为筹集军费出谋划策,通过增加赋税、节流、收受捐输、拨发内帑等方式筹集了部分经费,但不能否认经费支绌依然很大程度上制约了军政改革。

---

[1] 奕劻等:《奏为立国练兵敬陈管见事》,光绪二十九年十一月初六日(1903年12月24日),一档馆藏,档号03-5763-099。
[2] 《拆毁无用炮台节费》,《大同报》,1909年,第十一卷,第10期,第30页。
[3] 《光绪宣统两朝上谕档》,第35册,第105页。
[4] 《电商腾出水师饷以充海军费》,《大同报》,1909年,第十一卷,第10期,第30页。
[5] 《拟饬亲贵捐助海军军费》,《大同报》,1909年,第十二卷,第17期,第30页。
[6] 《倡捐海军经费》,《摄政王之新政见》,《华商联合报》,1909年,第20期,第32页。
[7] 《允拨内帑》,《大同报》,1910年,第十四卷,第16期,第29页。

1909年与1910年，载洵两次出洋考察海军事务，分别向意大利、奥地利、德国、英国、美国、日本六国订购军舰，共计十五艘。仅仅就向美国订购的一艘巡航舰而言，就耗费一千五百万元。①然而因经费筹措不足，这些军舰的款项并未付清，兼之辛亥革命爆发，载洵订购的这批军舰，最终在民国时期才有部分交付中国。清末度支部预算全国编练陆军经费，大致年需六千万两，而蒙、藏等地添练的军队额数，及禁卫军编练的经费尚不在内。②禁卫军的常年经费需要十六万两，度支部却无法支付，只能议令各省分摊，其中山东、广东各摊一万两，直隶五千两，其余各省三、四千两不等。③虽然各省在筹款时承诺认领度支部分摊的军费数目，但在解付中央时，往往以财政困窘为由拖延不付。④宣统二年七月，各省苦于筹款之难，甚至有核减军费之议。载涛、毓朗等充任军咨大臣的宗室王公则坚持必须维持军费额度不变，认为以当时中国时势而论，即便清政府编成三十六镇新军，兵力尤嫌单薄，如果削减军费，缩小编练规模，则国将不国。载涛等王公说服载沣及军机大臣同意一切军费依旧照光绪三十四年、宣统元年的既定数目专拨军用，不得挪作他用；同时，又下令各省必须与军咨处、陆军部会商裁改旧军，而裁改整顿所余的旧军军费，仍然必须专归军用，不得挪拨。⑤不但不允许军费挪作他用，载涛还试图缓行其他方面的新政，集中经费专门练兵以改革军政。⑥

事实上，清政府财政困窘由来已久，自甲午、庚子以来，巨额赔款耗去清政府大量财力。而清末新政初始阶段，各项新政只见投入，未见产出。财政困窘，极大程度上困扰着清政府。在财政困难未得到解决之前，清政府并无足够财力强军。故而，统治集团内部对于军费的筹集、使用存在不同意见。载涛身为军咨大臣，以军咨府有统辖全国海陆军之权责为名，规定陆军各项

---

① 《订造中国军舰》，《南报》，1910年，第3期，第28页。
② 《陆军经费如此之巨》，《民吁日报》，1909年11月12日，《民呼、民吁、民立报选辑》，第一册，第340页。
③ 《军费由各省摊解》，《广益丛报》，1909年，第205期，第1页。
④ 如浙江省虽然认领度支部规定海军军费，然巡抚札行各司、各关道，则纷纷借口财政困难推卸不付。参见《浙省认定海军经费之无着》，《申报》，1911年8月28日，第四版。
⑤ 《宣统实录》，卷39，《清实录》，第60册，第711页。
⑥ 《涛贝勒之军费谈》，《南报》，1910年，第3期，第28页。

军费由军咨府核算。此外,军咨府还规定其部下之军计司为全国陆军之预算总汇之区,重核陆军军费之确数。①军咨处、海军处奏请拨发经费,虽已得到摄政王载沣批复拨发,但负责筹拨的度支部却以"部款支绌"为由,不予如数拨发。载沣虽然一意练兵兴武,支持其胞弟载涛、载洵通过军咨、海军两部门集中军权,但也不得不承认经费支绌的事实,只得谕令"军需重要,亦难视为缓图。著照该部现筹数目,暂为拨付。其余不足之数,仍著该部尽力设法筹画,俟有的款时再行酌量拨给"②。

二、王公实际能力不足

参与清末练兵尚武举措的诸王公中,载涛、载洵均年不及而立,却掌军咨府、禁卫军、海军部大权。他们的能力招致时人纷纷质疑,论以:"载洵、载涛,不辨菽麦之小子耳,一任海军大臣,陆军大臣"③,"朝廷用人失当,海军重任付诸少不更事之贵胄,岂非以海军重任为儿戏乎"④?由《那桐日记》可见,武昌起义事发才三天,清廷便决定重新起用袁世凯。在危急时刻,少壮王公们虽然努力补救,却无力回天。

《梅楞章京笔记》记载,载涛在辛亥革命爆发时的筹划甚为详细。1911年10月10日武昌起义爆发当日载涛正在滦州巡阅秋操,他正在与僚属讨论翌日应办诸事之际,忽有卫兵送入武昌十万火急密电,其后卫兵又迭次送入电报,或由北京,或由武昌、汉口等处报告所得军情。载涛与其僚属翻译电报直至次日凌晨六时方止,为此急令秋操的奖评改换时间,同时电命保定陆军步兵第二十二标马继增率全标并机关枪十二架,南下分防铁路沿线,至汉口刘家

---

① 《陆军经费如此之巨》,《民吁日报》,1909 年 11 月 12 日,《民呼、民吁、民立报选辑》,第一册,第 340 页。
② 《光绪宣统两朝上谕档》,第 35 册,第 365 页。
③ 《革命真理——敬告中国人》,《辛亥革命史资料新编》,第 1 册,第 9 页。陆军大臣实乃荫昌,载涛乃军咨大臣、训练禁卫军大臣,此处乃记者之误。
④ 《伍宪子布告南洋各埠商会、学界哀痛书》,《南洋总汇新报》,1909 年 10 月 23—27 日,载《辛亥革命史资料新编》,第 5 册,第 122 页。

庙为止，又电命河南巡抚宝棻，派陆军步兵第五十二标统带官张锡元，带同机关枪一队（九架）赴汉口，于武胜关及驻马店两处，留兵分防车站。11日载涛依旧奖评其所巡阅之新军，并命令第一混成协全协及第四镇全镇整备待命，但他并未向士兵说明武昌兵变。载涛于当日下午四时专车返京。此时天津已有报纸登载武昌兵变之新闻，留守滦州之丁士源遂将载涛之预定计划告知各镇协领，并令军队整备开发。①据《述德日记》载"辛亥秋，武昌革命事起，正值涛邸阅操于开平，就近发兵赴武汉。涛邸欲亲率三军往，不得朝命而止"②。似乎载涛等少壮派有拼杀一番的意愿。

辛亥革命爆发后，清政府对湖北的布置是：将陆军第四镇暨混成第三协、混成第十一协，编为第一军，派荫昌督率赴鄂。陆军第五镇暨混成第五协、混成第三十九协，编为第二军，派冯国璋督率迅速筹备听候调遣。北京的防务，则责成贝勒载涛负责，将禁卫军暨陆军第一镇，编为第三军。③据1911年10月22日《申报》报道，此时载涛已无亲赴湖北之打算，湖北军务也责成哈汉章一人策划，载涛则专筹京畿防卫事宜。④载涛于10月24日将京畿防务上奏：

> 禁卫军暨陆军第一镇，已编为第三军。当即督饬两军人员悉心筹画，除将步队第二标调拨两营专司守卫禁门外，并将第三标移驻内城。步队第一标调拨一营、机关炮抽调一队移驻步队更番所，另以机关炮三队移驻宝禅寺陆军游艺院内，其马队更番所仍驻马队一营。另调拨步队一营，驻扎松树畦，保卫颐和园。及第一第二武库，其余步队第一标之一营四标全标、炮标全标、马标六队、工程辎重警察各营队，陆续移驻畅春园新建营房，以期调动灵通。陆军第一镇队伍，已先派步队二营开往河南，保卫黄河铁桥。又拨步队一营驻扎三家店，保卫陆军军装库。其余步马炮工辎各队，仍驻原镇，听候调遣，随时与民政部、步军统领衙门，互

---

① 丁士源：《梅楞章京笔记》，荣孟源等编：《近代稗海》，第1辑，成都：四川人民出版社，1985年，第456—457页。
② 《述德笔记》，《近代史资料》，总79号，第130页。
③ 《宣统政纪》，卷61，《清实录》，第60册，第1101页。
④ 《京师之鄂乱谈》，《申报》，1911年10月22日，第六版。

相联络弹压地方。①

从上述记载中可见,少壮派宗室王公在辛亥革命爆发之初,并未放弃武力抵抗、马上顺应共和。载涛在日后撰文回忆禁卫军建制种种,称若用之一战,胜负或未可知。不过,据《清末新军编练沿革》根据档案总结出来的《武昌起义前清末新军一览表》②,已经宣布起义的湖北新军亦有两镇,后续陆续响应的各省兵力亦达十数镇,而禁卫军兵力仅相当于一镇,若仅凭禁卫军开战,明显兵力悬殊。据辛亥革命爆发后李经方给盛宣怀的信函可见,载涛在得知武昌起义后,的确有所指挥,但是"各处征调,十分忙乱",且"号令分歧,办理甚为棘手"。③载涛虽担任军咨大臣,却无法胜任。且据溥伟等人的记载,在逊国御前会议中,隆裕太后询问载涛清廷兵力如何,这位军咨府大臣、禁军统制居然答以"奴才没有打过仗,不知道"④。《异辞录》也记:"涛贝勒统禁卫军,平时养之如骄子、恃之若长城"⑤,当用之时却只能以辞官了之。

宣统三年十月十三日(1911年12月3日),载涛奏请将禁卫军、京旗常备营组建所成的第三军中的京旗常备营(即陆军第一镇)营队,除留下步队四营、马队一营依旧驻扎在北京外城,其余各营均请改由袁世凯统辖,以便其调遣,并请将第三军名目撤销。⑥得旨从之,至此载涛只统辖禁卫军。十月十九日(12月9日),载涛又奏请另行简派禁卫军总统,得令派冯国璋充当,但令载涛必须妥为交代再行离任。延至十一月初二日(12月21日),载涛与冯国璋完成案卷、文牍、房屋、器具之交接,正式卸任。十一月初三日(12月22日),载涛正式上交卸禁卫军总统奏折。

---

① 《宣统政纪》,卷62,《清实录》,第60册,第1130—1131页。
② 《清末新军编练沿革》,《中华民国史料丛稿》,第二辑,第88—89页。
③ 李经方致盛宣怀函件,王尔敏、吴伦霓霞合编:《盛宣怀实业朋僚函稿》,中册,香港:香港中文大学中国文化研究所,1997年,第895页。
④ 溥伟:《溥伟〈逊国御前会议日记〉》,《社会科学战线》,1982年第3期,第172页。
⑤ 《异辞录》,卷四,第244页。
⑥ 《宣统政纪》,卷65,《清实录》,第60册,第1210页。

三、王公之间相互倾轧

宗室王公是一个复杂的群体。"王公"作为统称,代表了这一群体在血缘、爵位、出身方面的紧密联系,但宗室王公群体并非铁板一块,他们之间各结派系,存在较为激烈的权力斗争。在清末新政推行练兵尚武的过程中,宗室王公群体内存在着权力之争,为此他们互相倾轧,一定程度上不利于练兵尚武的进行。事实上,宗室王公不仅围绕军政变革有所政争,在宪政变革中也屡次展开政争。本章主要揭示宗室王公在军政方面的政争。

宗室王公在军政变革过程中的政争,主要围绕争夺权力展开。例如陆军贵胄学堂的创办,表面上仅仅是军机领袖、管理练兵处王大臣庆亲王奕劻顺应出使大臣梁诚的奏片而发的行为。但据川岛浪速透露,这是奕劻为了压制善耆以争权的产物。据载,肃王善耆曾经兴办华胄学堂,收王公子弟入学,实行日式教育以养成尚武精神。善耆试图将自办的华胄学堂改为官办,扩大规模,由国库拨款。奕劻不愿肃王掌控一所贵胄学堂,故而另起炉灶,组织建立陆军贵胄学堂。① 王公之间的矛盾还体现在兴复海军的复杂人事纠葛上。溥伦是清末宗室王公中最早呈请兴复海军并有所建言的,而肃亲王善耆对兴复海军之举不仅赞同,更是亲力亲为,一心振奋。宣统朝,摄政王载沣首次任命的海军筹办大臣中有王公肃亲王善耆、镇国公载泽,庆亲王奕劻总司核定。载沣对筹办海军大臣四人之权限亦有所划分,其中时任度支部尚书的载泽负责筹款,肃亲王善耆则规划章程及一切办法,铁良负责整顿旧水师并管陆海两军相关事宜,萨镇冰整顿闽沪船厂及将来教练等事。② 不过这批筹办海军大臣任期未及一年,载沣又改为简派胞弟载洵出任海军大臣。如此频频的人事更换,与载沣巩固自身权威密切相关。据慈禧遗旨,载沣以摄政王综理政事,但遇到重要军国大事,需与隆裕皇太后商议。宣统朝各亲贵王公纷纷进入政坛,民间传闻纷乱,甚至有谣传"满洲八大臣联名请隆裕垂帘如孝钦故事"③,令载沣对隆裕或围绕隆裕的政治力量,甚至疑似与隆裕亲近的官员大

---

① 《肃亲王》,《辛亥革命史资料新编》,第 2 册,第 384 页。
② 《海军大臣办事之权限》,《大同报》,1909 年,第十一卷,第 10 期,第 30—31 页。
③ 胡思敬:《监国预防隆裕》,《国闻备乘》,卷四,上海:上海书店,1997 年,第 78 页。

加打压。如铁良,因载沣怀疑其与隆裕谋划夺权,遂将其逐出中央权力中心,出为江宁将军。对于老臣奕劻,载沣既厌恶其收纳贿赂,又忌惮他身经三朝结成的权势,遂利用言官对其大加打击。而为了制衡隆裕,对奕劻打击之余,又仍予任用。

  王公的权力斗争,还体现在处理练兵尚武各项政务的过程中,彼此刁难,互不配合。如载泽与载沣三兄弟之间,看似同一政治派系,实则在权力分配上存有重重矛盾。载泽在清末财政改革中,推行监理官制度,试图用监理官与督抚争夺财权。而摄政王载沣,借湖南监理官陈惟彦被参劾,下令度支部将各监理官申报之事随时进呈阅看,并饬各省督抚凡监理官有不合举动,随时据实奏报,请旨裁夺。①此举实乃中央机构试图从督抚手中夺权,而摄政王载沣又试图从中央部门首脑手中夺权。载沣为了巩固自身权力,势必压制载泽。清末御史胡思敬在《国闻备乘》中指出,载泽能与摄政王载沣一争高下,是因为隆裕太后的妹妹为载泽妻,常常往来宫中通外廷消息,载泽得以隆裕皇太后为内援,故而能够与载洵兄弟不和而自成一派。紧随载沣的载洵、载涛两兄弟也处处与载泽作对,载泽亦通过控制度支部与之相互牵制。比如在兴办海军之议上,载泽就以经费无着极力反对购买战舰。②因载泽以各省尚未筹款到部为由,拒绝拨款购置海军战舰,载洵因之与其冲突激烈。当国摄政的载沣在此次冲突中袒护载洵,下令度支部拨银五百万两。③海军大臣载洵为鼓励华侨捐资兴复海军以筹集海军款项,拟奖励华侨中报效巨款者以实官。此议军机大臣会议通过,拟批照准。然而,在咨商度支部核办时,度支部尚书载泽对奖励报效者实官,颇不赞同。④1910 年,度支部办理预决算案,海军部、军咨府亦不配合,各部院已将支付各款列表送交度支部,唯此两处屡催不送。⑤海陆军大臣载洵、荫昌亦常常因军费指拨款项,与度支部大臣载泽争议剧烈,载泽为此竟有抑郁之症,并决计开缺以让贤路。而载涛则伙同陆军

---

① 《防维监理官之举动》,《摄政王之新政见》,《华商联合报》,1909 年,第 16 期,第 19 页。
② 《泽公不欲急兴海军》,《大同报》,1908 年,第八卷,第 22 期,第 31 页。
③ 《叔侄之胜负如何》,《广益丛报》,1910 年,第 236 期,第 2 页。
④ 《泽公不愿奖励华侨实官》,《申报》,1909 年 11 月 26 日,第四版。
⑤ 《泽公不畏军咨、海军两处之势力》,《申报》,1910 年 6 月 23 日,第三版。

大臣荫昌向载沣面保铁良长于财政，堪任度支部尚书，试图取代载泽。①

其他任职于同一部门的宗室王公也不团结，如虽然同为军咨大臣，但是军咨处事务一向归载涛主政，毓朗概不过问，在载涛出洋期间，军咨处诸事均暂缓办理。②武昌起义爆发之日，军咨大臣载涛尚在滦州阅看秋操，军咨府官员问计于另一军咨大臣毓朗，毓朗却推卸责任，先是跟部下说"这是内阁的事，我们不用管，还是让内阁去办吧"。毓朗到庆王府与庆亲王奕劻等人会议后，得知奕劻打算派遣陆军大臣荫昌到湖北去督师，其部下问及他调遣何部军队，他又推脱："还是等涛贝勒回来再决定吧。"③

除权力之争外，宗室王公还因政见分歧彼此攻讦。军政改革的具体举措，在统治集团内部并未达成一致。正如载涛等人所指的掣于群议，宗室王公在此过程中力持己见，不甘妥协。1909年，载涛等人拟举行秋操，请摄政王载沣亲自阅兵以鼓动戎行。而军机大臣世续认为耗费无益，不如兴办实业，舆论称此为"卓见"。④可见练兵耗费无数，却不见多少成效，朝野均有不赞同者。在优先编练何种兵种上，载沣以扩张海陆军备为当务之急，想要海陆军并重。而陆军大臣荫昌则认为应该仿照普鲁士，专注重陆军，不必海陆并行，清朝尚无在航海与列强抗衡之资格，只能力求陆军完备以保全疆土，海军则二十年后再议未迟。⑤朝野上下关于缓办海军之议不少，但是海军大臣载洵却仍极力促成立即兴办海军。针对缓办海军以撙节财用办理宪政的论调，载洵则称"斯时降旨缓办海军，必为各国所轻视，至于撙节财用一事，固属当务之急，以臣之见，若内外大臣实行痛处虚糜，共守维持国脉之心，想年省千数万两尚非难事"⑥。在征兵制度上，陆军大臣荫昌则认为边陲宜寓兵于农，让士兵驻边屯垦，有事再征调，而军机大臣中颇多赞成其议者。⑦禁卫军训练大

---

① 《铁宝臣理财果长于泽公耶》，《申报》，1910年9月20日，第四版。
② 《专电》，《电三》（北京），《申报》，1910年6月18日，第三版。
③ 冯耿光：《荫昌督师南下与南北议和》，中国人民政治协商会议全国委员会文史资料研究委员会：《辛亥革命回忆录》，第六册，北京：中华书局，1963年，第349页。
④ 《办秋操不如兴实业之卓见》，《大同报》，1909年，第十一卷，第7期，第30页。
⑤ 《监国注意海陆军战术》，《申报》，1911年4月8日，第四版。
⑥ 《洵贝勒不欲缓办海军》，《申报》，1910年11月19日，第四版。
⑦ 《监国注意海陆军战术》，《申报》，1911年4月8日，第四版。

臣载涛不以为然，极力主张试行征兵制。

四、练兵尚武名实不符

在陆军之整顿方面，清末为了培养贵胄军事人才，创办陆军贵胄学堂，并在办学的过程中为宗室王公入学听讲、肄习军事大开方便之门。然而陆军贵胄学堂的学员，尤其是王公讲习班的成员，在学习过程中急于求成，有文凭而无能力；宣统朝，载沣重用少壮派王公，贝勒载润取代庆亲王奕劻管理陆军贵胄学堂后，其办学注重形式多于实质。从载润申请佩戴勋章、将学堂人员一律定为武职等奏请来看，陆军贵胄学堂的开办自其接任后，更注重形式上的象征意义。宗室王公在军政改革的过程中，亲自参与编练的军队仅有禁卫军一支。禁卫军的训练大臣载涛、毓朗、载扶等人，在训练的过程中尤其重视军服、军乐、勋章等的制定。载涛等人在编练禁卫军时，很是注重禁卫军的军服，要求军服讲求精良，外观上也不容许简陋，故而用款自然昂贵，为此还奏请加拨服装常年经费。载涛在出洋考察时，还下令随行所有禁卫军、军咨官等一律穿着军服以示尚武精神。① 他本人也常穿着军服示人。如此精心地打造出来的禁卫军，服装鲜明，装械精美，令其他军人艳羡。但禁卫军操演虽然用新法，却不脱梨园武行习气，被时人认为是"棘门灞上儿戏事"②。而且，强调军队军容外观整齐美观的少壮派王公，并没有建立起强大的军队凝聚力。即便禁卫军"举凡饷粮、装服、给养，实已周至，待遇亦较优厚"，逃兵现象依然时有发生，士兵潜逃过后"行文查拿，百不一获"。③

宗室王公于海军之兴复，建言多于实践。清末计有溥伦、奕劻、善耆、载泽、载润等五名王公参与兴复海军建言，对于兴复海军之筹款、设港、储材、购舰等方面均有建议，然而建言具体落实者寥寥无几。海军大臣载润除

---

① 《涛贝勒定期出洋续记》，《申报》，1911 年 3 月 19 日，第五版。
② 夏仁虎：《旧京琐记》，北京：北京古籍出版社，1986 年，第 86 页。
③ 载涛、载扶：《奏为酌拟目兵逃亡之惩劝逃兵功过试办章程缮单具陈事》，宣统三年二月十六日（1911 年 3 月 16 日），一档馆藏，档号 04-01-16-0307-024。

了出洋考察海军、促成海军部之设立外，毫无建树。然而，与训练禁卫军大臣载涛等人一样，他也很注重章服标识。载洵在筹办海军时奏陈"查各国办理海军，自海军大臣以下各长官，均有特别旗式悬挂桅端以辨等威，又各级军官亦有章服标识以示区别。现在筹办海军，自应参仿各国成规，拟订海军长官旗式暨各项章服，以期品级分明，略备规制"①，特地将拟定的各项章服标识一一绘图附说上奏。

表面上，宗室王公得到近畿六镇的调兵权、训练出整齐划一的禁卫军、培养出一批陆军贵胄学员、设立海军专部，并通过在军政改革的过程中强调武职文职平等、勋爵勋章的颁发、军服军乐的制定，利用这些象征符号强调尚武精神，但是，载涛等人的努力，陷入名实不符的困境。实际上，他们集中军权的目的并未真正达到。

小　结

宗室王公群体参与清末军政变革，他们试图通过整顿陆军、兴复海军，甚至尝试创建空军，达到强大国防的目的。宗室王公在推行军政变革的过程中，力图军政西化、重振尚武风气，在新式武器和船舰引进、军队训练方法等方面略有成效，在改革兵种、征兵制度上亦有所尝试。

宗室王公推进军政变革，还为了在此过程中集中军权。以1908年末载沣当政为界，前期参与军政变革的仅为个别王公，后期参与者众多，尤其少壮派王公异军突起。在载沣当政的短短三年间，军政变革急剧，宗室王公参与编成禁卫军、成立海军部，并试图将军权全部集中于宗室王公之手。

但是，在军政改革的实际过程中，宗室王公并未成功集中军权，军政变革所需经费来源也未解决，宗室王公强国的希望并未达成。在财政困窘的情

---

① 《宣统政纪》，卷17，《清实录》，第60册，第331页。

形下，少壮派王公极力主张将经费用于军政改革，客观上又阻碍了其他新政的进程。从这个角度而言，军政改革非但未能强国，还将清政府国力拖累得更为衰微。王公群体的能力不足，也阻碍了军政变革。虽然宗室王公认识到王公中缺乏军事人才的现实，也试图通过创办陆军贵胄学堂等措施来培养军事人才，但这些举措并未产生实效。加之宗室王公群体内部互相倾轧政争，相互阻挠，已进行的军政改革亦收效甚微。

第四章 宗室王公与预备立宪

在清政府宪政改革的启动过程中，宗室王公载泽出洋考察政治，归国后密奏立宪三利说，对促成清政府下诏预备立宪有重要推动作用；庆亲王奕劻与袁世凯结成一派，支持速行立宪；醇亲王载沣则主张从缓立宪。据笔者考察，不仅这三名王公，在1906年，宗室王公中从政者大都支持清政府仿行君主立宪。并且在预备立宪初期，宗室王公大都主张从速宣布立宪，而从缓实行之。而这种主张也最终被清政府采纳。清政府宣布预备立宪后，即下令厘定官制。宗室王公随即参与了丙午官制改革的编纂与总司核定，并积极主张改革官制，提出设立新内阁。

国会、责任内阁，都是君主立宪制国家普遍必设之机构。研究者较为一致地认为，清政府高层中对国会召开、责任内阁的设置态度分为急进、缓进两派，而宗室王公载沣为急进派，少壮派亲贵载涛、载洵、载泽、毓朗、溥伦、荫昌皆与之为同一阵营；缓进派以庆亲王奕劻为首，其余满汉大臣有那桐、世续、徐世昌附和之。两派之间争权夺利，斗争不断。笔者认为，宗室王公对于国会召开的态度的确可分成缓急两派。缓开国会派王公以庆亲王奕劻为代表，而详查史料，贝勒毓朗、摄政王载沣在召开国会的问题上，也是持论稳健，态度谨慎。宗室王公中主张召开国会的急进派，则以资政院总裁溥伦为代表，其余少壮派王公大半居于其中，诸如载洵、载涛、善耆等都主张速开国会。围绕清政府第一届责任内阁，宗室王公分为三派力量：其一是奕劻系，含庆亲王奕劻以及联合军机大臣那桐、徐世昌；其二是载沣系，以掌握军权的少壮派亲贵为主；其三是中间力量，含肃亲王善耆、镇国公载泽、贝子溥伦。虽然宗室王公有派系纷争，但在维护君权上却是态度一致的。从维护君权、限制阁权的角度来说，各派人马并无分歧，所争论者唯各自的权势而已。

第一节　缓与速的拿捏

在清政府考察各国政治、寻求政治体制改革的过程中，不仅立宪派不断鼓吹宪政思想、推行立宪运动，地方督抚亦为之造势，宗室王公群体也在国内外情势的推动下，支持清政府仿行君主立宪。他们大都主张清政府从速宣布立宪，从缓实行。

一、支持大臣出洋考察与改革政治

1905年，国内立宪救国的呼声渐增，地方督抚亦有建言简派亲贵大臣，分赴各国考察政治者[①]，庆亲王奕劻与其他"枢臣懿亲亦稍稍有持其说者"[②]。此时，宗室王公中已有部分人对出洋考察持一定程度的支持态度，但奕劻的态度则更为坚定。奕劻表示："慨念时艰，敷陈变法，当赞以当从紧要入手"[③]，否则新政将无功。为打动"圣听"，六月十一日（7月13日），奕劻还向慈禧、光绪进奉《宪法考》和唐文治所拟的节略。除积极鼓动最高统治者外，奕劻还参与出行人员的选派。从《荣庆日记》的记载来看，光绪三十一年六月初二日、初七日（1905年7月4日、9日），军机大臣两次商议派员出国考察政治，庆亲王奕劻一度属意荣庆。[④]

光绪三十一年六月十四日（1905年7月16日），清政府下令宗室王公载泽与其余满汉大臣端方、戴鸿慈、徐世昌四人，"分赴东西洋各国，考求一切政治，以期择善而从"[⑤]。六月二十五日（7月27日），又添派满族大臣绍英随

[①] 李细珠在《地方督抚与清末新政：晚清权力格局再研究》一书中，用一节的篇幅来论述地方督抚在动议、出使人选、随员及经费筹措等方面，对清廷派遣五大臣出洋的影响。李细珠：《地方督抚与清末新政：晚清权力格局再研究》，北京：社会科学文献出版社，2012年，第148—158页。
[②] 《立宪纪闻》，中国史学会主编：《辛亥革命》，第四册，上海：上海人民出版社，2000年，第12页。
[③] 《荣庆日记》，第85页。
[④] 《荣庆日记》，第84、85页。
[⑤] 《光绪宣统两朝上谕档》，第31册，第90页。

同。①考察政治五大臣拟兵分两路，其中宗室王公载泽与汉族大臣徐世昌、满族大臣绍英一路，考察的国家为日、英、法、比；其余大臣则同赴美、德、俄、意、奥。然而，此行并不顺利，八月二十六日（9月24日）考察政治五大臣乘火车出京时，在火车站遭到革命党人炸弹刺杀，其中载泽、绍英均受轻伤，其余大臣则无恙。②出洋考察之人选、行期因此改动，宗室王公载泽、满族大臣端方依然位列考察政治大臣，其余考察政治大臣改派三名汉族大臣尚其亨、李盛铎、戴鸿慈。五大臣于十月二十七日（11月23日）请训，③十一月十五日（12月11日）自北京起程，依然分途出洋。

载泽与尚其亨、李盛铎一行正式考察的国家是日、英、法、比四国，他们于1906年1月16日抵达日本，后经美国赴英国，再赴法国，最后到比利时。6月6日考察完毕，李盛铎留比利时任出使大臣，载泽、尚其亨则于7月12日回到上海。载泽一行的考察活动包括参观机构，拜访各国政治家、学者请教宪政原理，调查各项制度等。载泽等人在日本参观的机构，上至议院下至小学，事无巨细，"连日率同参随各员赴其上下议院，公私大小学校，及兵营、械厂、警察、裁判、递信诸局署，详为观览，以考行政之机关，与其管理监督之法"。此外，他们还主动拜访其政府大臣与学者，与之"从容讨论，以求立法之原理，与其沿革损益之宜"。④在英国时，载泽亦是连日率同参随奔赴英国各行政局署、海陆军营、公私学校、大小工厂，以及议院、警察、裁判、监狱、市会等处参观，延请英国政法专家博士为其解说英国宪政原理。法、比两国考察内容大略相同。

载泽作为宗室王公中唯一一名出洋考察政治的王公，在出洋考察时最为关心的是哪种政治制度既能维护君权，又能富国强兵、挽救清政府之危局。载泽在日本与伊藤博文的会面中，向伊藤博文请教了关于立宪的种种问题。他尤其

---

① 《光绪宣统两朝上谕档》，第31册，第96页。
② 《近代中国国内外大事记》，《近代中国史料丛刊续编》，第661册，第146页下。
③ 《近代中国国内外大事记》，《近代中国史料丛刊续编》，第661册，第156页上。
④ 《出使各国考察政治大臣载泽等奏在日本考察大概情形暨赴英日期折》，光绪三十二年正月二十日（1906年2月13日），故宫博物院明清档案部编：《清末筹备立宪档案史料》，上册，北京：中华书局，1979年，第6—7页。

关心立宪是否与君主制冲突，在向伊藤博文所发的二十个问题①中有十个是围绕君主权力展开的，诸如立宪与君主国体有无窒碍，立宪与专制的区别，立宪国君主有无开、闭、停议会之权，立宪国君主有无任命官吏权、赏罚权，等等。

经过在日本、英国、法国、比利时四国的一番考察和对比，载泽最终更倾向于建议清政府学习君主立宪制。而对比实行君主立宪制的英国和日本后，载泽认为日本的君主立宪制更为符合清政府的需要。"英国政治，立法操之议会，行政责之大臣，宪典掌之司法，君主裁成于上，以总核之。其兴革诸政，大都由上下两议院议妥，而后经枢密院呈于君主签押施行。……惟其设官分职，颇有复杂拘执之处，自非中国政体所宜，弃短用长，尚须抉择。"②英国的君主立宪政体严格实行三权分立，立法由议会掌控，行政由大臣负责，君主仅仅有总核之权，对于行政举措，都是议院议妥后，君主签押而已。对身为皇室懿亲的载泽来说，英国的君主立宪体制与中国并不相宜。相较之下，载泽对日本的政治体制推崇备至：

> 日本立国之方，公议共之臣民，政柄操之君上，民无不通之隐，君有独尊之权。其民俗有聪强勤朴之风，其治体有划一整齐之象，其富强之效，虽得力于改良律法，精练海陆军，奖励农工商各业，而其根本则尤在教育普及。自维新之初，即行强迫教育之制，国中男女皆入学校，人人知纳税充兵之义务，人人有尚武爱国之精神，法律以学而精，教术以学而备，道德以学而进，军旅以学而强，货产以学而富，工业以学而巧，不耻效人，不轻舍己，故能合欧化汉学镕铸而成日本之特色。虽其兴革诸政，未必全无流弊，然以三岛之地，经营二三十年，遂至抗衡列强，实亦未可轻量。至其法令条规，尤经彼国君臣屡修屡改，几费切磋，而后渐臻完密。③

---

① 根据载泽的《考察政治日记》光绪三十二年正月初四日，载泽与伊藤博文关于立宪的问答记录统计。《考察政治日记》，《走向世界丛书》，第9册，第580—583页。
② 《出使各国考察政治大臣载泽等奏在英考察大概情形暨赴法日期折》，光绪三十二年三月二十四日（1906年4月17日），《清末筹备立宪档案史料》，上册，第11页。
③ 《出使各国考察政治大臣载泽等奏在东考察大略情形暨由东起程赴英日期》，光绪三十二年正月二十日（1906年2月13日），《清末筹备立宪档案史料》，上册，第6—7页。

载泽认为，在日本的君主立宪体制下，君主仍掌握有极大权力，"政柄操之君上""君有独尊之权"，又适当放权，使"民无不通之隐"；日本与中国在文化上有同源之处，"欧化汉学熔铸而成日本特色"后，日本国内百业俱兴，国力强盛，能够抗衡列强。日本的政治体制"渐臻完密"，激起载泽由欣羡转而试图仿效。在出洋考察之前，载泽即倾向于学习在日俄战争中获胜的日本之政治体制。他在与第一次受命出洋考察政治大臣绍英私下交流时，就与之"略谈日本立宪大意"①。出洋考察日、英、法、比四国政治后，载泽更倾向于学习日本的立宪模式。

目睹日本因君主立宪体制而强盛，载泽对实行君主立宪深有信心，并立意为之鼓噪于朝廷。载泽以为非立宪无以救国，"极愿归后有所建白，于公折外，单衔陈请立宪及地方自治等语，然深虑枢垣未能深信其言，所言终归无用"②。

载泽考察完竣归国后，极力向清政府建言仿行君主立宪。他与其余考察政治大臣合奏"请以五年为期改行立宪政体"，在此奏折中，"有万不可缓，宜先举行三事"，其一即为宣示立宪宗旨，其二为推行地方自治，其三为定集会言论出版之律。③合奏的三事，有两事载泽在英国时即有单衔呈请之意，可见此折能代表他关于仿行君主立宪的观点。光绪三十二年六月初四、五日（1906年7月24、25日），慈禧连日召见载泽，询问考察政治事，并谕以"朝廷原无成见，至诚择善，大知用中"，鼓励载泽继续建言仿行君主立宪政体。载泽在被召见后，为进一步促进清政府宣布仿行立宪，还于七月初四日（8月23日），单衔密奏清政府宣布立宪。为打击反对派大臣，打消慈禧对预备立宪的疑虑，载泽还向慈禧揭发反对君主立宪诸臣仅仅是出于自己的私利而反对："盖宪法既立，在外各督抚，在内诸大臣，其权必不如往日之重，其利必不如往日之优，于是设为疑似之词，故作异同之论，以阻挠于无形。彼其心，非

---

① 绍英：《绍英日记》，第1册，北京：国家图书馆出版社，2009年，第586—587页。
② 汪大燮致汪康年函第一百三十八，上海图书馆编：《汪康年师友书札》，第一册，上海：上海古籍出版社，1986年，第837页。此函是时任驻英公使的汪大燮向其堂弟汪康年陈述其在英国与载泽接触的情景，及汪大燮对载泽为人的了解。
③ 《出使各国考察政治大臣载泽等奏请以五年为期改行立宪政体折》，光绪三十一年（1905年），《清末筹备立宪档案史料》，上册，第110、111—112页。

有所爱于朝廷也,保一己之私权而已,护一己之私利而已。"① 他在密折中陈述君主立宪政体仅损害大臣私权,对于君主权力并没有损害:"君主立宪,大意在于尊崇国体,巩固君权,并无损之可言。"并以日本宪法予以君主统治大权十七条证之,"凡国之内政、外交、军备、财政、赏罚黜陟、生杀予夺,以及操纵议会,君主皆有权以统治之。论其君权之完全、严密而无有丝毫下移,盖有过于中国者矣。"载泽为促成清政府仿行日本预备立宪,还罗列立宪有皇位永固、外患渐轻、内乱可弭三大利。为打消清政府关于国民对宪政认识程度不足的疑虑,载泽称"今日宣布立宪,不过明示宗旨,为立宪之预备,至于实行之期,原可宽立年限。日本于明治十四年宣布宪政,二十二年始开国会,已然大效,可仿而行之"。由此可见,载泽对于清政府仿行君主立宪政体,主张速行宣示立宪宗旨,但实行立宪之期则从缓。

宗室王公群体无论出洋与否,都积极支持清政府派遣大臣出洋考察宪政,并仿行君主立宪。虽然宗室王公中仅有镇国公载泽一人出洋考察政治,但其他宗室王公也不乏出洋阅历者。有出洋阅历,尤其是出使、游历过君主立宪政体国家之宗室王公,无不支持君主立宪,对预备立宪寄望甚高。毓朗于1902年曾赴日本考察警政,对君主立宪政体也有所了解。听闻清政府有旨派五大臣出洋考察宪政,毓朗喜而赋诗:

> 惊闻名诏遣群公,再造山河指顾中。毕竟雄才不妨误,却疑端邸是元功。②

从毓朗的诗作中,足见他对派遣大臣出洋考察的支持与对考察结果的乐观。在预备立宪时期,毓朗还特地赋诗赠法部主事胡初泰,称:"中兴当此时,非子孰与权","努力事新法,取多用始便"。③ 毓朗支持清政府仿行君主立宪显然于形,并认为仿行君主立宪将使清政府迅速中兴,"再造山河指顾中"。另一宗室王公载振,于1902年出使英国代表清政府祝贺英国国王加冕,

---

① 《奏请宣布立宪密折》,《辛亥革命》,第四册,第27页。
② 《闻有旨派五大臣出洋考察宪政喜而有作》,《余痴生诗集》,《清代诗文集汇编》,第789册,第590页。
③ 《谢胡主事初泰赠地图诗集》,《余痴生诗集》,《清代诗文集汇编》,第789册,第591页。

1903年又至日本大阪参加博览会。载振两次出使的目的地均为君主立宪制国家，对君主立宪政体也有一定了解。载振也是宗室王公中支持君主立宪的中坚分子。早在载泽出行前，载振即告之以"非立宪不可，兄出去一看，便明此理"①。载振还向其父庆亲王奕劻进言立宪。据张謇探知，载振曾向奕劻言及立宪，奕劻"亦深以为然，但言须稍从容"，因此张謇还催促赵凤昌赶印《日本宪法义解》分送奕劻等清政府的达官贵人。②

其余从政之宗室王公，虽无出洋游历的经历，但也不乏支持清政府仿行君主立宪者。肃亲王善耆以支持立宪即可消弭革命而论，认为"革命排满之风潮，非专恃武力压制，当实行改良政治及立宪政体，借以除去此等风潮"③。他为了普及宪政教育，独力捐资在内城设立嘉宪学堂，招收满汉学生入学肄习宪政相关知识。④宗室溥颋在读完端方的考察报告汇编后，也乐观地认为"我邦诚能一一仿行之，岂徒转弱为强，直可驾群雄而上"⑤。就目前笔者所见史料，宗室王公中尚未有明确反对清政府仿行立宪者。总体而言，宗室王公群体对清政府仿行君主立宪是持支持态度的。

为什么宗室王公群体会支持清政府仿行君主立宪呢？1900年起，宗室王公陆续出洋游历，对世界大势有所感知。有出洋阅历的宗室王公，在游历君主立宪政体的国家时，由欣羡转而试图仿行固然是其支持的原因之一。但是，从宗室王公整体而言，不仅出洋的，未出洋的也都支持仿行君主立宪。可见，清末国内外形势的发展变化，无疑是促使王公群体支持君主立宪更重要的原因。清末革命运动的频发、立宪派对实行政治改良的呼吁，加之1904年日俄战争后，实行君主立宪制的小国日本战胜了君主专制的大国俄国，彰显出政治体制之优劣对国力强盛与否影响巨大。1905年国内立宪救亡论大为流行，连地方督抚中声名最著者都联衔奏请清政府实行立宪政体。时至1906年，清政府内部主张君主立宪的呼声愈发强烈。时论认为这是由于"上年炸弹所逼，

---

① 汪大燮致汪康年函第一百六十七转述载泽语，《汪康年师友书札》，第一册，第837页。
② 杨立强编：《张謇存稿》，上海：上海人民出版社，1987年，第8—9页。
③ 《肃王对待革命党之意见》，《中兴日报》，光绪三十三年七月二十日（1907年8月28日）。
④ 《肃邸捐资设立学堂》，《申报》，1906年11月9日，第二张第九版。
⑤ 溥颋致端方函，《端方档》，第一册，《近代史所藏清代名人稿本抄本》，第一辑，第143册，第232—233页。

况目今排满之横议频兴，始说立宪以息浮议"①。当时普遍认为，只要中国实行君主立宪，就可以消弭革命运动。国内外形势的发展，无不给王公们群体支持学习西方指了一个清晰、明确的方向。宗室王公意识到支持君主立宪既可以满足立宪派改良政治的诉求，也可渐渐消除革命运动对清政府统治的威胁。目睹日本仿行君主立宪的成效后，宗室王公对清政府通过政治改革由弱变强产生了强烈的信心。宗室王公带着中兴的希望，试图再现清政府的"中兴业"，群体支持立宪，于是形成"今者立宪之声，洋洋遍中国矣。上自勋戚大臣，下逮校舍学子，靡不曰立宪、立宪，一倡百和，异口同声"②之局面。

不过，需要注意的是，立宪派支持君主立宪，主要是为了通过立定宪法限制君权，保障民权；而宗室王公支持君主立宪的目的，则主要是为了挽救清政府的统治，维护自身既得利益。宗室王公主张仿行日本君主立宪制，通过立定宪法保障君权，适当让渡部分权力于民众。在这个前提下，清帝仍掌握统治大权，君权"完全严密，而无有丝毫下移"③，作为皇室懿亲的宗室王公特权亦能得到保障。宗室王公支持君主立宪的最主要动因正如载泽在密折中陈述的，是可以使皇位永固，在君主立宪政体下，即便政府行政举措失当，也仅仅是更换内阁，君主并不会被推翻。君主不会被推翻，与皇室休戚与共的宗室王公也能一直保持其天潢贵胄的地位。

二、从速宣布立宪，从缓实行

1906 年考察政治诸大臣回国后，宗室王公大都参与到预备立宪的讨论当中。"王公因研究立宪事会议数次，恭亲王、醇亲王、洵贝勒、涛贝勒、泽公及以外各皇族等均与其列"④，而其中以出洋考察政治大臣载泽最为积极赞同立

---

① 陈旭麓等主编：《辛亥革命前后》，《盛宣怀档案资料选辑之一》，上海：上海人民出版社，1979 年，第 28 页。
② 《中国未立宪以前当以法律遍教国民论》，《东方杂志》，1905 年，第二卷，第 11 期，第 221 页。
③ 《奏请宣布立宪密折》，《辛亥革命》，第四册，第 28 页。
④ 《王公会议》，《大同报》，1907 年，第七卷，第 3 期，第 30 页。

宪各项事务。在清政府召开御前会议讨论预备立宪时，宗室王公庆亲王奕劻、醇亲王载沣、镇国公载泽等均得入列。①

光绪三十二年七月初六日（1906年8月25日），清政府下令醇亲王载沣、军机大臣、大学士和北洋大臣共同阅看考察政治大臣回京条陈各折件。②《东方杂志》的《立宪纪闻》一文，在"考政大臣之陈奏及廷臣会议立宪情形"一节中，叙述了七月初九日（8月28日）诸王公大臣阅看考察政治大臣折件后，讨论立宪的情形。庆亲王奕劻首先发言：

> 今读泽公及戴、端两大臣折，历陈各国宪政之善，力言宪法一立，全国之人，皆受治于法，无有差别，既同享权利，即各尽义务，且言立宪国之君主，虽权力略有限制，而威荣则有增无减等语，是立宪一事，固有利而无弊也。比者全国新党议论，及中外各报海外留学各生所指陈所盼望者，胥在于是，我国自古以来，朝廷大政，咸以民之趋向为趋向，今举国趋向在此，足见现在应措施之策，即莫要于此。若必舍此他图，即拂民意，是舍安而趋危，避福而就祸也。以吾之意，似应决定立宪，从速宣布，以顺民心而副圣意。③

在发言中，奕劻主张从速宣布立宪。奕劻的话引发了参与廷议的其他大臣的不同意见，一派主张渐变，缓行立宪，包括孙家鼐、瞿鸿禨、铁良、荣庆等人；一派则主张速行立宪，包括袁世凯、徐世昌、张百熙等人。在这次会议中，醇亲王载沣主张缓行立宪，称："立宪之事，既如是繁重，而程度之能及与否，又在难必之数，则不能不多留时日，为预备之地矣。"④

先行研究依据《立宪纪闻》的记载，多认为宗室王公中庆亲王奕劻主张速行立宪，另一宗室王公醇亲王载沣则主张缓行立宪。表面上看，此时参与阅看折件的宗室王公奕劻与载沣对于立宪速度的态度似有分歧，实则不然。

---

① 《纪御前会议立宪事》，《申报》，1906年9月5日，第三版。
② 《光绪宣统两朝上谕档》，第32册，第123页。
③ 《考政大臣之陈奏及廷臣会议立宪情形》，《立宪纪闻》，《辛亥革命》，第四册，第14—15页。
④ 《考政大臣之陈奏及廷臣会议立宪情形》，《立宪纪闻》，《辛亥革命》，第四册，第17页。

其实，细读原文，奕劻的话为"以吾之意，似应决定立宪，从速宣布"，表达的是从速宣布清政府决定立宪，而不是从速实行立宪。事实上，在清政府预备立宪谕旨未下之前，宗室王公虽然大都支持仿行君主立宪，但他们对实行君主立宪多持论谨慎，如醇亲王载沣一般，主张多留预备时间。连考察政治大臣、最为积极赞同立宪的宗室王公载泽，也主张从速宣布立宪，明示清政府将实行君主立宪，对于实行立宪之期则宽立年限，并建议仿行日本宣布宪政后，时隔八年才开国会之例。宗室王公中的老臣派王公素来趋公惟谨，主张实行立宪之期从缓尤甚。宗室王公中庆亲王奕劻在清末新政、预备立宪时期作用很大："维时外患初靖，朝政颇向革新，凡立宪法，改官制，废科举，建学校，设立商部、邮传部，皆王主其事。"[①]当政之慈禧太后对其颇为信任，常召之共商要政，故而奕劻对清政府是否需要仿行君主立宪、从速还是从缓拥有一定决策权。由于慈禧太后下令将出洋考察大臣的所有奏议立宪之事交予军机大臣等会商，并在政务处设立考察政治馆，时人皆认为立宪势在必行。庆亲王奕劻身兼军机大臣领袖、政务处王大臣，其余大臣纷纷与其商议立宪筹备之事，奕劻所支持者多为能够使清政府平稳过渡之策，例如有人论以欲行立宪，务必先开下等社会知识，方能庶政毫无紊乱，实现平稳过渡。奕劻深以为然，饬令学务大臣通咨各省广设学堂，认真改良教育开通民智。[②]从各种记载来看，奕劻是赞同实行宪政的，但正如张謇所探知的，奕劻对于宪政是"深以为然，但言须稍从容"[③]，赞同君主立宪而主张缓行立宪。

七月初十日（8月29日），两宫在仁寿殿召见共同阅看考察政治王大臣。参与阅看考察政治大臣上奏折件的王公大臣共十三人，分别是：军机六人（庆亲王奕劻、鹿传霖、瞿鸿禨、荣庆、徐世昌、铁良），醇亲王载沣、王文韶、孙家鼐、世续、那桐、张百熙、袁世凯七人。其中，在阅看折件大臣中，王公占2/13，并无数量优势。但是，由于王公的特殊身份，他们在讨论立宪时期的态度则颇为关键。慈禧向被召诸臣垂询立宪事，醇亲王载沣奏请"即早

---

① 唐文治：《记和硕庆亲王事》，《唐文治文选》，上海：上海交通大学出版社，2005年，第255页。
② 《条陈立宪办法》，《大公报》，1906年5月4日。
③ 《张謇存稿》，第8—9页。

宣布立宪，以慰天下之望"①，得到慈禧嘉许。慈禧采纳宗室王公关于从速宣布立宪的建言，同意宣布预备立宪。据《那桐日记》载，七月十一日（8月30日），大臣们即在外务部公所讨论预备立宪事宜，各拟谕旨一道，最后的措辞则交由庆亲王斟酌。由于清政府要明谕昭告天下即将预备立宪，故此谕旨需字斟句酌。大臣们从未刻持续讨论到酉刻，将近六小时才草拟好。② 应群臣从速宣布立宪之建议，清政府于七月十三日（9月1日）即下令宣布预备立宪宗旨，称：

> 我朝自开国以来，列圣相承，谟烈昭垂，无不因时损益，著为宪典。现在各国交通，政治法度，皆有彼此相因之势，而我国政令积久相仍，日处阽危，忧患迫切，非广求智识，更订法制，上无以承祖宗缔造之心，下无以慰臣庶治平之望，是以前简派大臣分赴各国考察政治。现载泽等回国陈奏，皆以国势不振，实由于上下相睽，内外隔阂，官不知所以保民，民不知所以卫国。而各国之所以富强者，实由于实行宪法，取决公论，君民一体，呼吸相通，博采众长，明定权限，以及筹备财用，经画政务，无不公之于黎庶。又兼各国相师，变通尽利，政通民和，有由来矣。时处今日，惟有及时详晰甄核，仿行宪政，大权统于朝廷，庶政公诸舆论，以立国家万年有道之基。但目前规制未备，民智未开，若操切从事，涂饰空文，何以对国民而昭大信？故廓清积弊，明定责成，必从官制入手。亟应先将官制分别议定，次第更张，并将各项法律详慎厘定，而又广兴教育，清理财政，整饬武备，普设巡警，使绅民明悉国政，以预备立宪基础。著内外臣工，切实振兴，力求成效。俟数年后规模粗具，查看情形，参用各国成法，妥议立宪实行期限，再行宣布天下。视进步之迟速，定期限之远近。著各将军督抚晓谕士庶人等，发愤为学，各明忠君爱国之义，合群进化之理，勿以私见害公益，勿以小忿败大谋，尊

---

① 北京市档案馆编：《那桐日记》，下册，北京：新华出版社，2006年，第578页。
② 据《那桐日记》，当日"未刻在外务公所会议里显示已，各拟谕旨一道，由庆邸斟酌，酉刻归"。见《那桐日记》，下册，第578页。

崇秩序，保守平和，以预储立宪国民之资格，有厚望焉。①

在王公大臣商议立宪会议后，慈禧同意速行宣布立宪。紧接着，大臣"同阅拟谕，庆邸决定"②，宣示预备立宪的谕旨由大臣共同草拟，最后由庆亲王决定最终的成文。此谕旨虽然承认唯有仿行宪政才能挽救危局，但仍以"目前规制未备，民智未开，若操切从事，涂饰空文，何以对国民而昭大信"为由，没有宣布立即实行君主立宪政体，而仅仅是预备立宪，甚至预备立宪的年限都未明确宣布，仅称"数年后"。此谕旨规定仿行宪政应从议定官制入手，而后厘定法律，待"广兴教育，清理财政，整顿武备，普设巡警，使绅民明悉国政"等立宪基础之策"规模粗具"，才"妥议立宪实行期限，再行宣布天下"。③ 由此可见，此谕旨最终采纳的是宗室王公群体所主张的速行宣布立宪而缓行立宪的宗旨。

宗室王公全程参与了预备立宪的讨论、出台。在立宪的问题上，宗室王公群体基本支持清政府从速宣布、缓步慢行的策略。在参与讨论的大臣中，虽然宗室王公所占的人数比例较小，但由于他们的特殊身份，其作用不可忽视。

第二节　对于丙午官制变革的建言

清政府宣布的预备立宪谕旨指出立宪必先从厘定官制入手。事实上，庚子后、丙午前，清政府的中央官制已经有所改革，中央改设、新设部门共有四部：1901 年 7 月 24 日，应《辛丑条约》规定，总理各国事务衙门改为外务部，位列六部之前，部中设一名亲王总理外务事务，只设一名尚书、两名

---

① 《光绪宣统两朝上谕档》，第 32 册，第 128—129 页。
② 《荣庆日记》，第 103 页。
③ 《德宗景皇帝实录》，第八册，卷 562，《清实录》，第 59 册，第 438 页。

侍郎，不分满汉；1903年9月7日，应贝子载振之请又设立商部，以载振为尚书；1905年10月8日，设立巡警部，以徐世昌为尚书，毓朗担任左侍郎；1905年12月6日，设学部。清末新设的中央机构的人员设置，均为一尚书、两侍郎，用人不分满汉。

关于中央官制的大规模改革，在1906年初即有宗室王公建言，如贝子载振曾奏请改官制。载振认为清末官制的弊端在于推诿和牵掣，提议改革。他主张将中央各部院、内廷管理机构、八旗制度一律归并，各部门任官不得兼差，以专责成，并裁掉无用之闲散机构。载振奏折中改动最大的是八旗制度。他提出调整旗制，将二十四旗归并为八旗，每旗只设一名都统，不得兼差，专办旗务。① 如此大规模地改动旗制、官制并不为慈禧所接受。载振的奏折为慈禧不满，以致面斥其父庆亲王奕劻。随后，宗室王公中的军机领袖庆亲王奕劻也顺应慈禧之意，对改革官制建议大加批驳。光绪三十二年正月十二日（1906年2月5日），政务处诸王大臣又大开会议议改官制，又有人建议将各部院一律添设丞参，并裁撤副都统、郎中等职，将太仆寺归并兵部，鸿胪寺归并礼部，大理寺归并刑部，另设海军部、陆军部。此前，载振提出归并旗制的激进改革，庆亲王奕劻已被慈禧训斥。奕劻领会到慈禧不愿改革八旗制度之宸衷，他在会议官制改革时对裁撤都统等建议多方指驳。② 故而，1906年初，宗室王公所提出的官制改革仅停留在建言上，并未得到任何实践。

虽然在1906年初，庆亲王奕劻秉承慈禧意志，表现为反对官制改革，但

---

① 1906年初，载振在其上奏前，特别录其奏折送达军机大臣瞿鸿禨，希望瞿鸿禨能在军机大臣召见时为其声援。载振提出的新政总体构想是模仿日本明治维新，而官制改革的方向为模仿各国各部专任之制，将中央官制裁汰合并为"总计外务部、商部、法部、学部、吏部、巡警部、户部、兵部、礼部、工部，凡十部，每部各设尚书、侍郎共三、四人"。对于清政府原设的内阁大学士，载振称或可裁，或可与清末所设政务处归并。而在各部官员的选用上，则"各部堂司职员，请照外、商二部办法，各缺均不分满汉"，此外又令"王、贝勒、公等，均应娴习吏事。嗣后各部尚书、侍郎，拟请一律简授，以重责任。宗室、世职、章京，亦可令在各部学习行走，量材补授实官"。为了体现官员专任，各官不得兼任，各部专管本部事务，不得兼管他部。对于管理清皇室的内务府，载振不敢有太多干涉，仅仅主张关涉皇室内廷事务的各院归并而已。中央各部院官制改革之外，载振还提出对八旗制度改革的建议，将二十四旗归并为八旗，不分满洲、蒙古、汉军，每旗专设都统一人，专办旗务，不得兼差。载振致瞿鸿禨函，《瞿鸿禨朋僚书牍选（下）》，《近代史资料》，总109号，北京：中国社会科学出版社，2004年，第60—61页。

② 《庆邸指驳会议改定官制述闻》，《申报》，1906年2月5日，第二版。

随着慈禧对预备立宪的态度变化,他对改革官制的态度也发生了巨大变化。1906年9月1日,由奕劻审定措辞的宣示预备立宪谕旨称,预备立宪"必从官制入手,亟应先将官制分别议定,次第更张"①,宣布要进行官制变革。

一、支持设置责任内阁

在宣布立宪宗旨谕旨的第二天,即七月十四日(9月2日),清政府便简派王公大臣厘定官制,称"昨已有旨宣示急为立宪之预备,饬令先行厘定官制。事关重要,必当酌古准今,上稽本朝法度之精,旁参列邦规制之善,折衷至当,纤悉无遗,庶几推行尽利"②,下令载泽、世续、那桐、荣庆、载振、奎俊、铁良、张百熙、戴鸿慈、葛宝华、徐世昌、陆润庠、寿耆、袁世凯共同编纂;又令端方、张之洞、升允、锡良、周馥、岑春煊选派司道大员来京,随同参议;派庆亲王奕劻、孙家鼐、瞿鸿禨总司核定,共计厘定编纂官制大臣十四人,总司核定大臣三人,随同参议督抚代表六人。其中王公参与厘定官制的仅三人,含总司核定的庆亲王奕劻、参与编纂的镇国公载泽、贝子载振,占3/23。

七月十六日(9月4日),在北京厘定、总司核定官制的大臣十七人即在外务部公所召开会议。是日申刻,厘定官制诸臣到朗润园勘探,最终在朗润园设会议厘定官制公所,即编纂官制馆。此后,各大臣赴朗润园开办厘定官制事宜。七月十六日(9月4日)至九月二十日(11月6日)两个月间,厘定官制大臣在朗润园开议厘定官制事宜十数次不止。③

在厘定官制的过程中,传闻醇亲王载沣因为官制改革是否设置责任内

---

① 《光绪宣统两朝上谕档》,第32册,第128—129页。
② 《德宗景皇帝实录》,卷562,第八册,《清实录》,第59册,第439页。
③ 据《那桐日记》,厘定官制大臣之一那桐,在此期间赴朗润园会议次数共计十九次。详情如下:七月十八日、二十、二十一日朗润园两次会议。二十二日,两宫在仁寿殿召见,垂询改官制事,那桐称奏对二刻许退出。廿五日,朗润园会议。廿七日,朗润园会议。廿八日,未刻到朗润园。八月初一日,厘定官制王大臣奏事。初五日,朗润园会议。初八日,朗润园会议。十一日,朗润园会议。十六日,未刻赴朗润园。十七日,饭后赴朗润园。十九日,未刻赴朗润园。二十日,午刻到朗润园。二十三日,午后赴朗润园。三十日,申刻到朗润园。九月十二日,未刻赴朗润园。十七日,午后赴朗润园。参见《那桐日记》,下册,第578、579、580、581、582页。

阁与直隶总督袁世凯大起冲突，甚至拔枪相向。与此事相关的资料，其一为《申报》的匿名新闻："某亲王与直督袁宫保意见不合，大起冲突，由庆邸劝止。是以日昨（即八月初九日，9月26日）召见军机，慈宫有'和衷共济，勿以意见误大局'之谕。"①其二为《时报》报道。此报直接指出因为袁世凯建议的官制改革触及宗室王公利益，在王公群体的怂恿下，载沣与之大起冲突，乃至拔枪相向。"闻议官制时，袁宫保创议凡宗室王公贝子将军等，无行政之责任者，别设立一勋贵院以置之，非奉旨派有差缺，不得干预行政事件。以此大触宗室王公之忌，怂恿小醇邸出与为难。是日会议时，醇邸至出手枪抵袁之前，谓：'尔如此跋扈，我为主子除尔奸臣。'幸庆邸急至，出而排解，风潮始息。袁御史有不欲与闻之说，其第一次具奏，申明凡无关行政司法之衙署，此次均不提议，盖恐再有阻力也。"②其三，流传有一封袁世凯至其兄袁世勋之家书，称因为袁世凯主张设责任内阁限制君权，载沣大为反对，争论处于下风后妄图拔枪威胁袁世凯。"本月初六日奉旨入京，在政务处共议立宪，弟主张立宪必先改组责任内阁，设立总理，举办选举，分建上下议院，则君主端拱于上，可不劳而治。不料醇王大为反对，不辨是非，出口谩骂。弟云：'此乃君主立宪国之法制，非余私心妄议也。'振贝子亦云，他曾出洋考察立宪国，政治井然，皆由内阁负责任所致。醇王闻言益怒，强词驳诘，不胜，即出手枪拟向余射放，幸邸中长史深恐肇祸，紧随其后，见其袖出手枪，即夺去云。就此罢议而散，弟即匆匆返津。"③

醇亲王载沣因官制改革意见不合对袁世凯拔枪相向一事，疑点颇多。已有研究中，质疑此事者多从载沣之性格出发推测，如张国淦在引用世传袁世凯家书时就表示"载沣不配有此作风，或是故甚其词"。黄濬在《花随人圣庵摭忆》中亦称"载沣庸讷，岂能持枪拼命者乎"④？载沣的胞弟载涛也称，载

---

① 《本馆接某亲王与直督冲突电》，《申报》，1906年9月27日，第三版。
② 《京师近信》，《时报》，1907年10月7日，第二版。
③ 《北洋军阀的起源》，《北洋军阀史料选辑》，上册，第49页。承蒙答辩委员李细珠研究员相告，关于袁世凯家书为伪作，刘路生早在90年代末即考证出来。参见刘路生《〈袁世凯家书〉考伪》，《广东社会科学》，1998年第5期。
④ 黄濬：《花随人圣庵摭忆》，上海：上海书店出版社，1998年，第348页。

沣秉性忠厚，遇事优柔寡断，当差谨慎小心。①从载沣的性格来看，他不会因意见不合而对袁世凯拔枪相向。

实际上，不仅就性格而言，载沣没有拔枪指向袁世凯的可能，若从时间、地点与参与编纂官制人员来说，在讨论丙午官制改革时，载沣也确无可能与袁世凯同时出现。在地点上，家书称在政务处，而编纂官制公所并非借用政务处公所，而是在朗润园另立公所。在时间上，结合《申报》《时报》与世传袁世凯家书，推测应该是光绪三十二年八月初六日（1906年9月23日），此时清政府的确下令编纂官制诸臣厘定官制。但是从参与编纂官制的人员上看，清政府指派参与编纂官制的宗室王公为载泽、载振及奕劻，载沣并不在列。若袁世凯家书中的"本月初六"指的是"七月初六"，此日载沣、袁世凯的确奉旨共同阅看出洋考察政治大臣各折件，不过家书中附和袁世凯赞同实行责任内阁的载振又不在阅看折件诸臣之列。综合载沣之个性，推敲事发之时的人物、地点，载沣为保护宗室王公权势与袁世凯大打出手的各项记载，推及细节都有漏洞，可以得出论断：载沣不具备拔枪威胁袁世凯的机会，载沣也未奉派参与编纂官制，因改官制政见不同而与袁世凯当面起争执的可能性非常小。

综上所述，载沣因设置责任内阁而强烈反对袁世凯的可能性极小。而且，就丙午官制的编纂过程来看，参与编纂官制的宗室王公也大体支持设立责任内阁。不过，这些记载的存在，也表明了人们的一些主观愿望。人们觉得，如果官制改革最终导致宗室王公不得干预行政事务，而责任内阁又让君主虚位于上，必然招致宗室王公极力反对。在此种心理之下，载沣拔枪相向从逻辑上可以推断。各种野史的记载纯属于合乎逻辑的主观臆断。宗室王公支持的君主立宪是要保证君主大权不堕，进而保障作为皇室懿亲的宗室王公权力。但就目前掌握史料来看，还未有更切实的证据证实宗室王公在丙午官制的议定过程中反对设置责任内阁。

厘定官制时，编纂官制大臣们议及为配合君主立宪政体，设立总理大臣。反对者闻之哗然。于是，在八月十三日（9月30日），御史刘汝骥上折奏称

---

① 载涛：《载沣与袁世凯的矛盾》，《辛亥革命回忆录》，第六册，第323页。

"大权不可旁落,总理大臣不可轻设",他仔细分析责任内阁制度,认为"臣窃见载泽密陈大计折内,有君主无责任一语。臣百思之而不得其解,已窃窃疑之。继闻厘定官制大臣,有设总理大臣一人之议,若果设之,必把持朝局,紊乱朝纲,将召内乱"。①

不仅不参与编纂官制的官员对官制改革多有疑虑,参与编纂、总司核定的十七位王公大臣也各怀政见、存在争议。在会议厘定官制时,宗室王公载泽称:"昔日汤武革命,虽孔孟不以为非,中国历代惟未曾责任内阁,故数千年来不能有长治久安之国"②,支持设立责任内阁,展现出锐意革新的面貌。总司核定官制大臣之一的军机大臣瞿鸿禨则暗中向慈禧太后上呈《复核官制说帖》:"日本以内阁居首,亦采中制。欧洲各国不名内阁,其以一员总理,则同我朝以军机处为行政总汇,其义未尝不同军机处。……窃意近年奉旨设立政务处矣,如以军机名称宜改,不若易为政务处,其办事大臣即名政务大臣,似为名正言顺。其余各部大臣本会合行政,即名参预政务大臣,亦与统称政府之义适相切合。仍以各部轮班值日,伺候召对,有事则会议。其内阁一切职掌,仍从其旧,无庸移并。"③反对设责任内阁及总理大臣,主张把军机处改为政务处,军机大臣为政务大臣,其余大臣为参预政务大臣。

在丙午官制的厘定大臣中,宗室王公虽然数量上不占优势,但并不意味着他们在编纂官制的过程中处于下风。作为编纂官制大臣中唯一一位出洋考察过宪政的宗室王公,镇国公载泽对厘定官制的发言权可想而知;贝子载振,身为清末新设中央行政部门商部的尚书,在丙午官制厘定之前,早有改革官制建言,在载泽出洋前即对其鼓噪"非立宪不可";庆亲王奕劻身为军机领袖,管理外务部王大臣,为总司核定大臣之一,被时人视为"责尤重矣"。④大体而言,参与编纂官制的宗室王公,倾向于主张清政府设立责任内阁。参与编纂官制的其他积极改革派官员,多半以他们为靠山,而持保守论改革的官员,

---

① 《御史刘汝骥奏总理大臣不可轻设以杜大权旁落折》,光绪三十二年八月十三日(1906年9月30日),《清末筹备立宪档案史料》,上册,第421—423页。
② 《泽公责任内阁之伟论》,《大同报》,1907年,第八卷,第12期,第33页。
③ 瞿鸿禨:《复核官制说帖》,周育民整理:《瞿鸿禨奏稿选录》,《近代史资料》,总83号,北京:中国社会科学出版社,1993年,第35页。
④ 《荣庆日记》,第104页。

则以外务部尚书、军机大臣瞿鸿禨马首是瞻。关于官制改革,两派人马分为明显的阵营,但界限却并非泾渭分明,如袁世凯、载泽此时都积极支持设立责任内阁,但是载泽在出洋考察期间,曾向驻英公使汪大燮透露立宪会遭遇的阻力"小阻盛宣怀,大阻袁世凯",认为袁世凯奏对"可有立宪之实,不可有立宪之名","至为不通"。① 他认为立宪是纲中大纲,大纲不立,事事皆枝节,毫无益处。必须先定立宪宗旨,立宪之名既定,再以财政及地方自治为要义,然后可以言其他。以交游而论,双方阵营也不尽然互相针对。如徐世昌、袁世凯被视为赞成责任内阁者,与庆亲王奕劻为同一阵营,铁良、荣庆则被认为是反对责任内阁制者,依附于瞿鸿禨,② 但从私交来看,徐、袁、荣、铁四人在丙午官制编纂期间,互访、宴集频频,关系极为密切。③

二、庆亲王奕劻态度的前后转变

九月十六日(11月2日),包含载泽等王公在内的编纂官制大臣拟出新官制的草案,经庆亲王奕劻等总司核定,上奏遵旨核议厘定官制折。厘定中央官制折其实包含了两种建议,其一,按照三权分立原则,将中央官制定为:"除立法当属议院,今日尚难实行,拟暂设资政院以为预备外,行政之事则专属之内阁各部大臣。内阁有总理大臣,各部尚书,亦均为内阁政务大臣,故分之为各部,合之皆为政府,而情无隔阂,入则参阁议,出则各治部务,而

---

① 汪大燮致汪康年函第一百六十七,《汪康年师友书札》,第一册,第837页。
② 李细珠认为在清政府高层官员中,赞成责任内阁的官员以袁世凯、端方、载泽为首,以庆亲王奕劻为靠山,附和之有徐世昌、张百熙、那桐、世续等人。反对派则以铁良、荣庆为首,以深得慈禧宠信的瞿鸿禨为后台,附和之有醇亲王载沣、鹿传霖、王文韶、孙家鼐。表面上,双方争论的焦点是改革的程度,实际上双方争夺的焦点是权势,在一定程度上,这是两个相互对立的势力集团。参见李细珠《地方督抚与丙午官制改革》,《地方督抚与清末新政:晚清权力格局再研究》,第179页。
③ 《荣庆日记》,七月初八日,"慰亭(即袁世凯,袁氏字慰亭)来访";七月十二日,"晚饭后与宝臣(铁良,字宝臣)访慰亭夜话"。(第103页)七月十四日,"晚与慰亭兄同话宝臣处";七月十七日,"晚访慰亭";七月二十一日,"申同慰亭、午桥(端方,字午桥)、宝臣赴菊人约"。(第104页)七月二十五日,"晚在宝臣处饭,菊、慰、午在座";八月十五日,"午至菊人园并宝公约慰亭、午桥过节";八月二十日,"酉初与菊、宝、慰、午四人赴承泽园,庆邸召饭"。(第105页)八月二十二日,"晚同菊、宝公约午桥饯行,慰亭陪"。(第106页)九月初二日,"约宝臣饭,菊人同作主"。(第107页)

事可贯通。……司法之权责专属之法部，以大理院任审判，而法部监督之，均与行政官相对峙，而不为所节制。此三权分立梗概也。"

又定中央各部次序，分职以专任："今共分为十一部，更定次序：首外务部，次吏部，次民政部，次度支部，次礼部，次学部，次陆军部，次法部，次农工商部，次邮传部，次理藩部。除外务部载在公约，其余均不得兼充繁重差缺，各部尚书只设一人，侍郎只设二人，皆归一律。"厘定的十一部并非完全新设，而是将此前已有部门裁并而成："巡警为民政之一端，拟正名为民政部。户部拟正名为度支部，以财政处、税务处并入。兵部徒拥虚名，拟正名为陆军部，以练兵处、太仆寺并入，而海军部暂隶焉。既设陆军部，则练兵处之军令司宜正名为军咨府，以握全国军政之要枢。刑部为司法之行政衙门，徒名曰刑，义有未尽，拟正名为法部。商部本兼掌农工，拟正名为农工商部。理藩院拟正名为理藩部。太常、光禄、鸿胪三寺，同为之礼之官，拟并入礼部。工部所掌半已分隶他部，而以轮、路、邮电并入，拟改为邮传部。"

其二，除建议按照三权分立原则，建立责任内阁外，厘定官制折还因"议院甫有萌芽，骤难成立，所以监督行政者尚未完全"，提出另一种建议，把军机大臣改为办理政务大臣："或改今日军机大臣为办理政务大臣，各部尚书均为参预政务大臣，大学士仍办内阁事务。虽名称略异，而规制则同，行政机关屹然已定，宪政官制确有始基矣。"①

先行研究在论述厘定官制折中往往忽略这条建议，专注于厘定官制折建议设立责任内阁，认为在此折的定稿中改革派占上风。后一种建议出现在厘定官制折中，无异于否定责任内阁，采取了与瞿鸿禨说帖中相同的看法，说明保守派在厘定官制的过程中并非没有发言权。在丙午官制编纂时，外界认为宗室王公奕劻与袁世凯意见是完全一致的。盛宣怀的得力亲信陶湘向盛氏汇报京中情形，指出"立宪之说"奕劻一味听命于袁世凯，称："政府中荣、铁一起，瞿则中立，鹿则如聋如聩，城北则四面周旋。至于领袖者，本属无

---

① 《庆亲王奕劻等奏厘定中央各衙门官制缮单进呈折》，光绪三十二年九月十六日（1906年11月2日），《清末筹备立宪档案史料》，上册，第464、465页。

可无不可，一听命于北洋而已。"①当时同为军机大臣的鹿传霖也指出议改革官制时，奕劻的确被袁世凯等人玩弄于股掌之上："至立宪先从改官制入手，则袁、端之谋，而邸为所愚，袁又为端所怂恿，皆欲揽天下大权。两人合谋，内外一气，其本意端充副总理，佐邸总理（左右两副，其一为城北，袁党也），则玩邸于股掌之上。"②由此可见，在官制编纂的过程中，庆亲王奕劻的确受到端方、袁世凯的影响，主张设责任内阁。但其他军机大臣对奕劻也并非毫无影响力。因设责任内阁势必"尽去各枢"，触犯了军机大臣群体利益，故而"二目（瞿鸿禨）、双火（荣庆）、大金旁（铁良）相约密谒邸，痛陈利害，邸始悟而急出端于外为南洋。"③在瞿鸿禨、荣庆和铁良等军机大臣的干涉下，奕劻幡然醒悟设置责任内阁将损害自身权力，将端方外放为两江总督、南洋大臣。可见，宗室王公中的老臣庆亲王奕劻，并未从始至终一概支持责任内阁。最后编纂官制诸大臣所上奏的厘定官制折，既建议设置责任内阁，又添设这条关于改设军机的补充建议，应该是在总司核定官制时，庆亲王奕劻与瞿鸿禨相互妥协的结果。

光绪三十二年九月二十日（1906年11月6日），慈禧下懿旨，裁定中央官制，既不同意设立责任内阁，也不同意改军机大臣为政务大臣，称"军机处为行政总汇。雍正年间，本由内阁分设，取其近接内廷，每日入直承旨办事，较为密速。相承至今，尚无流弊。自毋庸复改内阁。军机处一分规制。著照旧行"。不过，慈禧同意第二种关于各部尚书充当参预政务大臣的建议，令"其各部尚书，均著充参预政务大臣。轮班值日，听候召对"。④

慈禧基本同意奕劻等人关于中央十一部的设置：

巡警为民政之一端，著改为民政部。户部著改为度支部，以财政处

---

① 《辛亥革命前后》，《盛宣怀档案选辑之一》，第26页。荣为荣庆；铁为铁良；瞿为瞿鸿禨；鹿为鹿传霖；城北，即"城北徐公"之典，指徐世昌；领袖指军机领班奕劻；北洋指直隶总督、北洋大臣袁世凯。
② 曾伟希：《鹿传霖致樊增祥信函二通》，《文物春秋》，2010年4月。袁指袁世凯，端指端方，城北指徐世昌。
③ 《鹿传霖致樊增祥信函二通》，《文物春秋》，2010年4月。二目，即"瞿"之上部，指瞿鸿禨；双火，即"荣"之上部，指荣庆；大金旁，即"鐵"之偏旁，指铁良。
④ 《裁定奕劻等复拟中央各衙门官制谕》，光绪三十二年九月二十日（1906年11月6日），《清末筹备立宪档案史料》，上册，第471页。

并入。礼部著以太常、光禄、鸿胪三寺并入。兵部著改为陆军部，以练兵处、太仆寺并入，应行设立之海军部及军咨府，未设以前，均暂归陆军部办理。刑部著改为法部，专任司法。大理寺著改为大理院，专掌审判。工部著并入商部，改为农工商部。轮船、铁路、电线、邮政，应设专司，著名为邮传部。理藩院著改为理藩部。除外务部堂官员缺照旧外，各部堂官，均设尚书一员，侍郎二员，不分满汉。都察院本纠察行政之官，职在指陈阙失、伸理冤滞，著改为都御史一员，副都御史二员。其应行增设者，资政院为博采群言，审计院为核查经费，均著以次成立。①

从丙午官制变革的结果来看，在传统六部中，仅余吏部一部仍旧。清末新设的外务部、学部不做变动。中央六科给事中，著改为给事中，与御史各员缺均暂如旧。其余宗人府、内阁、翰林院、钦天监、銮仪卫、内务府、太医院、各旗营、侍卫处、步军统领衙门、顺天府、仓场衙门则"均著毋庸更改"。

害怕大权旁落是慈禧坚持保留军机处，不改设内阁的最重要原因。慈禧的裁夺受到责任内阁反对派的影响巨大，尤其是反对派所陈述的：如果按照镇国公载泽密陈的君主立宪政体，君主不负责任，内阁总理对政务的施行负有责任，则会导致内阁总理把持大权，皇室大权即将旁落。不过，为了表示清政府预备立宪之意，她基本同意对中央十一部的裁并整合，下令各部尚书充当参预政务大臣，轮班值日听候召见。

慈禧太后并没有完全接纳宗室王公参与厘定的官制改革建议，但这并不等于宗室王公对清政府宪政改革的影响力变弱。在慈禧公布丙午官制上谕的同一天，军机大臣人员大幅度更换，原有的军机大臣仅保留庆亲王奕劻、瞿鸿禨，其余的军机大臣按照厘定官制折的建议，"除外务部载在公约，其余均不得兼充繁重差缺"，鹿传霖、荣庆、徐世昌、铁良四人俱出以专部务，另招世续、林绍年入军机。保留庆亲王在行政总汇之处继续首领军机，可见作为皇室懿亲，宗室王公依然为慈禧所倚重。

---

① 《裁定奕劻等复拟中央各衙门官制谕》，光绪三十二年九月二十日（1906年11月6日），《清末筹备立宪档案史料》，上册，第471—472页。

九月二十一日（11月7日），朝臣奉到厘定官制谕旨，即敏锐注意到此次中央官制改革的核心要点为："改为十一部（海军部后立），各简放尚书一员，侍郎二员，不分满汉。"① 丙午官制改革打破了原来的满汉两套班子，裁汰一轮过后，宗室王公在中央行政机构中任职者虽没有增加，但是也没有减少，反而因为裁汰原有满汉两套官员为一套而占据比例优势。在丙午官制改革后，清政府逐步新设的资政院、军咨处、海军部俱任用宗室王公为首脑，宗室王公在中央高官中逐渐占据比例优势。随着出任中央部院大臣，宗室王公逐渐参与到中央集权之中。时人论及丙午官制改革公布的方案，认为是"朝廷收权之微意也"②。丙午官制改革后，满汉权力格局也发生了变化：满族亲贵"联翩而长部务，汉人之势大绌"③。中央各部尚书、侍郎不分满汉，本应是满汉平权的举措，但随着宗室王公陆续出任新设中央机构的首脑，王公群体权势却呈现出了上升状态，反而加剧了清末的满汉矛盾。④

第三节　缓乎？速乎？宗室王公关于
　　　　国会召开缓急之论争

1908年，在清政府宣布《钦定宪法大纲》，并将预备立宪期限明定为九年后不久，慈禧与光绪即相续离世，醇亲王载沣以监国摄政王之身份执掌朝政。较之此前慈禧大赦戊戌党人、却追究康梁的做法⑤，载沣对主张实行君主立宪的戊戌党人表现出了更为开明的态度。孙宝琦在宣统元年奏请擢用戊戌

---

① 《那桐日记》，下册，第583页。
② 《忘山庐日记》，下册，第942页。
③ 《恽毓鼎澄斋日记》，第2册，第790页。
④ 关于宗室王公与满汉权力格局的关系，将专章论述，在此不作赘述。
⑤ 光绪三十年五月丙戌（1904年6月21日），慈禧下懿旨赦免戊戌案成员（除了康有为、梁启超、孙文因为"谋逆""实属罪大恶极，无可赦免"），试图树立清政府仁厚、开明的形象。

党人时，载沣表现出"颇以为然"之态。①加之载沣喜爱阅读西书，有出洋阅历，当政之初，载沣被时人认为是位深知世界大势、积极推行改革的宗室王公，甚至将之誉为"贤王"。②当时立宪派所办的报刊，对载沣的报道，无不是载沣注重宪政的正面消息。满族立宪分子创办的《大同报》也不断登载诸如"摄政王以宪政重要，饬宪政馆于十一日开议"③，"摄政王拟于秋间再派亲贵大臣分赴各国考查政治"④之类的报道。《华商联合报》更是分数期连载摄政王载沣的新政见。摄政王载沣的开明形象使立宪派大受鼓舞，宣统年间，立宪派所组织的国会请愿活动如火如荼。

一、国会请愿活动与清政府及王公们的应对

宣统元年十二月初六日（1910年1月16日），由孙洪伊领衔，向都察院呈递国会请愿书，请求速开国会。此时，虽有个别王公支持速开国会，但主张维护《宪法大纲》，从缓召集国会的王公如庆亲王奕劻位高权重，对清政府决策的影响更大。因此，宣统元年十二月二十日（1910年1月30日）清政府颁布上谕，称光绪朝已经公布以宣统八年为限，需预备立宪结束后再召集国会。又以"惟我国幅员辽阔，筹备既未完全。国民智识程度，又未画一。如一时遽开议院，恐反致纷扰不安，适足为宪政前程之累"⑤为由，拒绝速开国会的请求。不过清政府又强调宪政必立、议院必开，但宪政改革诸事需审慎筹划，故承诺"俟将来九年预备业已完全，国民教育普及，届时朕必毅然降旨，定期召集议院"⑥。若九年预备不能完全、国民教育不能普及，又将如何措置，谕旨并未论及，故而此谕看似明定期限，实则充满可变之处。

立宪派对第一次上书速开国会请愿时清政府的答复并不满意。于是，宣

---

① 《恽毓鼎澄斋日记》，第2册，第448页。
② 《贤王对于核定刑律之伟谭》，《广益丛报》，1909年，第210期，第2页。
③ 《摄政王饬馆开议宪政》，《大同报》，1908年，第十卷，第18期，第29页。
④ 《亲贵大臣考查政治之先声》，《大同报》，1909年，第十一卷，第7期，第30页。
⑤ 《光绪宣统两朝上谕档》，第35册，第523—524页。
⑥ 《光绪宣统两朝上谕档》，第35册，第523—524页。

统二年五月初十日（1910年6月16日），国会请愿代表又发动第二次请愿，向都察院连呈十份请愿书，请求速开国会。宣统二年五月二十一日（1910年6月27日），清政府颁布上谕，仍以国会之召集"仍俟九年筹备完全再行降旨"，并令毋得再行续请。为了说服国会请愿代表，清政府在此上谕中表示政府已在努力进行预备立宪，特别宣告："本年复经宪政编查馆奏派妥员分起前赴各省，按照筹备清单，认真考核，并饬各省将筹备事宜，应需之款，详加预算。"摄政王载沣还"面询各衙门行政大臣"关于预备立宪诸事的进展，而各衙门大臣"皆奏称按期次第筹备，一切尚未完全"。这些细节一一在上谕中宣示，展现出清政府按照计划按部就班地进行预备立宪的姿态。此谕旨还反驳议院一开，中国必臻大治的论断，称"论议院之地位，在宪法中只为参预立法之一机关耳，其与议院相辅相成之事，何一不关重要？非尽议院所能参预，而谓议院一开，即足致全功而臻郅治，古今中外亦无此理"。为安抚国会请愿代表，清政府又称即将于宣统二年九月召开的资政院，"业已降旨选定议员，先期集会，如能上下一心，共图治理，不惟立议院之基础，兼以养议院之精神"。①

宣统二年九月初一日（1910年10月3日），被清政府谕称"不惟立议院之基础，兼以养议院之精神"的资政院如期正式开院，立宪派又看到速开国会的一线希望，再次组成请愿团进京请愿速开国会。九月初七日（10月9日），国会请愿代表孙洪伊等上书资政院，称"筹备宪政之实所以不举者，皆坐无国会而已"。②各省咨议局也纷纷请愿，声称"国会不速开，无代表舆论参与立法之机关，民志无由固也"。③九月二十六日（10月28日），资政院将速开国会议案提交清政府。此次速开国会请愿，还有地方督抚参与其中。九月二十三日（10月25日），东三省总督锡良等近二十余名地方督抚联衔电奏清政府立即组织内阁，"明年开设国会"。④继而陕西巡抚恩寿单衔电奏清政

---

① 《宣统政纪》，卷36，《清实录》，第60册，第646页。
② 《国会请愿代表孙洪伊等上资政院书》，《申报》，1910年10月29日，第二、三版。
③ 宣统二年九月二十六日（1910年10月28日），《收四川总督致军机处奏电》，《清代军机处电报档汇编》，第32册，第534—535页。
④ 《各督抚请设内阁国会之章奏》，《申报》，1910年11月2日，第四版。

府，称"责任内阁尤急于开国会之先"，"若阁会并举，窃虞缓急无方，先后失序"。①北洋总督陈夔龙也电奏："国会与内阁双方并进，虽有辅车相依之势，然事有先后"，"先于明年设立责任内阁"，并以宣统五年为召集国会之期。②由于地方督抚参与其中，以宗室王公庆王奕劻为首的军机大臣对此次请愿重视起来，拟出两种办法：一为适当缩短年限，定宣统五年召集国会；一为再令其他王公大臣共同阅看折件，预备召见讨论应对之策。摄政王载沣采用第二种办法，下令将资政院与地方督抚的奏折、电报一并交与会议政务处王大臣共同阅看，以备在召见时咨询。③此时，宗室王公中支持速开国会者增多，他们试图通过游说摄政王载沣来影响清政府的最终决策。原折电交内阁、会议政务处王大臣共同阅看后，诸王公大臣各抒所见，具说帖进呈载沣。九月二十八日（10月30日），军机大臣、各政务大臣均到会议政务处公所阅看资政院请开国会奏折，及地方督抚关于组织责任内阁召开国会的电奏。对于召开国会的缓与速，王公大臣们各有主张，故而诸王公大臣"彼此研究良久，大抵语多骑墙，无一决断之词。后经军机大臣议定，若不稍为缩短年限，难压众望。若径予允准，又恐民气愈张。拟为调停之计，改为宣统三年设立内阁，宣统五年召集国会"④。载沣又于十月初二日（11月3日）召见政务处王大臣等讨论，大致取得一致意见。十月初三日（11月4日），清政府正式下谕：

  今者人民代表吁恳既出于至诚，内外臣工，强半皆主张急进。民气奋发，众论佥同。自必于人民应担之义务确有把握，应即俯顺臣民之请，用协好恶之公。惟是召集议院以前，应行筹备各大端，事体重要，头绪纷繁，计非一二年所能蒇事。著缩改于宣统五年实行开设议院，先将官制厘订，提前颁布试办。预即组织内阁，迅速遵照《钦定宪法大纲》，编订宪法条款，并将议院法、上下议院议员选举法及有关于宪法范围以内必须提前赶办事项，均著同时并举。于召集议院之前，一律完备，奏请

---

① 《恩寿阻挠国会之电奏》，《时报》，1910年11月5日，第二版。
② 《直督陈夔龙请先设内阁电》，《国风报》，1910年，第一卷，第27期，第99页。
③ 《宣统政纪》，卷42，《清实录》，第60册，第765页。
④ 《国会问题种种》，《申报》，1910年11月5日，第三版。

钦定颁行，不得少有延误。总之决疑定计，惟断乃成。此次缩定期限，系采取各督抚等奏章，又由王大臣等悉心谋议，请旨定夺。洵属斟酌妥协，折衷至当。缓之固无可缓，急亦无可再急。应即作为确定年限，一经宣布，万不能再议更张。①

宗室王公对于国会召开的态度可分成缓急两派。②缓开国会派王公以庆亲王奕劻为代表，贝勒毓朗、摄政王载沣在召开国会的问题上，也持论稳健，态度谨慎。宗室王公中主张召开国会的急进派，则以资政院总裁溥伦为代表，其余少壮派王公大半居于其中，诸如载洵、载涛、善耆等都主张速开国会。依据对召开国会的态度，总体而论，宗室王公可划分为两派，但具体考察之，即便同一派系的王公，在具体主张上也会有差别；即便同一王公，随着局势的变化，主张也会不同，不宜一概简单以缓急论之。

二、"行远者必求稳步，图大者不争近功"

主张缓开国会的宗室王公，力求宪政改革平稳过渡。他们对召开国会态度审慎，声称"行远者必求稳步，图大者不争近功"③，主张严格按照清政府公布的《宪法大纲》，以九年为期限，等待逐年筹备宪政事宜按部就班完成后，再颁布选举法，选举议员，召开国会。

主张缓开国会的宗室王公，最显著的代表是庆亲王奕劻。他虽赞同君主立宪，但侧重点在"君主"，而非把权力下放给"那些缺乏经验的平民代

---

① 《宣统政纪》，卷43，《清实录》，第60册，第770—771页。
② 先行研究在论及国会请愿运动、地方督抚与清政府的权力博弈时无不旁及宗室王公亲贵。研究者较为一致地认为，宗室王公对国会召开的态度分为急进、缓进两派，所论不同者为急、缓两阵营的具体人物，如李细珠认为就对待责任内阁与国会的态度而言，宗室王公亲贵等清政府权力高层分为两派，"一为载沣派，主要人物有监国摄政王载沣与满族少壮派亲贵载涛、载洵、载泽、毓朗、溥伦、荫昌；另一派为奕劻派，主要人物是庆亲王奕劻、那桐、世续、徐世昌"。参见李细珠《地方督抚与清末新政：晚清权力格局再研究》，第322页。
③ 《宣统政纪》，卷28，《清实录》，第60册，第510页。

表"①。奕劻在清末预备立宪期间曾有密折上奏慈禧，称："近日各省绅民，复有要求开国会年限之事，其中有乱党勾结。无非使权柄下移，迫不得已，宪政编查馆严定君权宪法大纲，实行立宪预备应办各事，庶可保全治安。"②奕劻认为，开国会将使君权下移，并表示他在宪政编查馆会严定君权宪法大纲以维护君权。奕劻的密折没有注明时间，从内容上分析，内有关于如何应对开国会年限的建议，当是在光绪三十三年七月初五日（1907年8月13日）考察政治馆改为宪政编查馆后，光绪三十四年八月初一日（1908年8月27日）清政府宣布《钦定宪法大纲》前。奕劻维护君权、缓行立宪的想法得到了慈禧的肯定。经过奕劻严定的《钦定宪法大纲》，共二十三条，其中"君上大权"就有十四条，规定"大清皇帝统治大清帝国，万世一系，永永尊戴"，"君上神圣尊严，不可侵犯"，皇帝具有颁行法律、发交议案、召集及解散议院、设官制禄、罢黜百官、统率陆海军、编订军制、宣战媾和、订立条约、派遣使臣、总揽司法等等大权；对臣民的权利义务，皇帝有权随时颁布诏令，予以剥夺。奕劻积极参与审定宪法大纲，把握其中的决策权力，为清政府巩固君权把关。这在他领衔上奏的《宪政编查馆办事章程》中也可见一斑。这个章程中明确规定宪政编查馆由"军机王大臣"管理，下设提调两员，综理馆中一切事务，③实际上是将宪政编查馆的决策权掌控在首领军机的宗室王公手中。

但是，当时舆论界并未知晓奕劻密奏关于国会权限之事，反而认为"此次宣布国会之年限，庆邸翌日赞之力居多"。奕劻在接见僚属之时表现出一副切实支持预备立宪的姿态，对预备立宪诸事垂询再三，称："九年内应办各事，必须切实预备，不可再蹈从前辗转因循之故习。凡我臣僚责任既膺，考成斯在，所有逐年应行各事务，须详慎研究。不可稍事疏忽。如有正当之意见，

---

① 《朱尔典致格雷爵士函》，《辛亥革命史资料新编》，第8册，第49页。奕劻在某次与朱尔典的会谈中透露，要解散资政院，在新的章程中设立一个新的机构代替。
② 中国第一历史档案馆藏：《庆亲王奕劻据实声明请旨折》，光绪留中奏折，内政类。由于第一档案馆目前正在对档案逐步实行数字化，纸质档案及正在数据化的档案无法查阅，奕劻此密折转引自孔祥吉：《对佐藤铁治郎〈袁世凯〉一书的补充与纠正》，佐藤铁治郎、孔祥吉、村田雄二郎：《一个日本记者笔下的袁世凯》，天津：天津古籍出版社，2005年，第384页。
③ 《庆亲王奕劻等奏请改考察政治馆为宪政编查馆折》《宪政编查馆大臣奕劻等拟呈宪政编查馆办事章程折（附清单）》，光绪三十三年七月初五日（1907年8月13日），《清末筹备立宪档案史料》，上册，第45—51页。

皆可缮具说帖呈递，以备采择施行。"①

国会请愿代表谒见奕劻时，奕劻声称："国家至此地步余复何言，今舆论既以速开国会为救国之第一要着，余必无反对，诸君其勿疑。"②"民甚善，我亦民，当竭力赞成。"在《大同报》相关报道中，军机大臣中的宗室王公奕劻表现出对国会"竭力赞成"，满族高官那桐也称国会乃素愿，反而是汉族大臣鹿传霖迟疑，戴鸿慈亦表示"奈何宪法未备"的推脱观望之态。③不过，随即也有报道称军机大臣对请愿代表是一种态度，对摄政王载沣又是另一种态度。载沣向军机大臣询问速开国会事宜时，以庆亲王奕劻为首的军机大臣对此问题的态度模棱两可。一面赞同"民气日盛，似应缩短"，一面又推脱称召开国会"一时筹备不易"，不复对代表竭力赞同时的爽朗。④由此可见，军机大臣虽然对外表现出满族大臣急进，汉族大臣相对保守，但在实际做决策时，却整体秉持一样的态度，即主张从缓召开国会。

军机大臣中另一名宗室王公贝勒毓朗，对速开国会也持保留态度。在某些报道中，毓朗是支持速开国会的。如《申报》称登载毓朗主张速开国会以救危亡，军机首领庆亲王奕劻反对，认为人民程度太浅，速开国会恐导致政局动荡。毓朗坚持认为"国会不开，一切新政决进行不下去"⑤。毓朗"事事均主急进，而尤以速开国会为当务之急，于召见时屡屡以缩短国会年限极力诤谏"⑥。详查史料，这并非毓朗的真实态度。宣统二年五月二十二日（1910年6月28日），时值清政府应第二次国会请愿下谕国会召开期限的次日，肃亲王善耆决定上奏清政府陈述自己关于宪政的看法。为壮声势，他又联络时任军咨大臣的毓朗与之联衔合奏。善耆令汪荣宝代其草拟敬陈管见折，主要建言：其一，国会与宪法成立之先后视国体而异；其二，中国国会之成立，当在宪法制定以后；其三，宪法必须钦定，并且必须真正钦定；其四，钦定宪法必要之

---

① 《庆邸热心国会》，《通学报》，1908 年，第六卷，第 3 期，第 88 页。
② 《庆王不忍负国家》，《民立报》，1910 年 10 月 24 日，《民呼、民吁、民立报选辑》，第一册，第 406 页。
③ 《国会代表在京纪言》，《大同报》，1910 年，第十二卷，第 27 期，第 28 页。
④ 《摄政王谕详酌早开国会事》，《大同报》，1910 年，第十二卷，第 27 期，第 28 页。
⑤ 《庆邸乞退乃为争开国会耶》，《申报》，1910 年 9 月 14 日，第四版。
⑥ 《朗贝勒决以去就争开国会》，《申报》，1910 年 9 月 17 日，第三版。

预备及预备之时机；其五，日本制定宪法之历史；其六，请设宪法讲筵。① 毓朗同意与善耆合奏后，与汪荣宝商议如何修改奏稿。他把奏折改为说帖，将之视为下级向上级或同级之间的建议，还将被汪荣宝视为解决大局危险之唯一出路、"启沃圣聪"的设立宪法讲筵一节删去。② 从毓朗对敬陈管见折草稿的修改来看，对召开国会的时间他是赞同宪法制定之后，而非立即召开。毓朗删去涉及皇室教育的设立宪法讲筵条目，可见他对让皇帝接受宪政教育持保留态度。这并不能说明毓朗不赞同宪政教育，相反他当时正充当贵胄法政学堂总理，负责培育贵胄宪政人才。毓朗删除关于皇帝教育的建议，也许是出于他谨慎的个性，对皇室教育不愿表露过多政见。在皇室教育上持论如此谨慎的毓朗，却坚持进呈先定宪法后开国会的说帖，可见其对国会缓开的态度之坚决。毓朗认为召开国会的时间，必须在等待真正"钦定"的宪法制定之后。按照三权分立原则，国会为立法机关，宪法应该是由国会制定的。而毓朗支持进行的宪政改革，虽赞同召开国会，但时间却要定在钦定宪法制定过后。他害怕召开国会后，国会执掌立法权，将制定出明显限制君权的宪法。显然，他不会赞同速开国会。

宣统二年九月，时值国会请愿代表第三次进京请愿，此次他们上书于资政院。虽有报道称毓朗在资政院声称竭力赞成速开国会，然而根据当时资政院议场速记录所载毓朗的应答，毓朗并未如此明了地表态，而是含糊其词，称自己是法人身份，不能回答。资政院议员们用速开国会问题诘问时任军机大臣的毓朗时，毓朗表示已将速开国会奏折交予政务处会议，等候各政务大臣说帖进呈后，再开御前会议议决。议员们坚持质问军机大臣是否愿意开国会。毓朗则答以事情没有上决，不能宣答。如果以个人身份回答，则自己是以法人身份莅临资政院，也不能回答。③ 毓朗口风之紧，可见他对国会召开所持之审慎态度。另据《汪荣宝日记》记载，毓朗认为资政院议员责问其对速开国会看法的举动"不规则"，并向汪荣宝声称军机处其他大臣们对于资政院

---

① 韩策、崔学森整理，王晓秋审订：《汪荣宝日记》，北京：中华书局，2013年，第166页。
② 《汪荣宝日记》，第167页。
③ 李启成点校：《资政院议场会议速记录——晚清预备国会论辩实录》，上海：上海三联书店，2011年，第107页。

充满疑虑，他平时常为资政院居间调停，却不被资政院议员谅解，受到双重攻击。同时，他向汪荣宝表示召开国会难以进行。①

摄政王载沣也常被认为是支持速开国会的宗室王公。载沣当政后，积极了解国会的各项内容，下令宪政编查馆王大臣将"英、日、德各国于开国会时各项议员、委员系何种名目、如何布置，其召集议员临开会议，先期以何日为召集，开会后以若干日为议结，散会期并将总议长、副议长、委员等发给薪水，大者若干数，小者若干数，详细调查，开单呈览，以备将来开国会之参考"②。还有记载称"摄政王载沣希望国会成立之心异常深切"，早在慈禧当政期间，载沣即向慈禧奏称："各省设立咨议局举办议事会，足以培官民之资格，惟议院亦应早为组织，庶使内外官绅同议，免生后来之阻力。"③《大同报》称，载沣将在慈禧、光绪之丧事办妥后，立即与军机大臣协商施行预备立宪事宜，并拟缩短国会期限，以期宪政振兴更快。④还有报道称，载沣看到开国会请愿书签字之人众多，认为"倘若不准，未免大失人心"⑤。可见，载沣表现出来的积极支持速开国会，是出于挽回人心之考虑，通过积极表态来换取立宪派支持清政府的统治。

实际上，载沣即便不是主张缓开国会的宗室王公，也是一个对于开国会态度游移不定的王公。虽然载沣屡次对人表示贵胄未能脱去专制习气，贵胄中明了宪政体制者甚少，但他却依然依靠贵胄进行统治，对这些不脱专制习气、不明宪政体制的贵胄，仅令宪政编查馆人员为其普及宪政知识处之。⑥不仅倚重贵胄集团，在国会召开的迟速问题上，载沣也不敢独断。载沣屡次向军机大臣咨询早开国会之事，军机大臣中宗室王公奕劻、毓朗对于国会召开俱是持论审慎，其余军机那桐、徐世昌也都主张缓行召开。载沣的咨询结果可想而知。宣统元年十二月二十日（1910年1月30日），针对立宪派的第一次国会请愿运动，清政府宣布按照原定的九年预备立宪完备后，再定期召

---

① 《汪荣宝日记》，第203页。
② 《摄政王谕查各国国会内容》，《广益丛报》，1910年，第236期，第3页。
③ 《醇邸对于宪政之政见》，《现世史》，1908年，第2期，第17页。
④ 《摄政王拟缩短国会期限》，《大同报》，1908年，第十卷，第19期，第32页。
⑤ 《驳开国会非监国意》，《本国纪事》，《蜀报》，1910年，第一卷，第3期，第60页。
⑥ 《关于宪政者》，《摄政王之新政见》，《华商联合报》，1909年，第6期，第53页。

开议会。当时有传言此议是军机大臣庆亲王奕劻等宗室王公大臣诿过于君上之计谋，暗指载沣颁布此谕旨是受奕劻等人欺罔。御史赵熙遂上奏"大臣苟要世誉，贻累君父，请旨严惩"，载沣阅览其奏折后"殊堪骇异"，于十二月二十四日（2月3日）下谕："朝廷筹备宪政，最为注意。将来召集议院，期在必行，特循次图功，自有秩序。"载沣宣称九年预备立宪期限满后再召开国会的谕旨，是他与军机大臣共同决定的，他们关于召开国会之事"筹画详慎，并经再三垂问，询谋佥同"。而军机大臣"机务既预赞襄，即功过无所推委。该大臣等受恩深重，具有天良，归过朝廷之心，朕可信其必无"。① 甚至在清政府宣布缩短国会年限后，载沣与军机大臣毓朗、徐世昌商议国会事宜，犹称："自国会年限缩短后，本监国对于此事极为危虑。一恐筹办各政届时不克完全。一恐政府、议院权限不清，互相倾轧，必至激成他变，应即与各政务大臣及宪法大臣详慎妥筹办法，以纾朝廷之隐忧。"② 倚仗宗室王公、贵胄集团进行统治的摄政王载沣对速行召开国会是有所顾忌的，他所惧者为预备立宪筹备诸事尚未完成，各部权限，尤其是政府与议员的权限也没有明定，骤然召开国会将引起政局的动荡。

综上可见：庆亲王奕劻出于维护君权的目的，为防止清政府权柄下移，早在光绪朝就严定宪法大纲，将开国会的期限定在九年预备立宪完全后；贝勒毓朗则赞同国会等待宪法制定完全后召开；醇亲王载沣，则因惧怕政局动荡，对速开国会持游移观望态度，倾向于缓行召开。

主张缓行召开国会的宗室王公，采取从缓的策略是有客观原因的。清末清理财政，发现各省财政中仅有山东、河南、奉天、四川四地稍有盈余，其余各省皆支出大于收入。而度支部预算，宣统三年全国上下，需要办理新政的款项，无从着落之款高达五千余万两。"然此后每年入款益少，而新政竞兴叠起，其所以耗财者且无穷期。"③ 宗室王公中庆亲王奕劻等秉政多年，深知清政府入不敷出之困窘。清末为了改善财政困窘的状况，先后简派宗室王公奕劻、载泽主持财政改革，同时也任用宗室王公于商部、农工商部，试图举办

---

① 《光绪宣统两朝上谕档》，第 35 册，第 531 页。
② 《监国对于国会之顾虑》，《广益丛报》，1910 年，第 255 期，第 2—3 页。
③ 《恽毓鼎澄斋日记》，第 2 册，第 489 页。

实业以开财源。但宗室王公主持的财政改革并无多大成效，无法改变清政府财政困窘的局面。

财政困难，清末新政均须举债而办。能带来收益的各项新政，如工商业、路政、矿务均无大起色。清政府推行的政治改革可迅速得到形式上的改变，如设立新部门、开资政院、设责任内阁，然而这些改革用款巨大，并无直接经济利益。正如时人指出的"外省财政，至宣统四年，将无一钱可措，而宪政经费之加增且数倍。即如审判厅成立，今年每省需银十七万，至四年份，须城乡普立，即需款七百万"[①]。新政所需经费，经由苛捐杂税转移到百姓身上，民众未从新政得到好处，反而受尽盘剥。

清政府入不敷出的困窘，一方面给保守人士以阻止立宪的借口，"不知九年筹备之案，将取资于何款？若再贪慕美名，厉行不已，恐功未见而国已亡矣。宜将新政浮费痛加裁汰，专注意于练兵、外交，为救危之策"[②]。另一方面，又引发支持立宪人士的急切。因清政府公布财政收支极度不平衡，保守派阻挠宪政改革的进展，自然会带给立宪派恐慌。清政府若无款筹划宪政，九年召开国会则成为空头支票。故而，立宪派对速行宪政更加逼迫。宗室王公中的少壮派青年，深受立宪派人士影响，积极支持速开国会。庆亲王奕劻等老成持重者，则力为推脱。总体而言，缓开国会派王公，是想进行渐变，求"稳步"。虽然宗室王公中持缓行论者人数不多，但都位高权重，又引其他军机大臣为奥援，故而能够左右清政府最后之决策。

三、"国会早开一日，中国早治一日"

不若奕劻、毓朗、载沣等王公为谋求政局平稳过渡，对开国会持缓行论，更多少壮派宗室王公则积极支持速开国会。在立宪派发起第一、二次国会请

---

① 《恽毓鼎澄斋日记》，第2册，第501页。吴佩葱为恽毓鼎同年，在宣统二年八月二十一日拜访恽毓鼎时谈及外省财政。恽毓鼎听后大为感叹："金非天雨，不知何以应之。呜呼！立宪美名也，吾国乃援以为营私牟利之美事。"

② 《恽毓鼎澄斋日记》，第2册，第504页。

愿运动时，虽然也有宗室王公积极支持，但速开国会派王公此时为数尚少，无法说服位高权重的缓行派，故而最终清政府对速开国会请愿均决定从缓，按照《钦定宪法大纲》之规定，等待九年预备立宪完备后再降旨召开。宣统二年九月，立宪派发动第三次速开国会请愿活动，并上书资政院。资政院议员们把速开国会当成一份济世良方，认为"就内政上来说，民穷财尽可不必说，实业不能发达，教育不能普及，因为政治不完全之故。究其原因，多由不早开国会而来"①。这种中国衰弱是由于不早开国会的论说，让从政未久的少壮派宗室王公怦然心动，由此，少壮派王公遂以"国会早开一日，中国早治一日"②为由，支持速开国会。此时，支持速开国会的速开派宗室王公在人数上已经占据了优势。

　　立宪派的第一次国会请愿活动在北京进行时，载洵尚在出洋考察海军归途中。在考察期间，载洵发现各国都很关注中国的国会请愿活动。为了在外交上展现清政府的开明姿态，他支持速开国会。载洵为速开国会请愿事特别致电贝勒载涛、毓朗，称"沿途所见各省绅民合请缩短国会期限一事，各国皆注意，宜请摄政王顺从舆情，勿为浮言所惑"③。载洵的态度让国会请愿代表大受鼓舞，为此在载洵归国时，国会请愿代表自发到车站迎接，向他陈情。宣统二年九月，立宪派发起第三次速开国会请愿运动时，载洵虽人在美国，却仍为速开国会鼓噪，电促载沣下令"明年即开国会"④。他将速开国会与救亡图存联系起来，言称："瓜分祸近，非速开国会、上下一心，无法救亡。"⑤

　　肃亲王善耆亦为宗室王公中支持速开国会者。早在1908年，他即奏请一二年后即开国会。据《广益丛报》北京访员专函，清政府在商议开设国会时，民政部尚书肃亲王善耆最为赞成。善耆还具奏称："开国会实为预备立宪之根本办法，不可缓。如虞现时人民程度不及，先令各省切实举办地方自治要政，俟一二年后实行设立国会，以树实行宪政之本，而昭天下大信。"⑥据

---

① 资政院议员于邦华的论述，见《资政院议场会议速记录——晚清预备国会论辩实录》，第82页。
② 《专电》，初二日未刻北京专电，《时报》，1910年11月4日，第二版。
③ 《画图新报》，1909年，第三十卷，第10期，第124页。
④ 《专电》，《申报》，1910年11月5日，第二版。
⑤ 《洵贝勒言动摄政王》，《国内紧要新闻》，《大同报》，1910年，第十四卷，第13期，第28页。
⑥ 《肃邸请开国会》，《广益丛报》，1908年，第160期，第1页。

时任民政部右参议、在宪政编查馆兼差的汪荣宝记载,宣统二年五月十六日（1910年6月22日）,时值国会请愿代表第二次进京请愿,肃亲王善耆对此事非常关切,向汪荣宝询问关于国会速设的请愿书是否上奏。汪荣宝到宪政馆后得知,国会请愿书于五月十五日（6月21日）由都察院代递,摄政王载沣留下披览,尚未发下。此次各团体代表关于速开国会的请愿书多达十件,无数日之久不能披览完。① 五月二十日（6月26日）,善耆又邀汪荣宝面谈,向其询问国会问题,并告知汪荣宝当日各政务大臣"会议情形及枢府宗旨"。汪荣宝力主国会乃立宪政体中应有之义,不必断之于三五年迟早之间,且言"人心难得而易失,此激发舆情,亦未尝非绝好之政策,应请以资政院议员任满之日,改设上下议院,以时计之,不过提早三年,而人心必当大奋,朝廷何惮而不为"？善耆虽甚以为然,但是熟知枢廷意旨的他知道此议必不能通过廷议,故而善耆提出两议:"其一请设立责任政府,其二请实行钦定宪法,先设宪法讲筵,亲临讲习。"汪荣宝为之草拟说帖一件,善耆准备持之与另一位也支持速开国会的宗室王公载泽计议此两条建议的可行性。② 为壮声势,善耆还联合另一位宗室王公毓朗合奏。不过,毓朗与善耆的见解并不一致。③ 汪荣宝代善耆草拟的合奏说帖,并未涉及善耆最初所提之设责任内阁,而设宪政讲筵的提议也被毓朗否决了。第三次国会请愿活动期间,善耆又以"缩短国会问题为现在救亡之要策"④,积极支持速开国会。善耆不仅屡次向载沣面陈速开国会的好处,还对请愿代表予以切实支持,并活动其他满族亲贵做国会请愿代表之后援。⑤

第三次国会请愿运动时,贝子溥伦时任资政院议长,他是宗室王公中最为赞成速开国会的王公之一。在溥伦的支持下,资政院将速开国会议案奏呈摄政王载沣。宣统三年九月,国会请愿代表第三次进京,将速开国会请愿

---

① 《汪荣宝日记》,第163页。

② 《汪荣宝日记》,第165页。

③ 毓朗的见解在上文中已经有所论述,在此不再赘述。

④ 《各部臣拟联合国会请愿》,《盛京时报》,1910年10月19日,第二版。

⑤ 第三次国会请愿运动时期,肃亲王善耆积极支持速开的具体言行,周福振在《论肃亲王善耆的立宪实践活动》中有详尽论述。不过他认为,在第一、二次国会请愿运动中,善耆没有赞同国会速开。参见周福振《论肃亲王善耆的立宪实践活动》,《北京社会科学》,2009年第3期。

书投之于资政院。据报道,议长溥伦颇为愿意速开国会,认为"此事关系重大,必须详细研究方能知其利害,拟定将速开国会提案作为资政院开院第一议案"①。资政院开院后,溥伦果然将速开国会议案提交。资政院的速开国会奏折,初稿为赵炳麟起草,孟昭常修改,汪荣宝再改,三次斟酌定稿,并经过议长溥伦和副议长沈秉堃的阅定。②议员李榘请溥伦向摄政王载沣游说"将来中国可望转机者,惟速开国会,此时不能解决,恐将来欲开国会而不可得","国会早一日成立,人民可以早一日得享幸福"。溥伦赞同道:"贵议员所说甚是,本议长当极力陈说。"③溥伦为速开国会,不仅屡次面奏载沣为此陈请,还积极活动其他少壮派宗室王公载泽、载振、载润、载涛等,令他们不阻挠速开国会。溥伦向摄政王载沣表示:"破釜沉舟、痛陈利害,国会问题非缩短年限无从解决。"④他还在与载泽、载振、载润、载涛等王公的集会中,极力宣传速开国会之益处,劝服这些宗室王公不阻挠开国会。⑤

得知清政府决策不速开国会,但将召开年限缩短,溥伦先是打算接受定论,后在资政院议员汪荣宝的劝说下,再次为速开国会力争。宣统二年十月初二日(1910年11月3日),溥伦得知会议政务处的王公大臣在召对时,多数赞成缩短国会期限为五年说。为防资政院议员闹事,溥伦令汪荣宝密告"晓事议员"设法镇定,让资政院议员不要再反对。溥伦又怕议员们不满足,让汪荣宝密探民选议员之意见。汪荣宝特别写信告知溥伦"今日危急存亡之际,朝廷政策以鼓舞人心为第一要义","多一日预备不过多一日敷衍","安危之机在此一举,若发表之后再有更动,则朝廷之威信尽失,即大权之根本不坚,与其悔于将来,何如审机于此日","若坚持五年必令花团锦簇之举消归乌有,绝非得策"。溥伦收到汪荣宝的信函后,"反复省览,非常感动"。虽然明知此时清政府之廷议已经做出决策,但此决策会撼动清政府统治根基的论说,又让溥伦觉得必须速开国会。再三权衡之下,溥伦面谒摄政王载沣,为速开国会再次竭力陈说。不过载沣此时已经屈于群议,不为溥伦所动。溥

---

① 《资政院预定第一议案》,《大同报》,1910年,第十二卷,第27期,第29页。
② 见汪荣宝对此奏稿的说明,《资政院议场会议速记录——晚清预备国会论辩实录》,第81页。
③ 《资政院议场会议速记录——晚清预备国会论辩实录》,第81页。
④ 《汪荣宝日记》,第204页。
⑤ 《国会之八面观》,《民立报》,1910年10月30日,《民呼、民吁、民立报选辑》,第一册,第422页。

伦无奈之下,又向军机大臣力争,也是应者寥寥。最后在他的力争下,军机大臣仅仅做出些微让步:将上谕中"召集议院"字样,改为"开设议院"而已。①

贝勒载涛亦是支持速开国会之宗室王公。载涛在宣统二年奉派出洋考察军政。他回国向载沣奏陈的"军国大计"中,即有缩短国会年限之论。②1910年10月,载涛接见第三次进京请愿的国会请愿代表,并表示他出洋游历时曾留心考察各国国会,认为国会毫无流弊:"予因人民要求国会,尝细心考察各国国会利害,实无丝毫流弊。"③资政院议员在讨论速开国会奏稿时,人心激昂。有亲贵认为议员如此群情激奋,很是危险,称"再进一步者,余恐贝勒爷到场矣",意为议员将有暴动,载涛会率领禁卫军镇压。而载涛得知后却答曰:"我来何干?我亦带了军队来帮着呼万岁罢咧!"④载涛对速开国会非常赞同,声称:"国会早开一日,则中国早治一日。士民得参政权,担任国债,共谋进步,则中国之危局于是挽回。"⑤载涛支持速开国会,确有出于图谋挽救清政府统治危机起见的大义,但未尝没有扩张其权力的私心。第三次国会请愿运动时,正值度支部与陆军部关于军费的预算彼此数目不符、交予政务处会议时期。⑥执掌军咨处的载涛,极力主张不裁军费。此时他积极支持速开国会,令"士民得参政权,担任国债",想通过让渡参政权予民众,换取更多的财政收入以维持军费来源,与其私利亦相吻合。

度支部尚书镇国公载泽也是支持国会速开的宗室王公之一。不过,他支持速开国会是立足于适当让渡参政权以换取民众承担更多义务。他的出发点与载涛一致,是让国会帮助度支部解决清政府财政难题,并不是完全让权于民。故而,在国会请愿运动中,载泽既呈现出游移观望之态:"虽不积极反对,然颇有不甚赞同之态度"⑦,又表现出赞助甚力之状:"泽公每值召见,必力请

---

① 《汪荣宝日记》,第209页。
② 《涛贝勒两陈军国大计》,《申报》,1910年9月24日,第三、四版。
③ 《国会问题之大警告》,《申报》,1910年10月20日,第三版。
④ 《涛贝勒也算聪明》,《民立报》,1910年11月5日,《民呼、民吁、民立报选辑》,第一册,第446页。
⑤ 《专电》,初二日未刻北京专电,《时报》,1910年11月4日,第二版。
⑥ 《汪荣宝日记》,第196页。
⑦ 《国会问题之大警告》,《申报》,1910年10月20日,第三版。

缩期，以救阽危而慰民望。"①载泽在向资政院说明预算案时表示："责任内阁未设立，国会未成立以前，财政尤极困难，所以内阁、国会二事，本大臣竭力赞成，必于国家财政有裨助也。"②《大同报》亦报道，载泽认为责任内阁不立，财政愈形困难，极望早开。载泽认为速开国会、成立责任内阁是解决清末财政困难的有效办法，在国会请愿代表谒见他时，表示如果上谕不允许速开国会，自己将单衔上奏，以为众代表的后盾。③载泽的这些言论，让支持立宪的报刊精神振奋，不断报道："泽公热心国会速开"，"资政院上摄政王书，请早开国会决议，二十四日上陈。泽公亦甚赞助，故于数日内可望降旨允准云"。④据当时的资政院议场速记录，载泽在资政院发言支持速开国会时，侧重强调的是财政之困难，并非速开国会。宣统三年全国预算入不敷出，不敷者已五千余万，再加各处追加预算两千多万，全无着落，而"朝廷大政，有许多不容易办的，又不能不办"。载泽认为"现在责任内阁未成，国会未开，本部困难情形难以尽述，惟有盼望将来国会一开，诸位竭力赞成，担负义务，实本大臣之幸也"。⑤此前，在筹议各省督抚公费一直无法厘定的解决方法时，载泽即拟将此问题咨交资政院作为该院议案，由资政院来审议。⑥综合载泽之言行，可见他并非专注于国会，而是希望通过支持速开国会，借助立宪派之力量以缓解财政困窘难题，甚至解决中央和地方关于财权争夺的问题。

综观宗室王公支持速开国会的言行，可见载洵支持速开国会，主要是为了在外交上展现清政府的开明姿态；载涛支持速开国会，是出于"士民得参政权，担任国债"考虑，载泽的出发点与之类似，是想让国会帮助度支部解决清政府财政难题，并不是完全让权于民；而善耆则以"开国会实为预备立宪之根本办法"，坚持国会不可缓开；溥伦主张速开国会，主要是受资政院议员的影响，尤其是"若坚持五年必令花团锦簇之举消归乌有"的警告，让他在清政府决议出台后，依然为速开国会奔走。速开国会派的宗室王公虽然理

---

① 《专电》，廿八日戌刻北京专电，《时报》，1910年10月31日，第二版。
② 《资政院第八次记》，《民立报》，1910年11月2日，《民呼、民吁、民立报选辑》，第一册，第434页。
③ 《泽公热心国会速开》，《大同报》，1910年，第十四卷，第12期，第27页。
④ 《资政院请早开国会之一斑》，《大同报》，1910年，第十四卷，第12期，第27页。
⑤ 《资政院议场会议速记录——晚清预备国会论辩实录》，第80页。
⑥ 《督抚公费将交资政院议决》，《申报》，1910年10月17日，第三版。

由各异，归根结底还是为了救亡图存，挽救清政府的统治。

虽然在第一、第二次国会请愿期间，宗室王公中载洵、善耆支持速开国会，但并未能左右清政府的决策。在第三次国会请愿期间，宗室王公中溥伦、载洵、载涛、载泽、善耆俱支持速开国会。此时，他们在清政府内部并非孤立无援，众多地方督抚当时也在陈请召开国会、设责任内阁。由此，速开国会派王公对清政府的决策已经能够产生一定的影响力。故而，在第三次国会请愿运动时，清政府同意缩短国会期限。不过，由于主张缓开国会的宗室王公占据清政府在统治集团的中枢地位，在缓开派的影响下，清政府并未立即召开国会。

四、论争结局

宗室王公围绕召开国会问题所形成的缓急两派，各执一词，对于召开国会之迟速各有意见。在第一、第二次国会请愿运动期间，虽然也有个别宗室王公支持，但是急进派王公的力量不足以与缓开派王公相抗衡，故而最后清政府定计缓行召开国会，仍待九年预备立宪完备后再行降旨召集。在第三次国会请愿运动时期，宗室王公支持速开国会的人数最多。不仅时任资政院总裁的贝子溥伦、时任度支部尚书的镇国公载泽支持速开国会，摄政王载沣最为信赖的两个弟弟贝勒载涛、载洵都支持速开国会。兼之此时清政府赖以治理地方的督抚大员也加入召集国会、设立责任内阁的请愿中。最终，摄政王载沣与军机大臣、政务处大臣等王公大臣共同商议，缓急两派王公相互妥协，最后清政府决定：不立即召开国会，但缩短召集国会年限，改于宣统五年开设议院，又应地方督抚之请，立即着手厘定官制、组织责任内阁。至此，清政府对国会的召开之期下了定论。但是缓开、速开两派王公的政争并未停止，因资政院弹劾军机案，两派王公再起纷争。

清政府应对速开国会议案的决策是令缩短国会年限，改于宣统五年开设议会。支持速开国会的资政院议员对此并不满意，仍拟抗争。溥伦因此与军机大臣商议安抚议员对策。军机大臣领班庆亲王奕劻本来就主张从缓召开国会，他认为国会年限业已缩短，如果代表们再续请，必须施行强迫手段严厉对付。①此刻宗室王公占半数的军机大臣（当时军机大臣为奕劻、毓朗、那桐、徐世昌）之颟顸让资政院议员大为不满。在资政院开会时，议员质问军机大臣对于各部、各省行政是否负完全责任。军机大臣置若罔闻。溥伦与副议长沈秉堃商议，由溥伦将资政院各议员在院内种种质问军机大臣之事具折，并请旨令军机大臣照章到资政院分析解释。②虽然军机大臣并未到资政院分析解释，但也做出适当退让，宣统二年十月十九日（1910年11月20日），军机处咨复资政院，称：

> 查现在新官制之内阁未经设立，军机大臣权限实非各国内阁国务大臣，详译咨送说帖，语意以采用副署制度，必当如过之内阁。惟查光绪三十四年军机署名之制，实本乾隆年间旧制，与日本内阁副署用意不符。根本既殊，说帖所谓是完全责任之处，无从答复，将来新官制之内阁设立，此种问题届时自可解决，为此咨复贵院查照可也。③

资政院议员并不认同军机大臣的答复，仍要质问军机大臣。溥伦将此情况转告军机大臣领班庆亲王奕劻，反遭奕劻严斥其不能约束议员。溥伦愤懑之下称疾不出，流露出乞退之意。载沣闻知后，亲自对其加以温慰，溥伦趁机向载沣表露："各议员之争辩系为维持大局起见，并非抵抗谕旨，亦非专与政府为难，且在新内阁未成立前，军机大臣即系将来之总理大臣，应代君主担负责任。今各军机一闻质问，仍施以激烈手段，恐宪政终无成立之日。"载沣劝慰溥伦仍照常议事，"朝廷自有相当之办法"。④

宣统二年十一月（1910年12月），由资政院议员吴赐龄等提出弹劾军机大臣，指责军机大臣领班奕劻"昏庸贪墨，声闻四国，内政外交，著著失败，请即罢斥，改组内阁"。军机大臣既阻挠资政院之速开国会议案于先，对议员

---

① 《专电》，《申报》，1910年11月13日，第三版。
② 《伦贝子对于枢垣之恶感》，《广益丛报》，1910年，第254期，第4页。
③ 《光绪宣统两朝上谕档》，第36册，第414页。
④ 《监国温慰伦贝子》，《广益丛报》，1910年，第255期，第3页。

抗议又拟压制，既而又复无视资政院质问、推脱责任于后，资政院议员早与军机大臣势同水火，弹劾军机大臣之提案提出后，即有为数三十人以上的议员赞成弹劾军机大臣，并将弹劾军机大臣案立为议案，由议长溥伦照章提出开会讨论。参与此案讨论的资政院议员，除在宪政编查馆兼职者数人"略为辩护"反对之外，其他议员，即便是宗室王公及蒙古王公等钦选议员也"均无不赞成"，于是弹劾军机大臣案以大多数议员赞成通过，由议长溥伦具折上奏。此折上奏后，军机大臣领班庆亲王奕劻大为愤怒，竟将溥伦叫到板房痛加申斥，怪其不将此案压置。曾任资政院钦选议员的载润称奕劻此举乃不知立法机关程序，提案经由多数议员赞成，即成定案，议长也无权可否。① 然而，在奕劻眼中，资政院并非立法机关。在复议咨议局权限时，奕劻指出"咨议局仅代表一省之舆论，尚非国家议院之比"，强调必须遵循《宪法大纲》规定的"君上有统治国家之大权"，"至事关君上大权及凡属国家行政者，自非咨议局所得参与"。② 奕劻对资政院的权限亦大体持此观点，认为资政院仅为舆论机关而已，并不认同载润等少壮王公眼中的资政院为立法机关。弹劾军机议案上呈后，奕劻严斥资政院总裁不能约束议员。溥伦向人剖析资政院的功能，称"枢府观察资政院之眼光（有）根本的谬误。彼以为资政院乃衙门，吾辈乃堂官，吾辈负有弹压之职务。殊不知所谓议长者，原是议员中之一人，不过为议员之长而已。本是一体，所议之事亦是从众取决，初不得违众独异"③。溥伦对资政院的认识是符合宪政精神的。

　　摄政王载沣为了平息弹劾军机大臣所引发的政界风潮，对溥伦、奕劻两派人马分别进行安抚。④ 载沣试图先令资政院撤销弹劾军机议案，他为此召见溥伦询问资政院可否将弹劾军机议案取消。溥伦对以资政院之所以弹劾者为军机之不负责任，并非专为速开国会、组织责任内阁两案问题，恐怕议员仍会继续弹劾。溥伦趁机又向载沣详陈军机大臣不负责任，载沣甚以为然。⑤ 于

---

① 载润：《有关奕劻的见闻》，《辛亥革命回忆录》，第六册，第464—465页。
② 奕劻等：《宪政编查馆复议咨议局权限折片》，《中华民国史档案资料汇编》，第1辑，南京：江苏人民出版社，1979年，第115—116页。
③ 《伦贝子不以资政院看做衙门》，《广益丛报》，1910年，第255期，第3页。
④ 《光绪宣统两朝上谕档》，第36册，第476页。
⑤ 《伦贝子奏对之秉直》，《广益丛报》，1910年，第255期，第2页。

是，载沣在召见军机时，针对军机大臣不以溥伦等人为然又颇加申饬。军机大臣退后极为气愤，拟亲自到资政院与各议员展开辩论，当即为如何应对资政院弹劾军机案讨论多时。① 最后，军机大臣针对资政院弹劾军机不负责任案，采取的对策是集体请辞。宣统二年十一月十七日（1910年12月18日），军机大臣奕劻、毓朗、那桐、徐世昌，以告退为要挟，上奏声称："才力竭蹶，无补时难，恳恩开去军机大臣要差。"载沣一面颁布朱谕安抚军机大臣，称"该大臣等尽心辅弼，朝廷自能洞鉴。既属受恩深重，不应渎请。所请开去军机大臣之处，著不准行"；一面批驳资政院所奏大臣责任不明，难资辅弼一折，称"朕维设官制禄及黜陟百司之权，为朝廷大权，载在先朝《钦定宪法大纲》。是军机大臣负责任与不负责任，暨设立责任内阁事宜，朝廷自有权衡，非该院总裁等所得擅预。所请著毋庸议"。② 摄政王载沣竭力让军机、资政院大臣和衷共济，为此他特别召见军机大臣及资政院两议长，称："汝等为等闲小事，动辄昌言辞职。若果如此，势必贻误大局，见笑外人。自经此次谕后，各宜靖共尔位，勉尽己职，慎勿再存意见，否则本监国定行严惩不稍宽待。"③ 这场由国会召开缓急论争引发的军机处、资政院之争，最终随着资政院的闭幕而结束。然而，军机大臣奕劻、毓朗、那桐、徐世昌已被立宪派视为颟顸、不负责任之代表。

第四节　围绕"皇族内阁"的纷争与筹划

宣统二年十月初三日（1910年11月4日），在立宪派、地方督抚共同呈请下，因召开国会问题而形成的缓急两派宗室王公互相妥协，最终促成清政府正式下谕"于宣统五年实行开设议院，先将官制厘定，提前颁布试办，预

---

① 《各军机之未战已退》，《广益丛报》，1910年，第255期，第3页。
② 《光绪宣统两朝上谕档》，第36册，第475页。
③ 《监国申斥枢臣及伦沈两议长》，《广益丛报》，1910年，第255期，第1—2页。

即组织内阁"①。至此，清政府开始正式筹划组建责任内阁。

一、三派纷争："皇族内阁"的出台

在筹备清政府第一届责任内阁的过程中，宗室王公主要参与了内阁官制、办事章程的议定。他们的讨论主要围绕君权与阁权的权限、行政权与军权的权限进行。宗室王公对君权、阁权及行政权、军权的规划影响了第一届责任内阁的最终成型。但是，宗室王公群体内部并非团结一致，而是各自与满汉大臣联合，相互斗争。

宣统初年，满族亲贵已有"政出多门"之说，胡思敬在《国闻备乘》中将亲贵势力八分：其一，贝勒载洵、毓朗一派，"洵贝勒总持海军，兼办陵工，与毓朗合为一党"；其二，贝勒载涛与满族大臣良弼自成一派，"涛贝勒统军咨府，侵夺陆军部权，收用良弼等为一党"；其三，肃亲王善耆别具一格，自成一派，"肃亲王好结纳勾通报馆，据民政部，领天下警政为一党"；其四，贝子溥伦倚仗资政院，又为一党，"溥伦为宣宗长曾孙，同治初本有青宫之望，阴结议员为一党"；其五，则是隆裕太后一系，"隆裕以母后之尊，宠任太监张德为一党"；其六，镇国公载泽能够与隆裕太后互通声气，掌控财权，为独立之势力，"泽公于隆裕为姻亲，又曾经出洋，握财政全权，创设监理财政官盐务处为一党"；其七，摄政王载沣的妻族也颇具势力，"监国福晋雅有才能，颇通贿赂，联络母族为一党"；其八，庆亲王奕劻"别树一帜，又在七党之外"。②从宗室王公围绕内阁官制、办事章程的讨论来说，虽然王公的确各存私心，各自为营，但实际上并不至分裂为八派。从王公群体对于行政权、军权的争夺来看，大体上宗室王公可以分为三派力量：其一，是奕劻系。庆亲王奕劻位高权重，首领军机，与军机大臣中满族大臣那桐、汉族大臣徐世昌结为一派。在新内阁未出台前，庆亲王奕劻出任总理内阁大臣的呼声最高，颇招摄政王载沣之忌。其二，是载沣系。摄政王载沣为保护皇权，限制阁权，

---

① 《宣统政纪》，卷43，《清实录》，第60册，第770页。
② 《政出多门》，《国闻备乘》，卷四，第83—84页。

支持仿照日本，将军部与内阁分治、军权与行政权分离。载沣代表皇帝为海陆军大元帅，重用其胞弟载涛、载洵，又拉拢毓朗、满族大臣荫昌，通过军咨府、海军部、陆军部掌握军权。其三，是中间力量，包括执掌民政部的肃亲王善耆、执掌度支部的镇国公载泽、总裁资政院的贝子溥伦。中间力量虽各有势力，但又不具备与载沣系、奕劻系抗衡的力量。在这种情况下，他们既被载沣系、奕劻系两派人马拉拢，又必须联合其他力量以巩固自身权势。虽然有派系纷争，但宗室王公在维护君权上是一致的。载沣系的首领摄政王载沣代表皇权，注意新设内阁之阁权与君权的界限，试图最大化地维护君权。奕劻系首领庆亲王奕劻在1908年即主张严定宪法大纲以维护君权。中间力量关于内阁官制的建言虽未被采纳，但亦赞同维护君权。从维护君权、限制阁权的角度而言，三派人马并无异议，所争论者唯各自的权势而已。

就目前笔者掌握的材料而言，宗室王公参与内阁官制的讨论始于1911年初。宣统二年十二月十六日（1911年1月16日），荣庆载"两钟至会议政务处，庆、朗、那、徐四枢，礼、睿、伦三宗人府，肃、泽、李、洵、唐、荫、邹、盛、溥、寿、绍各部，奎、继、增、景四内府均到"①。虽然荣庆在其1月16日的日记中未做详尽说明王公大臣群集所议何事，但在会议政务处不仅汇集军机大臣、政务大臣（据丙午官制改革的规定，各部尚书即为政务大臣），连清皇族的管理机构宗人府、清皇室的管理机构内务府官员也齐齐到场，所商议之事必定是与皇室、皇族、军国大政三方俱为相关的要事。结合此后朝臣日记及报刊报道可知，1月16日，如此规模浩大的王公大臣群议，所商议之事当是内阁官制。1911年2月17日，《申报》报道"内廷消息：内阁新官制现已着手编订"②。报刊的信息来源为内廷相关人士，与亲身经历的朝臣相比消息当相对滞后。其实，早在宣统三年正月初三日（1911年2月1日），军机大臣那桐即有"自未刻看内阁、弼德院官制草案，至酉正始毕"③的记载。所以可推知，2月初内阁官制草案已编订并出台。那么，1月16日，皇室、皇族管理机构之所以出席政务处之会议，当是在商议如何着手编订新内阁官制

---

① 《荣庆日记》，第183页。
② 《内阁总理非此人莫属耶》，《申报》，1911年2月17日，第四版。
③ 《那桐日记》，下册，第679页。

的基调,即新内阁权力与君权的关系。定下阁权与君权关系的基调后,清政府又数次组织中央高层讨论内阁官制与办事章程的细节。在此过程中,宗室王公不仅参与内阁官制、办事章程的群臣集议,还屡次私下沟通讨论,策划新内阁的出台。

宣统三年二月十九日(1911年3月19日),军机大臣那桐、徐世昌一同到庆王府与庆亲王奕劻就二月十五日(3月15日)载沣向那桐"密谕新内阁事"讨论达一时之久。① 摄政王载沣所密谕的"新内阁事"具体所指何事,因缺乏相关史料,不能详知。此时军机大臣本有四人,首领为庆亲王奕劻,其余三人为宗室王公贝勒毓朗及满族大臣那桐、汉族大臣徐世昌。据徐世昌的日记,此前由于奕劻感冒,数日未到军机处。二月初九日,其余军机大臣毓朗、那桐、徐世昌还一同到庆王府议事。为何二月十九日那桐、徐世昌、奕劻要背着毓朗讨论载沣的密谕呢?估计此时清政府已经论及责任内阁的总、协理人员问题了。

从日后总、协理人员的安排来看,载沣的密谕,或许就是针对内阁总、协理成员而发的。正式宣布的内阁总、协理的人员安排为:军机大臣中领班大臣庆亲王奕劻为总理,那桐、徐世昌为协理,贝勒毓朗则不列入内阁,别就军咨府。由此反推,当时军机大臣中的那桐、徐世昌与宗室王公奕劻似已结为一派,针对载沣密谕的"新内阁事",他们已在秘密商议应对之策了。而此时,四军机中另一名宗室王公贝勒毓朗显然非奕劻阵营中人。在时人眼中,毓朗常被归为载沣麾下,但载沣却将"新内阁事"提前密谕给奕劻阵营中的那桐,可见,载沣未必将毓朗纳为腹心。明知那桐是奕劻系人马,载沣却仍向其密透意旨,可见在关于君权与阁权的权限上,奕劻、载沣似早已达成一致,均为尊君权、抑阁权。所以,明知设置两协理大臣会限制总理大臣之权势,进而影响到担任总理大臣呼声最高的自己的利益,奕劻仍未反对。不过,奕劻系并不甘于就此完全让权,所以私下集议对策,最终由奕劻系占据了新内阁的总、协理大臣三席位。

二月二十二日(3月22日),据《荣庆日记》载,此日到政务处的中央

---

① 《那桐日记》,下册,第683页。另外一名当事人徐世昌,在二月十九日当天,仅在日记中简略记下"午后同琴轩到庆邸处"。

高官除荣庆之外,"庆、肃、洵、朗、泽邸,李、徐、那、唐、邹、绍、寿咸到,瑞臣侍郎亦到会","公阅阁制"。①宗室王公中,奕劻、载洵、载泽、善耆、毓朗此日俱到,与其他各部尚书、侍郎共同阅看、讨论内阁官制。群臣商讨内阁官制草案后,宗室王公中的奕劻系与载沣系又作私下讨论。二月廿四日(3月24日),军机大臣那桐"未刻到庆邸处、陆海军军咨处会商要政"②。那桐是宗室王公奕劻系中人,他与奕劻有姻亲关系③,又同值枢廷,时人认为此二人同流合污,以"庆那公司"论之。但那桐为人圆融,和其他派系的宗室王公也私交甚好,是宗室王公中老臣派与少壮派互相沟通的中间人。内阁官制尚在讨论期间,作为中间人的那桐又往返于宗室王公庆亲王奕劻与载沣系的宗室王公海军大臣载洵、军咨大臣载涛、毓朗及陆军大臣荫昌之间,可见宗室王公中的奕劻系与载沣系关于内阁官制也有所讨论。

此前,1906年,在丙午官制改革时期,宗室王公奕劻、载泽、载振参与编纂、总核的厘定官制折,对新内阁的行政、军权规制已有粗浅规定:"行政之事则专属之内阁各部大臣","既设陆军部,则练兵处之军令司宜正名为军咨府,以握全国军政之要枢"。当时已大体定下行政、军政各有总汇之区的基调,然而丙午内阁官制最终被扼杀于萌芽之中。1908年,在清政府编订《钦定宪法大纲》时期,又有报道称,"听闻枢府王大臣会议组织新内阁,其内容系设总大臣一员,副大臣二员,以三年一任,其各部院大臣均得参预政务,以期博采公论,统一事权。惟总理大臣不得兼海陆军之任,以清权限"④。虽然最后出台的《钦定宪法大纲》和逐年筹备立宪事宜并无关于新内阁的具体规划,但这些报道的存在,一定程度上也说明,当时以庆亲王奕劻为首的王公大臣在商讨预备立宪事宜时,曾将设置新内阁之事拿出讨论,并已论及内阁中行政权与军权的权限。至1911年,清政府已正式下谕将组织内阁,内阁官制的商议自然要涉及行政权与军权的规划。围绕军机处而结成的奕劻系,与依靠中央军政机构而形成的载沣系,在内阁官制的商讨过程中,必然要围绕

---

① 《荣庆日记》,第188页。
② 《那桐日记》,下册,第683页。
③ 那桐与奕劻之子载振是儿女亲家。
④ 《新内阁之草案》,《大同报》,1908年,第十卷,第9期,第27—28页。

内阁权限，对内阁与军咨府之权力关系有所讨论。故而，在1911年3月24日，群臣集议内阁官制结束后，奕劻系宗室王公与载沣系宗室王公又借那桐为沟通桥梁商讨内阁官制。二月廿六日（3月26日），军机大臣徐世昌在日记中记载，此日"到宪政编查馆"。虽然徐氏并未在日记中对他此行的目的进行描述，但根据此前情形推断，徐氏此行当是将此前群臣集议、奕劻系与载沣系商议的结果转告宪政编查馆，并对编纂内阁官制有所指示。据5月8日正式公布的《内阁官制》可知，奕劻系、载沣系所达成的行政权、军权分离的共识为："关系军机军令事件，除特旨交阁议外，由陆军大臣、海军大臣自行具奏，承旨办理后，报告于内阁总理大臣。"《内阁办事暂行章程》又说明："按照内阁官制第十四条，由陆军大臣、海军大臣自行具奏事件，应由该衙门自行具奏呈递，毋庸送交内阁。"①

奕劻系、载沣系之外的宗室王公中间力量，在内阁官制的议定过程中，亦有建言，但并未被采纳。宣统三年二月二十七日（3月27日），根据群臣集议、奕劻系与载沣系商议的结论，宪政编查馆最终议出内阁暂行官制。与各国内阁设一名总理大臣的制度不同，清政府拟设总理大臣一人，协理大臣一人或二人。宪政编查馆编制局的科员、署民政部左参议汪荣宝向民政部尚书肃亲王善耆力陈其非，并代善耆作一说帖，说明此制之流弊。②肃亲王善耆同意递交说帖指出新内阁官制的弊端，但他最后所上呈的说帖并未力争，仅仅指出："内阁暂行章程与内阁官制之精神似有未尽符合之处"，在末尾还话锋一转，称"惟此系施行之始，不得不稍示权宜，将来有无窒碍，应随时酌议修正，以臻完备"。③从最后议定的内阁官制来看，善耆的说帖未能改变内阁官制之形式。

内阁官制草案确定后，宗室王公又参与了随后的《内阁办事章程》的议定。三月十二日（4月10日），诸王公大臣又到政务处议事。据《荣庆日记》载：其"午后至政务，洵、伦、泽、肃、世、那、徐、李、邹、唐、绍、盛、

---

① 《宪政编查馆会议政务处会奏拟定内阁官制并暂行章程折（附清单二）》，宣统三年四月初十日（1911年5月8日），《清末筹备立宪档案史料》，上册，第562、564页。
② 《汪荣宝日记》，第253页。
③ 善耆：《呈内阁暂行章程与内阁官制精神未尽符合应酌议修正说帖》，宣统三年（1911年），一档馆藏，档号04-01-02-0014-009。

寿到"①。包括军机大臣、纂拟宪法大臣、各部尚书在内的众多中央高层共同参与商讨，料想应当还是讨论与内阁相关之事宜。此时内阁官制草案已有雏形，所议者当为内阁办事之章程。此日，宗室王公中载洵、溥伦、载泽和善耆都参与了集议。三月二十二日（4月20日），经多次讨论后，《内阁办事暂行章程》已初具规模。荣庆载此日"政务处电速前往，阅交下暂行章程及弼德院章，与唐春老、洵邸、瑞臣诸位小谈"②。《内阁办事暂行章程》草案订出后，三月廿六日（4月24日）徐世昌"到会议政务处、宪政编查馆"对阁制又有所指示。三月二十八日（4月26日），内阁官制、办事章程已经由宪政编查馆编订完成。是日，荣庆"午后赴内阁会议处，公阅阁制，肃、洵、泽、伦四邸，那、徐、陆三相，邹、唐、荫、绍、盛、寿六尚书，宝、王两侍郎均到"③。经过王公大臣们的迭次讨论，内阁官制、办事暂行章程已经基本成型，摄政王载沣因此开始召见军机大臣、政务大臣对内阁官制做最后的确认。四月初二日（4月30日）徐世昌在日记中载"未明起，入直，又政务大臣入对，共召见二次"。四月初六日（5月4日），摄政王载沣又召见军机大臣、政务处大臣。④是日，据徐世昌日记，徐氏又"至宪政编查馆"。此时，当是在御前讨论后，清政府对内阁官制、办事章程又做了改动。四月初六日（5月4日），宪政编查馆与会议政务处将修改完毕的内阁官制上奏。四月初十日（5月8日）清政府公布《内阁官制》《内阁办事暂行章程》及内阁成员名单，第一任责任内阁正式出台。

宣统三年四月初十日（1911年5月8日），清政府正式宣布成立的责任内阁，以庆亲王奕劻为总理大臣，原军机大臣那桐、徐世昌为协理大臣。奕劻内阁以梁敦彦为外务大臣，善耆为民政大臣，载泽为度支大臣，唐景崇为学务大臣，荫昌为陆军大臣，载洵为海军大臣，绍昌为司法大臣，溥伦为农工商大臣，盛宣怀为邮传大臣，寿耆为理藩大臣。此内阁不算蒙古、汉军旗人，宗室王公占到四人，宗室一人，觉罗一人，满一人，汉三人。宗室王公

---

① 《荣庆日记》，第189页。
② 《荣庆日记》，第190页。
③ 《荣庆日记》，第190页。
④ 《荣庆日记》，第191页。

在内阁中占据了巨大的数量优势。这个内阁被当时的报章舆论讽刺为"亲贵内阁""皇族内阁"。

清政府第一任责任内阁中，国务大臣俱用原各部尚书，总理大臣则用原行政总汇之区军机处首领庆亲王。虽然与其他立宪制国家相比，设置了两个不伦不类的协理大臣，但无非是出于巩固君权、预防总理大臣总揽大权的考虑。清政府之所以在第一任责任内阁中大量选用宗室王公，也有现实的考虑。从丙午官制改革后，清政府就一再倚重宗室王公，王公联翩职掌部务，若此时骤然更换，必然也会带来政界风潮。

观诸当时报刊，早在宣统二年十月初三日（1910年11月4日）清政府正式下谕"预即组织内阁"①后，舆论界就开始对内阁总理的候选人有所猜测。其中不少报刊就精准预料到，日后的总理大臣定是在清末总揽内政外交大权的庆亲王奕劻。1910年11月13日《申报》的报道最为详尽，称虽然中央政界盛传载沣在责任内阁组织完全之后，将会批准庆王奕劻辞职，但据内廷透露，此说并不属实，载沣对于各项要政，依然"多商诸庆王始决"，奕劻仅仅是在用人方面"不能如前之全权在握"而已。虽然奕劻不时即有乞退之言，但载沣却再三挽留。综合各种因素，《申报》最后得出"将来新内阁总理仍拟属之庆邸"的结论。②1911年2月17日《申报》称"（监国）谕各就所知奏保何人可充总理大臣之任。闻各王大臣以内阁总理大臣一席责任甚重，咸推军机大臣庆邸暨度支部大臣尚书泽公两人可膺此选。惟朝廷之意，仍在庆邸。因庆邸系四朝老臣，勋业伟大，且于外交行政俱有阅历，故内阁总理一席，仍非庆邸莫属云"③。《蜀报》也报道，"各枢臣赴庆王府商定会议责任内阁制度时，均拟公推奕劻担任总理大臣。摄政王载沣亦属意奕劻担任总理大臣"。奕劻之外，"合格者颇难其人"。④

即使没有精确预测出未来的总理大臣为庆亲王奕劻，其他各类报刊也一致认为总理大臣必将是一名宗室王公，而不可能是一位汉族大臣，"其第一次

---

① 《宣统政纪》，卷43，《清实录》，第60册，第770页。
② 《庆邸仍有内阁总理之望》，《申报》，1910年11月13日，第四版。
③ 《内阁总理非此人莫属耶》，《申报》，1911年2月17日，第四版。
④ 《庆邸辞内阁总理重任》，《蜀报》，1910年，第一卷，第2期，第58页。

内阁组织，能以之明此等之汉人（袁世凯、徐世昌）耶，当可决其必无是理矣"①。1910—1911年，关于预测新内阁总理大臣人选的报道，几乎将宗室王公中从政者收罗一空，诸如军机大臣奕劻、毓朗，度支部尚书载泽，资政院总裁溥伦，军咨大臣载涛。报道中所论最多者，主要有庆亲王奕劻、贝勒毓朗、镇国公载泽三人。诸如"庆亲王久握中国政权，今当占军机大臣首座，其年龄、其门阀、其阅历、其德望、其识见，如设新内阁后任总理大臣之职，分量甚足"，"非庆王任之，将别无组织内阁者"，"载泽公为王族中有气品之人，温厚而清廉，总理大臣之资格，十分具备"。②"（总理大臣）庆邸辞之甚力，其余最有资望者，惟朗贝勒及泽公二人"③之类的报道甚多。

总体来说，从报刊来看，立宪派能够接受的底线是新内阁的总理为一名宗室王公。而在宗室王公中，奕劻因为其从政经验最多，故而得到舆论的支持最多。其余王公，载泽、毓朗也因为其从政经验得到支持。但是报刊对内阁其他成员，则从未论及应该由宗室王公来担任，由此可见支持清政府进行宪政改革的各派人马，对接下来新内阁的人事安排底线仅仅为总理大臣中宗室王公任之而已。

对皇族内阁的产生，革命党人也早有预测。1910年11月9日，清政府颁布"预即组织内阁"上谕五天后，《民立报》便以辛辣讥讽的文笔预测清政府必将推出"贵族内阁"。其文称："吾国之贵族，真有绝世聪明。龙种自与常人殊，岂不信哉……国民无能，劳贵族多矣。故海军也劳贵族，陆军也劳贵族，军机也劳贵族，部臣也劳贵族，议政也劳贵族，禁烟也劳贵族，资政也劳贵族，宪法也劳贵族。"贵族掌握要政的情况下，又一定会出现贵族内阁的情况，毕竟"以贵族中之贵族任部臣疆臣，其次者任司道州，其闲散者任巡检典史"，不可能组织出一个平民内阁，故而"不久组织内阁，也又要劳贵族"。革命派早有预言内阁的其他成员必为皇族，并由此借机鼓动排满情绪，进而推翻清政府。其他派系虽然对宗室王公必将出任新内阁的总理大臣早有定论，但对内阁其他成员的组成仍然抱有幻想。

---

① 《日人眼中之阁总》，《民立报》，1910年12月25日，第二版。
② 《日人眼中之阁总》，《民立报》，1910年12月25日，第二版。
③ 《国会缩期后之现状》，《时报》，1910年11月16日，第二版。

皇族内阁出台后，人们发现不仅总理大臣为宗室王公庆亲王奕劻，其他成员中皇族也居大半，宗室王公位列内阁成员者共计四人，一片质疑之声随之而起："揆之立宪国皇族不当责任之例，实不相符"，"其真正之改革尚须俟诸今后"，① "此新内阁不过为旧日军机处之化名耳。彼辅弼摄政王者咸注意于满汉界限，而欲使满人操政界之优权，此诚愚不可及之思想"②。此责任内阁公布后，连清政府内部官员都有抵制之意，如度支部的官员称"我辈既系不负责任之次官，应恪守权限，未便逾越。如电报发行等事，均应候长官阅定标行也"。言语之中，大有部务无论巨细都将推与任国务大臣之镇国公载泽一人抉择之意。③

二、理财为先："皇族内阁"的施政计划

宗室王公在皇族内阁出台后，试图通过宣布施政纲领来平息舆情。但由于宗室王公之间的派系纷争，政见不一，兼之此内阁持续时间短暂，庆亲王奕劻提出的施政纲领并未得到真正实行。

皇族内阁出台后被舆论一概否定。总理大臣庆亲王奕劻原本被某些报刊论以"其年龄、其门阀、其阅历、其德望、其识见，如设新内阁后任总理大臣之职，分量甚足"④，但在皇族内阁出台后，奕劻之执政能力却被舆论广泛质疑，认为奕劻执政权二十年，"未尝见其有所谓政策方针是也"⑤。根据《内阁官制》"总理大臣责任重在确定方针，统一政权"⑥之规定，出于履行责任，同时也为平息舆情，皇族内阁总理大臣庆亲王奕劻特进行演说，宣布其施政方

---

① 日本前首相大畏重信评论皇族内阁之言论，《新内阁之内容与外论》，《申报》，1911 年 5 月 23 日，第六版。
② 《庆亲王历史（译伦敦泰晤士报北京通信）》，《申报》，1911 年 6 月 8 日，第二版。
③ 《绍英日记》，第 2 册，第 206 页。
④ 《日人眼中之阁总》，《民立报》，1910 年 12 月 25 日，第二版。
⑤ 傥本：《新内阁之将来》，《南洋总汇新报》，1911 年 5 月 27、29 日，《辛亥革命史资料新编》，第 5 册，第 244 页。
⑥ 《宪政编查馆会议政务处会奏拟定内阁官制并办事暂行章程折（附清单二）》，宣统三年四月初十日（1911 年 5 月 8 日），《清末筹备立宪档案史料》，上册，第 559 页。

针。奕劻宣布的施政方针秉持"积极主义",以积极进取为主,但认为"国家之事业无穷而国家之财力有限",如果诸项要政同时并进,则"我国现在情形,遽以有限之财,办无限之事,不待智者而后知其力之不能逮也",于是拟定优先发展的改革举措为"整理财政、振兴实业"。奕劻又称,"财政者,政治之母,将欲实行此政策,非从整理财政入手不为功",决定新内阁从财政改革入手施政。奕劻定下"量出为入""开源为道"的方针后,将整顿财政的具体事宜委之于度支大臣镇国公载泽统筹规划。奕劻将理财开源之策依托于实业,认为"振兴实业斯为培植财源之要图",振兴实业的具体规划则委之于农工商大臣贝子溥伦。理财、实业之外,奕劻还认为"教育、交通亦为紧要"。① 不过,奕劻认为即便教育、交通紧要,发展教育、交通也需优先发展与实业相关者,以振兴实业,广储财源,使清政府的财政更加充裕。

然而,不特意欲推翻清政府的革命党人质疑奕劻的施政方针,连皇族内阁成员都意存质疑。庆亲王奕劻演说施政方针完毕后,遭到内阁中载沣系成员的一致反对。宗室王公中的海军大臣载洵称:"海陆军为立国要图,政策中并未声明扩张军备办法,实为缺点。"指出奕劻施政方针中缺少扩张军备计划的不足,奕劻则以清政府财政困难,无法大举兴办军政反驳之,"中国财政困难已极,吾辈所行政策须视财力所能胜者而为之,今日罄中国之财力不能大举海陆军。故此次政策不列扩张军备"。陆军大臣荫昌一面承认奕劻所言非虚,一面又以理财、振兴实业"无兵力以盾其后,则两者必至徒托空言"为由强调需加强军备建设。当然,奕劻在内阁中并不孤立,陆、海两大臣之外的其余国务大臣均附和奕劻,称"王爷政见极是,吾辈均当奉行"。内阁散值后,军咨大臣贝勒载涛、毓朗又前往探询庆亲王奕劻关于军政之意旨,庆亲王奕劻则答以"吾国内阁总理与各国情形不同,今陆海军政既有军咨府主持,自毋庸内阁参预"。② 以行政与军政分离,拒绝将加强军备列入施政纲领。

表面上,"皇族内阁"成员内部的争论是围绕内阁成立后的施政方针,实际上,这是宗室王公之间的权势之争。其实,早在皇族内阁成立之前,宗室王公中的奕劻系、载沣系便已围绕内阁权限展开了政争,最后在内阁官制、

---

① 《内阁总理大臣演说词》,《申报》,1911 年 7 月 17 日,第三版。
② 《庆内阁演说不及军备之争执》,《申报》,1911 年 7 月 18 日,第三版。

内阁成员上相互妥协。内阁官制上，奕劻系向载沣系让步：行政权总汇于内阁，军权则统系军咨府，海、陆军大臣虽列为国务大臣，但又不听令于内阁："关系军机军令事件，除特旨交阁议外，由陆军大臣、海军大臣自行具奏，承旨办理后，报告于内阁总理大臣"；"由陆军大臣、海军大臣自行具奏事件，应由该衙门自行具奏呈递，毋庸送交内阁"。①内阁成员上，载沣系向奕劻系让步：各部尚书维持原样，俱为国务大臣，而国务大臣之上，奕劻系人马占据内阁之总、协理大臣三席。两派人马互有让步，暂时妥协之下，皇族内阁最终出台。皇族内阁出台后，宗室王公继续围绕行政权、军权展开争论，各分阵营。奕劻之所以提出优先发展经济、注重理财之施政纲领，虽有强大国家之考虑，但也有私心。因为如此便可将军政改革从缓，从而削弱载沣系王公的力量，同时亦可借机重用度支大臣载泽、农工商大臣溥伦，拉拢两系人马之外的中间派力量。

1911年8月10日，《南洋总汇新报》指出，奕劻所谓的大政方针，不过是整顿财政、振兴实业两事，而这是众所周知的，奕劻并不能详细提出救国之方略。其实，奕劻整顿财政、振兴实业的施政纲领，在当时情况下，是让清政府实行平稳过渡的较优方案。清末政府财政困窘已极，并不能同时进行新政诸项举措。奕劻的施政纲领，侧重振兴实业，充裕财源，若能顺利实现，解决清政府的财政问题，那么，其他新政举措的推行便有了基础。不过，清政府已无更多时间去实践奕劻的施政大纲了。

辛亥革命爆发后，资政院明确反对宗室王公当权。宣统三年九月初八日（1911年10月29日），资政院大多数议员同意奏请罢免亲贵，另组责任内阁。

资政院罢免亲贵另组内阁的奏陈，一方面以世界通例发议，称："皇族不组织内阁，为君主立宪国唯一之原则"，而清朝"改设内阁，变旧内阁之官制而另定官制，改军机处之旧名而另立新名，其为实行宪政特设之机关，固天下臣民所共见。而第一次组织内阁之总理，适与立宪国之原则相违反"。在言语之间，资政院仍以皇室、皇族为尊："内阁为皇族所组织，皇族缘内阁而推倒，使臣民之心理忘皇族之尊严，君主之神圣恐不免因之小损。臣等并非谓

---

① 《宪政编查馆会议政务处会奏拟定内阁官制并暂行章程折（附清单二）》，宣统三年四月初十日（1911年5月8日），《清末筹备立宪档案史料》，上册，第562、564页。

皇族必无组织内阁之能力，亦非谓皇族必有行政丛脞之堪虞，第以皇族内阁与立宪政体有不能相容之性质。"① 另一方面，资政院的奏折又从清朝任用宗室王公笼络与提防并存的传统入手，声称亲王不假事权为清朝定制，建议罢免亲贵，以符祖制。

迫于辛亥革命爆发的压力，清政府急于收拢立宪派人心，故而此时清政府立即顺应资政院之奏请，于宣统三年九月初九日（10月30日）颁布上谕，承认懿亲执政，与立宪各国通例不符，也与清朝"不令亲贵干预朝政"的定制、祖训不符，声称："本年设立内阁，仍令王公等充国务大臣，原属一时权宜之计，朝廷本无所容心。"于是，清政府同意"不再以亲贵充国务大臣，并将内阁办事暂行章程撤销，以符宪政而立国本"，并称"一俟事机稍定，简贤得人，即令组织完全内阁"。② 故而在九月初十日（10月31日）即有王公不再趋公。九月十一日（11月1日），王公国务大臣们纷纷请辞。至此，成立不及半年的"皇族内阁"，即宣告瓦解。

小　结

20世纪，民主革命的浪潮已经席卷世界。1900年起，宗室王公陆续有出洋游历者，对世界大势有所认识。日俄战争后，君主立宪优胜于君主专制之说，充盈中国上下，不仅立宪派有所倡议，清政府内部地方督抚也有所建言。作为清政府统治政权的核心，宗室王公群体，在时代的大潮流下，为挽救清政府的统治，支持清政府仿行君主立宪，对开启宪政改革确有推动作用。不过，虽然宗室王公群体支持清政府预备立宪，但在具体操作中却主张清政府速行宣布立宪、从缓实行。

---

① 《资政院总裁世续等奏请罢亲贵另组内阁折》，宣统三年九月初八日（1911年10月29日），《清末筹备立宪档案史料》，上册，第596页。
② 《宣统政纪》，卷62，《清实录》，第60册，第1152—1153页。

召开国会、设置责任内阁,这两个宪政改革题中应有之义,在光绪朝的宪政改革中并未涉及。宣统年间,立宪派先后组织三次国会请愿运动,要求速开国会。宗室王公在召开国会问题上大致分为缓开、速开两种不同态度。其中,主张国会缓开的宗室王公不仅有庆亲王奕劻,还有贝勒毓朗、醇亲王载沣。以往研究中常被认为支持速开国会的宗室王公毓朗,事实上对召开国会也持从缓、保留态度;而摄政王载沣,也并非一味支持,而是游移观望,倾向于缓开。支持速开国会的宗室王公,则以资政院议长溥伦为首,载涛、载洵、载泽、善耆等宗室王公均在其列。第三次国会请愿运动中,又有为数众多的地方督抚奏请清政府开国会、设内阁。最终,在两派势力的相互作用下,清政府决定缩短年限,定于宣统五年召开国会,并于宣统三年组建责任内阁。宗室王公群体的速开派,在清政府缩短预备立宪年限上,起到推动作用。

出于维护君权和自身权势的考虑,在宣统三年内阁官制的议定过程中,围绕阁权、行政权、军权、财政权等权力的分配,宗室王公又分为三派,展开政争。不过,宗室王公在维护君权最大化问题上是一致的。宗室王公参与议定的责任内阁,在制度上明显呈现出尊君权、抑阁权的特点,并规定行政权与军权分离,军咨府独立于内阁之外,在人事上则明显重用皇族。虽然宗室王公某种程度上推动了清政府宪政改革的进程,设立了第一届责任内阁,但是此内阁具有鲜明的皇族特色,又显示出清政府不愿让权于民的意愿。因此,立宪派及主张设立责任内阁的地方督抚对清政府的宪政改革极为失望。在辛亥革命爆发时,资政院中的立宪派,集体要求罢免亲贵,另立内阁。在野立宪派则选择与革命派联合,共同反对清政府,地方督抚也与清政府离心离德。

宗室王公支持仿行君主立宪制,根本上就与立宪派不同。宗室王公虽然支持清政府仿行君主立宪,但并不甘于完全让权于民。他们所仿行的宪政是以日本君主立宪政体为蓝本,让渡小部分权力,最大化保障君权。这与立宪派支持君主立宪、制定宪法限制君权保障民权的设想,表面上一致,本质则不同。宗室王公虽积极参与并助推清政府的宪政改革,但在此过程中,由于自身的利益诉求,加之权力之争,实际又阻碍了清政府的进一步政治革新。

第五章　宗室王公与满汉权力格局变迁

清末，在革命派大力宣传满汉不平等、进行民族革命的大背景下，满汉矛盾尤为凸显。为平息满汉矛盾，清政府下令群臣建言平满汉畛域，并推行了一些平满汉畛域之策。宗室王公集权、清末满汉关系都是清史研究的核心与重点，成果丰硕。不过学界对宗室王公集权的研究，大多将其视为一个独立事件，考察其中的权力斗争。清末满汉关系的研究，以往学界多从辛亥革命史的角度，关注革命派的"反满"问题。近年来，研究者渐从统治阶层入手研究，侧重考察清政府平满汉畛域的原因、举措及影响。实际上，宗室王公集权与清政府平满汉畛域及中央集权都密切相关。清政府的平满汉畛域政策在实际执行过程中，不仅存在先行研究指出的"地方平而政权中枢不平"①之局面，笔者发现还存在平满汉畛域不平宗室王公特权的局面。

宗室王公在清末平满汉畛域的过程中颇有建言并有所筹措，一些王公关于平满汉畛域的建言和举措甚为激进。宗室王公支持清政府推行平满汉畛域，但又在满汉平权的过程中群体集权，试图改变满汉权力格局。清政府平满汉畛域，本欲改变满汉不平等、化除满汉矛盾。然而，宗室王公却借此专注于改变清中叶以来形成的中央、地方权力格局中"内轻外重"②之势。在平满汉畛域过程中，借中央各部尚书、侍郎用人不分满汉的新制，宗室王公联袂而

---

① 迟云飞：《清末最后十年的平满汉畛域问题》，《近代史研究》，2001年第5期。
② 关于晚清中央与地方关系的研究，学术界已有众多成果。占据主导地位的学术观点为咸同以后，"督抚专政""外重内轻"。近年，李细珠提出清末最后十余年，地方督抚的权力和中央政府的关系又有了新变化，中央和地方呈现出"内外皆轻"的权力格局。李细珠指出，在中央政府收束地方督抚的权力方面，最重要的是军事权和财政权，其他还有司法权、外交权、人事权、行政权等等。其中，军权的收拢，是从统一新军军制、统一新军编练与统率权、集权皇族亲贵三方面进行的。李细珠：《清末新政与地方督抚权力的演变——兼论"内外皆轻"权力格局的形成》，《清史研究》，2012年第3期。

出，担任清末新设中央行政机构的首脑，从而形成了满汉权力新格局。宗室王公在平满汉畛域的过程中，将中央行政、军政大权集于己手，反而加剧了满汉矛盾。

第一节 平畛域试撼旧格局

清初"太祖肇基东土，国俗淳壹，事简职专，置八旗总管大臣、佐管大臣董统军旅，置议政五大臣、理事十大臣厘治政刑，任用者止亲贵数臣，官称职立，人称官置，兴也勃焉"①。在最初的满汉权力格局中，满族亲贵占据绝对优势。但"大抵中叶以前，开疆拓宇，功多成于满人。中叶以后，拨剧整乱，功多成于汉人"②。清中期后，借由镇压太平天国运动，汉人督抚逐渐兴起，清政府之满汉权力格局发生了改变。

满汉权力格局的变迁与中央、地方权力格局的变动息息相关。中央集权是中国统一多民族国家的政治遗产之一。从秦汉开启大一统王朝起，历代对中央集权的巩固均有所增益，至清朝设立军机处，军机大臣"跪受笔录"，君主"乾纲独断"，中央集权达于顶峰。通过镇压太平天国运动，地方督抚势力的崛起，打破了这一局面。至庚子事变期间，东南汉族督抚，将慈禧宣战之上谕视为矫诏，拒绝奉命。此时，中央、地方权力格局"外重内轻"达于极点。然而，清政府从未放弃中央集权这一政治传统，不断通过统一财权、军权来加强中央集权。

以满汉权力格局而言，在1906年前，中央六部因分为满汉两套班子，从形式上看满汉大致平权。军机处虽长期由宗室王公担任首领，但总体而言，军机大臣中满汉大致均势。宗室王公在其中并无明显优势，时人甚至认为同治初年，宗室王公"枢府惩羹吹齑，宗室世爵率遭摒弃"，庚子以前则"除

---

① 《清史稿》，卷114，志89，第3263页。
② 《清史稿》，卷114，志89，第3264页。

一二备位王公，如礼亲王，其余王公均坐耗廪禄，以尽余年"。① 而中央之外，地方汉族大臣的权势却不容忽视。地方督抚中，1861—1890年间，汉人总督人数占地方总督总数的74%，巡抚占80%。汉人在满汉权力格局中之比重，为清代所绝无仅有。②

1898年，慈禧发动戊戌政变，逐渐用满抑汉。戊戌政变后，针对清政府处决戊戌六君子，舆论对清政府的满汉政策、满汉权力格局多有质疑："外间浮言以诛乱皆属汉人，遂有朝廷内满外汉之意。"③ 对此，虽清政府称"朝廷执法岂有满汉歧视之理"，宣称"国家一秉大公，毫无成见"，④ 但不可否认的现象是：戊戌政变后，慈禧持续重用宗室王公。庚子期间，慈禧重用的宗室王公端王载漪、庄王载勋等颟顸揽权，联合满汉大臣中的守旧派，意欲借义和团运动打击异己，极端排外。庚子事变后，在列强的强烈要求下，这批王公或被赐死，或被革爵圈禁，已无从政机会。时人甚至指出，清末满汉权力格局的变化危及清王朝的存亡："本朝鉴元人之弊，满汉并重，不稍偏袒，故洪杨之乱，犹恃汉人为之荡平。迨戊戌以后，渐渐向用满人，摒抑汉人，乃不旋踵起辇毂，宗社几至为墟。"⑤ 不过，在清皇室眼中，东南督抚将宣战上谕视为矫诏，督抚权重、尾大不掉更危及宗社。为此，皇室选择继续任用皇室懿亲以集权中央。故而，在庚子后，慈禧依然重用宗室王公。但有所不同的是，庚子后宗室王公中的极端守旧派被扫荡一空，此时的宗室王公大都是支持清政府进行政治改革的改革派。庚子后，宗室王公的集权伴随着清末新政、预备立宪而展开。宪政改革应是清政府限制君权、让渡民权的过程，若要推动宪政改革，则国民平等，势必要满汉平权，故平满汉畛域是清末预备立宪应有之义。宗室王公群体在推动宪政改革过程中，对平满汉畛域多有建言和举措，同时又借平满汉畛域之机，在此过程中逐步集权。

学界对清政府平满汉畛域的举措已有所梳理，主要有以下几项：准许满汉通婚；取消满族在政治上的若干特权，任官不分满汉；准备将旗民编入普

---

① 《述德笔记》，《近代史资料》，总79号，第81页。
② 孙燕京：《急进与慢变：晚清以来社会变化的两种形态》，北京：商务印书馆，2011年，第21页。
③ 《德宗景皇帝实录》，卷428，第六册，《清实录》，第57册，第618页。
④ 《德宗景皇帝实录》，卷428，第六册，《清实录》，第57册，第619页。
⑤ 《忘山庐日记》，上册，第373页。

通民籍；司法同一；礼制同一；满汉官员统称臣。①在这些举措中，将旗民编入民籍，实质上是平满汉畛域中最关键、最基本之策。只有化旗为民，方能满汉一律，实现国民平等。但在清政府颁布的平满汉畛域诸项政策中，裁撤八旗、旗民合一的推行却是最缓慢的。宗室王公虽支持仿行君主立宪，也积极建言清政府平满汉畛域，不过对于平畛域的基础性步骤——裁撤八旗、化旗为民，他们却主张推宕从缓，徐图渐进。综观宗室王公在平满汉畛域过程中的建言与举措，不难发现，他们多以进行宪政改革为由，倡议平满汉畛域，但他们最积极争取的平畛域之策却是推行任官不分满汉。

一、慈禧当政期间宗室王公的平满汉畛域之策

1906 年，正值清政府决议是否仿行君主立宪制国家、进行宪政改革之际，即有宗室王公建言清政府推行平满汉畛域之策。是年初，贝子载振建议改革官制，提议各部堂官司员用人不分满汉。②8 月，镇国公载泽又为了扫除宪政改革障碍，建言清政府不分满汉畛域，推行任官不分满汉之制。当时清政府内部的反对立宪大臣，"又或有为满汉之说者，以为宪政既行，于满人利益有损耳"，以推行宪政将损害满人利益为由，反对清政府进行政治体制改革。若实行真正的宪政，凡为国民，权利义务平等，则必将损害作为特权阶层的满人之利益，力主立宪的载泽对此也无法否认。但是，为了消弭革命，抵御列强，宗室王公选择牺牲一般满人之利益以维护清皇室，保住君权。为此，在给慈禧太后呈递的奏请立宪密折中，载泽用不分满汉畛域之大利来反驳满人之私利。载泽指出，清末满汉权力格局与清初情形已大为不同。清初官缺之所以分满汉，又在各省设驻防旗营，是因为清朝以异族入主中原，汉人时有反侧，所以清政府要加以防范。然而，时至清末，经历清政府近三百年的统

---

① 迟云飞在《清末最后十年的平满汉畛域问题》一文中总结出前四项，迟云飞：《清末最后十年的平满汉畛域问题》，《近代史研究》，2001 年第 5 期。李细珠在《地方督抚平满汉畛域思想与清政府满汉政策的新变化》一文中又添补了后两项，载《地方督抚与清末新政：晚清权力格局再研究》，第 346—352 页。

② 《瞿鸿禨朋僚书牍选（下）》，《近代史资料》，总 109 号，第 60 页。

治，尤其在历经太平天国、捻军起义等事件后，清政府平定农民起义所倚仗的将帅兵卒已经以汉人居多。载泽据此宣称，满汉之间"无界限可言"。他又指出，清末政府推行的满汉联姻，裁撤织造、副都统等职务委用汉人等项举措，已进一步消除了满汉差异。故而，载泽认为"方今列强逼迫，合中国全体之力，尚不足以御之，岂有四海一家，自分畛域之理"①，建议清政府不分满汉畛域。载泽为了打消清政府关于推行宪政将损害满人利益的疑虑，极力陈说外患深重，清政府必须不分满汉畛域，合全国之力以抵御外侮。为了体现清政府不分畛域，载泽还建议官缺不分满汉，"择贤而任，择能而使"，满人如果的确有贤能，则"何患推选之不至，登进之无门"；如果满人的确没有才能，"则亦宜在屏弃之列"。差缺不分满汉，唯才是用，"正可激励人才，使之向上，获益更多"。而若仍有人计较满汉分缺，则为见识低下，载泽称之为"至于计较满汉之差缺，竞争权力之多寡，则所见甚卑，不知大体者也"。载泽认为用人不分满汉与清政府"盛衰兴废所关"，指责推行宪政将损害满人利益的说法是"守一隅之见，为拘挛之语"，"为满人谋一身一家之私，则亦不权轻重，不审大小之甚矣"。作为皇室懿亲，宗室王公自然支持清政府不分畛域，"为国家建万年久长之祚"。

1906年9月1日，清政府正式下令宣布预备立宪，随即从厘定官制入手进行宪政改革。经宗室王公参与编撰、总司核定的厘定官制折特别指出，中央官制内各部均设尚书一人、侍郎二人，不分满汉。清政府正式公布的丙午官制改革上谕，虽对诸王公大臣编撰的官制多加修改，但对各部只设一套尚侍班子、用人不分满汉的设计是肯定的。时任军机领袖的庆亲王奕劻，还主张进一步变通，将丙午官制改革中所定应设之资政院、审计院、军咨府、海军部的各项要职，"不必定以王公、贝勒、贝子充任首位，但有才具能胜各处总理之任者，不论满汉，一律奏请简派，以实行破除满汉界限"②，主张各部门切实任官不分满汉，不必全部简派宗室王公担任首脑。但是，在丙午官制改革的实际推行中，却并未真正实现不分满汉、"择贤而任，择能而使"：在中央任职的宗室王公并未离职；因裁汰冗员，王公在中央高层所占比例反而增高。

---

① 《奏请宣布立宪密折》，《辛亥革命》，第四册，第29页。
② 《庆邸实行满汉平权之意见》，《申报》，1907年9月3日，第四版。

时至1907年，革命党排满活动日甚，随着革命党人的各项暗杀活动日益增多，尤其是徐锡麟刺杀恩铭案后，日益激化的满汉矛盾已不容清政府忽视。宗室王公亦为此积极谋划。庆亲王奕劻面奏慈禧，建议密谕湖广总督张之洞、直隶总督袁世凯、两江总督端方等强势地方督抚条陈处理满汉关系办法。由于其他军机大臣与奕劻的意见不统一，奕劻关于密谕督抚条陈满汉办法之建言并未得到落实。① 随即，在光绪三十三年六月二十四日（1907年8月2日），湖北按察使梁鼎芬奏请明诏化除满汉界限，建议清政府饬令内外臣工各抒所见，以备采择。② 慈禧下令会议政务处议复，管理政务处之王大臣庆亲王奕劻早有令地方督抚条陈处理满汉矛盾之意，此时其余政务处诸臣亦均赞成。故而，光绪三十三年七月初二日（8月10日），清政府遂谕令臣工建言消除满汉畛域：

> 谕内阁，朕钦奉皇太后懿旨：我朝以仁厚开基，迄今二百余年，满汉臣民从无歧视。近来任用大小臣工，即将军、都统亦不分满汉，均已量材器使。朝廷一秉大公，当为天下所共信。际兹时事多艰，凡我臣民方宜各切忧危，同心挽救。岂可犹存成见，自相纷扰，不思联为一气，共保安全？现在满汉畛域，应如何全行化除，著内外各衙门各抒所见，将切实办法妥议具奏，即予施行。③

对于满汉臣民，虽然清政府依旧宣称从无歧视，但已无法继续无视日益严重的满汉矛盾了。此次清政府由上而下地征集建议，共收到三十多封奏折、条陈。建言囊括：变通旗务；划一满汉刑律、称谓、礼仪、官制、语言文字；切实推行满汉通婚等各方面。在这次大规模建言中，清宗室皇族也参与其中，并以推行宪政须化除满汉畛域为由，向清政府条陈平满汉之意见。光绪三十三年九月十六日（10月22日），奉恩将军文斌，宗室宝铭、延鸿，镇国将军溥侗等清宗室皇族，以"至今日预备立宪之时，若仍有种族名义之分，

---

① 《初二日谕旨之由来》，《盛京时报》，1907年8月16日，第二版。
② 《德宗景皇帝实录》，卷575，第八册，《清实录》，第59册，第616页。
③ 《光绪宣统两朝上谕档》，第33册，第133页。

恐于宪政之转机诸多阻碍"为由，条陈融和满汉并预筹京旗办法一折，从化除满汉畛域的形迹与根本两个层面展开论述。

清宗室皇族的条陈涉及化除满汉形迹者有三：其一，推行满汉通婚，"以混合血统，最为化种族猜嫌"；其二，各衙门删除满汉分缺，任官不分满汉；其三，旗人学习汉人，姓名并称。宗室条陈的化除满汉形迹之策，除了旗人学习汉人姓名并称外，其余两条宗室王公均支持，并已促使清政府将之付诸实践。早在光绪二十七年十二月二十三日（1902年2月1日），清政府即颁布上谕准许满汉通婚。在满汉通婚上，宗室王公走在了前列。庆亲王奕劻与汉族大臣孙宝琦结为姻亲，号称是亲贵中满汉通婚第一家。不过，需要指出的是，此段联姻在当时并未起到满汉联姻的示范作用。据孙宝琦之弟孙宝瑄记载，时人"或以我家与邸联婚为讥"，又或质问其"不涉于攀附权要之嫌乎"？可见，此次满汉联姻引人注目之处是庆亲王的权势，而非启发满汉联姻化合满汉之意。更有品性下流者受此启发，竟攀附权贵，甚或"昏夜饰美姬于纳诸宰相之门"[①]。宗室的另一项建议，各衙门删除满汉分缺、任官不分满汉，则早在1906年载泽建议清政府仿行君主立宪时，就已有涉及。丙午官制改革时，清政府即下令中央各部尚书、侍郎用人不分满汉。

然而，对于宗室条陈提出的化除满汉畛域根本之策，宗室王公内部却有所分歧。宗室条陈的"化除根本者六条"为：一、限期裁撤饷额、驻防。二、速行变通旗务，兴办各项实业，普及教育，统归督抚节制。三、设旗务善后局，综核旗务。京师设总理旗务善后衙门，各省各设分局，将原有之协领、参领等官一概不用，划归督抚督率，待十年善后届满，各旗务善后局再一律裁撤。四、裁撤旗籍以泯满汉界限。五、实行旗丁屯田，化旗为民。六、添设藩族，将蒙、回、藏编入，开办国会时，令藩族中可通中国语者有议员资格，概以满汉平等，无可歧视。[②] 化除根本者罗列六条，概括之，则前五条所陈请者俱为裁撤八旗，使旗、民无异之具体建言。裁撤八旗，将旗、民合一，

---

① 《忘山庐日记》，下册，第1158页。
② 文斌等：《为胪陈融合满汉预筹京旗办法各款管见呈文》，光绪三十三年九月十六日（1907年10月22日），一档馆藏，档号03-5620-020。当时报刊对此也多有报道，如《宗室条陈化除满汉之通论》，《申报》，1907年11月10日，第五版。

应是平满汉畛域的目标,只有彻底废除八旗制度,才能真正实现满汉平等。但在清政府推行平满汉畛域的过程中,裁撤八旗困难重重。① 宗室王公是清政府统治阶级的核心成员,对于裁撤八旗,意见有所分化,一派的主张与宗室条陈相类似,即主张着手进行裁旗,较为激进;另一派则主张先不裁撤,而是先筹八旗生计,徐徐图之。宗室王公中个别王公持较为激进的方式,建议着手归并八旗,如1906年初,贝子载振奏请改革官制,建议中央各部整齐划一,裁掉无用之闲散机构,还奏请对旗务、内廷官制也进行改革,提出将二十四旗归并为八旗,每旗只设一名都统,专任旗务,不得兼差。而内廷之三院则归并入内务府总管。② 载振的条陈内含有归并八旗、裁撤三院等事,慈禧并不同意。她在召见内务府大臣世续时,论及载振所递折件裁旗并院,实属紊乱,又在召见载振之父庆亲王奕劻时,对其面加申斥。归并八旗、裁撤三院之议最终作罢。③ 而另一派则主张从筹谋八旗生计入手,不能骤然裁撤。甚至有宗室王公无视清末日渐突出的满汉矛盾,认为满汉并无畛域,仅有旗、民之分。如贝勒毓朗,在招募巡警时,就以旗人"满蒙汉"皆具,没有畛域之分,并以为旗人筹谋生计为由,拒绝招募汉人。肃亲王善耆办理警政之初,有人劝其招募汉人以消畛域,当时协办警政的贝勒毓朗反驳道:"旗人满蒙汉皆具,且有回子、缅甸、高句丽、俄罗斯人,何谓畛域也?今旗人失饷,无以为生,徒要不分畛域之虚名另募,何如因利乘便之为得计也?"④ 以旗人生计困顿、本身即包括各民族之由,说服善耆拒绝接受招募汉人的建议。后又有人向毓朗建言招募汉人充当内城巡警,毓朗又以为旗人筹划谋生之计为借口,拒绝招募汉人,称:"庚子而后,八旗生计奇窘,巡警之额有限,除老病残疾外,尽以充之,犹虞不给。旗人习于弓马,奔走是其专长,又有底饷,虽少足以

---

① 迟云飞指出,裁撤八旗驻防的困难,除了统治者的决心外,客观上的大问题是旗民生计。旗民依赖钱粮生活,若不解决生计,终究还要靠国家财政供养,从而难以编入民籍,驻防也就难以裁撤。为筹八旗生计,清政府采取的举措是授田予旗民,令其归农。真正实行起来却很困难,对于清政府来说一缺乏资金,二缺乏土地。对于旗民来说,其长期不事生产,不愿接受。对于汉人来说,购田授旗,购田之资金、田亩是取之于汉,汉人也不满。故而筹旗民生计成效并不大。迟云飞:《清末十年的平满汉畛域问题》,《近代史研究》,2001年第5期。
② 《瞿鸿禨朋僚函稿选(下)》,《近代史资料》,第109号,第61页。
③ 《两宫不悦振贝子之条奏》,《申报》,1906年1月9日,第二版。
④ 《述德笔记》,《近代史资料》,总79号,第107页。

资其养生，化无用为有用，因势利导，未可更张也。或日后扩充外城，再议未晚。"①宗室王公中持八旗子弟本身包含满蒙汉各民族、并无畛域论者大有人在。八旗制度为清政府之祖制，旗民分治，旗人皆兵，不事生产，倚仗钱粮而生存的制度，已沿用二百余年。虽然清末旗兵不复为国家劲旅，但旗人与最高统治者同出一源，被清皇室视为根本。不到万不得已，清政府并无决心裁撤八旗。故而，在1907年前，清政府对旗务仅仅是略加变通而已，除派遣宗室王公督饬核实八旗兵丁、三令五申令各旗据实造册、请领钱粮不准虚冒外，毫无他策。

宗室王公围绕裁撤八旗形成的持不同政见的两派，最终以从缓派占上风。光绪三十三年七月初二日（1907年8月10日），清政府下令群臣建言化除满汉畛域之策后，臣僚建言中以裁撤八旗之议最多，连文斌、溥侗等清宗室皇族都建言裁撤八旗。既因受迫于革命排满的压力，又因统治阶级内部臣僚众口一词，大势所趋之下，清政府为维护皇室之统治、保住皇权，遂决定牺牲一般满人之特权。即便如此，清政府也并未立即明谕裁撤八旗，而是下令为裁撤八旗扫除障碍——授田予旗人耕种，令其归农，逐步化旗为民，以此作为裁撤八旗的基础。光绪三十三年八月十二日（9月19日），清政府下令各省督抚会同各将军、都统，查明驻防旗丁数目，"先尽核实该驻防原有马场庄田各产业，妥拟章程，分划区域，计口授地，责令耕种。其本无马厂庄田，暨有厂田而不敷安插者，饬令各地方官于驻防附近州县，俟农隙时，各以时价分购地亩，每年约按旗丁十分之一，或十数分之一，授给领种，逐渐推扩，世世执业，严禁典售。即以所授田亩之数，为裁撤口粮之准。裁停之饷，另款存储，听候拨用。该旗丁归农以后，所有丁粮词讼，统归有司治理，一切与齐民无异。"②然而，此谕旨公布后，不仅旗人反对，"颇闻各省驻防旗民，竟有痛哭流涕，群谋抵抗"③，汉人也反对、质疑，认为旗人屯田将与汉人争地。宗室王公中主张从缓裁撤八旗的庆亲王奕劻面奏慈禧，先饬令各省将军

---

① 《述德笔记》，《近代史资料》，总79号，第108页。
② 《光绪宣统两朝上谕档》，第33册，第196页。
③ 《论旗人生计亟宜另筹善法》，《申报》，1907年10月17日，第二版。

督抚，先行购地分给旗丁，以安其心，然后渐图裁撤旗丁口粮。① 宗室王公中虽然有个别持论激进者，但类似庆亲王这样老成持重者，不仅害怕旗人屯田与汉人争地会加剧满汉矛盾，更害怕裁撤八旗会引发旗人恐慌，进而引起社会动荡。兼之宗室王公长期担任八旗都统、值年旗大臣、各旗族长、翼长等八旗上层官员，利益盘根错节；其下层之旗丁唯知倚仗钱粮生存，毫无其他谋生技能。故而，裁旗之议一有传闻，八旗上下皆反对。并且，一旦骤然裁撤八旗，将滋生大批毫无生计之游民，若一般旗人因顿失生计起而造反，对清政府来说，不啻后院起火。故而，虽清政府明知裁撤八旗为化除满汉畛域的根本之策，但在倚重从缓派的慈禧太后主持下，裁撤八旗却甚难推行。最终清政府为了让旗人"尽释疑惧"，接受庆亲王奕劻之建议，于八月二十三日（9月30日）颁布上谕，令各地将军督抚"先筹地亩，妥为安插，然后按照受地旗丁分数，徐为裁撤口粮之计，并非操切从事"②。

虽在慈禧当政期间，亦有个别宗室王公建言对旗务进行较为彻底的改革，但慈禧太后并未采纳。慈禧当政时期，宗室王公所参与的变通旗务举措，仅为核实旗丁数目、减成发放钱粮，以减轻清政府财政负担，促进宗室八旗子弟自立而已。1906年前后，宗室王公为挽救清政府的统治，群体支持清政府仿行君主立宪，推动清政府宪政改革的开启。③ 在推动宪政改革的过程中，他们为了保住清皇室的统治权，决定牺牲一般旗人的部分特权，以缓和满汉矛盾、推动宪政改革。然而，同样出于巩固皇权的目的，他们并不主张可能诱发社会动荡的急剧改革，而主张渐进式改革，以实现政局平稳过渡。故而，在慈禧当政时期，宗室王公所进行的平满汉畛域举措，并非以裁撤八旗为主，而是以平畛域为名，推行任官不分满汉。载沣当政后，按照预备立宪逐年筹备诸事计划，设立变通旗制处，但就整个宗室王公群体来说，他们对宪政改革持从缓态度，力求平稳过渡，并不主张骤然裁撤八旗。宗室王公所支持的化除根本之策，仅仅在于促进旗人自立、变通旗务而已。他们所积极推进的，是化除满汉形迹之策，而落实最切实的，是推行任官不分满汉。

---

① 《政府会议裁撤驻防之办法》，《申报》，1907年10月9日，第三版。
② 《光绪宣统两朝上谕档》，第33册，第198页。
③ 关于宗室王公与预备立宪的关系，笔者在第四章已经论述，在此不再赘述。

二、宣统朝宗室王公的平满汉畛域举措

迟云飞认为宣统年间，平满汉畛域的改革有停顿的迹象。① 不过，就宗室王公群体而言，他们在宣统朝还是继续推行平满汉畛域主张的。载沣当政后，下令按照逐年筹备立宪事项，设立变通旗制处，并任用宗室王公进行管理。宗室王公对变通旗制，改变原来旗人皆兵、不事生产之局面，虽有所尝试，但仅仅是从促进旗人自立入手，并未从根本改变。宣统朝，宗室王公除了入值变通旗制处外，还推动清政府进行了一些其他化除满汉形迹的改革，例如满汉大臣奏事一律称臣。宗室王公最支持的平满汉畛域举措，依然是任官不分满汉。更多宗室王公借由用人不分满汉，出任清政府新设机构的首脑，撼动了咸同以来所形成的满汉权力格局。

（一）设立变通旗制处

光绪三十四年十一月二十四日（1908年12月17日），载沣当政后，即下谕旨设变通旗制处：

> 宪政编查馆奏定逐年筹备事宜，关系重要，将来颁布钦定宪法，并颁布召集议员之诏，全视乎此。是以朕登极后，特申告诫，期于迅速图功，以慰薄海臣民之望。兹据军机处王大臣奏请设立变通旗制处，自应简派大员，专司其事。著即派贝子溥伦，镇国公载泽，大学士那桐，侍郎宝熙、熙彦、达寿，总司变通旗制处，会同军机大臣办理。该大臣等务当即行开办，毋稍迁延。其余本年应行筹办之事，各该衙门著一律按照单开各节，迅速举办，以副朕孜孜图治实事求是之至意。②

变通旗制处所派遣的大臣均为满族尚书、侍郎以上之高官，其中还包含贝子溥伦、镇国公载泽两名宗室王公。此外，载沣还下令变通旗制处诸臣会同军机大臣一同办理，足见他对变通旗制之慎重。变通旗制处本为清政府预

---

① 迟云飞：《清末预备立宪研究》，北京：中国社会科学出版社，2013年，第400页。
② 《光绪宣统两朝上谕档》，第34册，第287页。

备立宪逐年筹备事宜之一，是清政府推行宪政改革的诸多举措之一。宗室王公在变通旗务处，本应将满人的特权取消，以实行满汉平等，化除满汉矛盾。然而，宗室王公在此过程中，奉行徐图渐进之策，在处理变通旗务的具体措施时，往往只同意筹谋旗人生计之策，对可能激起旗人疑虑的举措，或不同意举办，或推脱延宕、从缓举行。宗室王公执掌的变通旗制处所推行的平满汉畛域之策，并未实现满汉平权。

摄政王载沣对设立变通旗制处寄望甚高，面谕大臣设立旗制处是为了融和满汉、辅助宪政，并非专为旗人筹谋生计。载沣认为旗制处诸王公大臣们仅仅在筹备旗人生计、订立裁旗年限上出力，而不以"平政权、化意见"为首先之务，大负设立旗务处之本意。①然而，光绪三十四年十二月初四日（1908年12月26日）的一道上谕表明，载沣为了安抚旗人，宣示变通旗制处的宗旨是筹备旗人自立之计："变通应改之制度，尽力妥筹教养之方及一切生计，总期自强自立之意。"他谕令筹办变通旗制处王大臣等，将旗人"所有钱粮兵饷，仍均照常，毋使八旗人等妄生疑虑"。②变通旗制，如果侧重融合满汉、辅助宪政，则必须裁撤八旗，使旗人和汉人权利、义务平等。但骤然裁撤八旗，对于在八旗制度下不事生产、以兵为职的旗人来说，将顿失生计，势必滋生大批贫民、游民，不利于清政府统治。更严重的是，若骤然裁撤八旗，旗人生活无着，起而造反，清政府则背腹受敌，既遭排满革命党人之攻击，又遭八旗兵丁的攻击。故而，主持变通旗务的宗室王公为了实现平稳过渡，大多赞同先筹备八旗生计，再徐图裁撤八旗的办法。

虽然在1908年12月17日清政府下令即行开办变通旗制处，但变通旗制的宗室王公、大臣却延宕至宣统元年八月十九日（1909年10月2日）方才上奏遴派提调折、由部拨给办公经费片、刊刻木质关防片，③实际上筹划了近一年时间才最终成立。不仅筹划进展缓慢，变通旗务处的宗室王公、大臣们在筹议变通旗务上，也主张徐徐而变。诸军机及旗制处王大臣迭次商议改变各项旗制之法，其中军机大臣那桐拟将汉军各旗先行查确户口，使之与民籍融

---

① 《摄政王融合满汉之伟议》，《广益丛报》，1910年，第236期，第1页。
② 《宣统政纪》，卷4，《清实录》，第60册，第65页。
③ 《光绪宣统两朝上谕档》，第35册，第364页。

和，以此为裁旗入手办法。变通旗制处各王公大臣对此均赞成。① 庆亲王奕劻也主张循序渐进，仿效九年预备立宪之法，分九年陆续办理变通旗制，先将旗人之教育、财政、学务各方面变通，待之足够自立后再予以裁撤八旗。②

变通旗制处的宗室王公、大臣们秉持徐图渐进之策，在处理变通旗务的具体措施时，往往只同意筹谋旗人生计之策，对可能激起旗人疑虑的举措，则能拖就拖，或干脆不同意举办。宣统元年十二月十七日（1910年1月27日），变通旗制处议复归化城副都统三多、内阁侍读学士延昌、东三省总督锡良等人所奏请的变通旗制诸项建言。旗制处同意举办之举为：多立手工学校以培养旗人谋生之能；将旗人移居民城，受廛服贾；设置变通旗制咨议官。至于其他举措，如锡良所建议的奉天旗官出缺不补，逐渐将满汉关系变通，本是裁撤旗制的渐变之策，但变通旗制处诸王公大臣依然不赞同，认为"东三省旗缺较多，如吉林之赫哲，黑龙江之鄂伦春、额鲁特、巴尔虎等部旗官，首领即为部长，难以遽准停补。此外，各缺定例皆有职掌，停补以后有无窒碍，均须逐查明确再行核办"③。由于惧怕引起旗人中的少数民族部落反侧，变通旗制处的宗室王公、大臣们都主张以稳妥为主，逐项查明停缺不补的利弊后，再核实办理。变通旗制处所议复的建议，均得载沣获准依议。④ 变通旗制处的宗室王公、大臣以求稳为上，变通旗制处的举措，往往先经过臣僚反复再三提出，而后再由旗制处派人赴各地调查核实，而后方才推行。例如关于特派专员调查旗人户口的建议，旗制处诸王公大臣起初认为"太过烦扰，论以毋庸再议"⑤。其后，变通旗制处不断收到派专员核查旗人人口之建言。几经商议后，变通旗制处方于1911年决定设立旗民户口调查处，派专员会同佐领调查人口，待造册查竣，再筹款设立八旗工厂以筹旗人生计。⑥

如何改变原来旗人皆兵、不事生产之局面，在宣统朝，宗室王公虽有所尝试，但也仅仅是从促进旗人自立入手，并未从根本改变。此阶段，宗室王

---

① 《那相与旗籍》，《广益丛报》，1909年，第210期，第2页。
② 《庆邸变通旗制之意见》，《大同报》，1908年，第十卷，第9期，第28页。
③ 《宣统政纪》，卷28，《清实录》，第60册，第506页。
④ 《光绪宣统两朝上谕档》，第35册，第516页。
⑤ 《光绪宣统两朝上谕档》，第35册，第516页。
⑥ 《京师近事》，《申报》，1911年8月20日，第七版。

公除入值变通旗制处、推行一些改革旗务之举措外,还推动清政府进行一些化除满汉形迹的改革,例如满汉大臣奏事一律称臣等。

(二)满汉大臣奏事一律称臣

对于满汉称谓,宗室王公也试图进行改变。其实早在1906年,端方、载泽等人出洋考察政治归来,即有提倡改定名称之议。但当时慈禧当政,参与复议的大臣则一概论以祖制不敢轻易更改,满汉大员称谓统一之事遂作罢。1907年,宗室条陈化除满汉畛域之策时,又以统一满汉大臣称谓为化除形迹的三种办法之一,建议满人仿行汉人姓与名并称。不过在光绪朝,此建言因涉及祖制,当政之慈禧太后并未同意。

载沣当政后,宗室王公中镇国公载泽首先向载沣建议满族官员自称奴才不合体制,且事关满汉界限,请一律称臣。① 宣统二年正月二十八日(1910年3月9日),郡王衔贝勒载洵又领衔奏请永革"奴才"称谓。载洵指出满汉文武官员在奏事时,各有称谓,"乃查近日折奏衔名,满蒙仍称奴才,汉文官则称臣,武官又称奴才",满汉文武大臣同为清政府臣僚,本是"同戴一尊",但却称谓不一,"称名各异"。载洵认为"我国家大同之盛,岂宜有此",建议统一满汉文武大臣的奏事称谓。载洵的奏折从四个方面分析了废"奴才"、统一满汉称谓的必要性和重要性。首先,从名分定忠孝入手,提出"窃惟君前臣名,父前子名,此中国教忠教孝之常经,为亘古所不易。故凡为臣子者,莫不具有忠君孝亲之忱,盖其名正而其分定也";其次,认为"奴才"是满语"阿哈"的误译,实为"臣下"之意,"考我朝国语有阿哈二音,原其义意即为臣下,误译为奴才二字,以臣工而称奴才。经传既未概见,名词亦不雅驯";接着搬出祖制:"恭读乾隆三十八年十一月戊申上谕……嗣后凡内外满汉诸臣会奏公事均著一体称臣,以昭画一,著为令等因,钦此。煌煌圣训,覆载无私,万世臣民,所宜共懔",以祖制的权威来说明统一满汉称谓的必要性;最后,又联系清末进行宪政改革的时代背景,提出,"方今屡奉明诏,预备立宪,官制既宜重订,满汉方期融合,而文武并重之制,亦经奉旨申明,

---

① 《泽公请饬满员称臣》,《大同报》,1908年,第九卷,第11期,第32页。

独于折奏衔名显有区别，上失国家教忠之旨，下启臣民轻重之心，非所宜尊朝廷而崇体制也"，建议清政府永革奴才称谓，下令满汉文武大臣奏事一律自称为臣，如此，"满汉之畛域既除，文武之阶级自泯"。①

应宗室王公请求，清政府于宣统二年正月二十九日（1910年3月10日）颁布上谕：

> 君臣为千古定名。我朝满汉文武诸臣，有称臣、称奴才之分，因系旧习相沿，以致名称各异。恭读高宗纯皇帝谕旨：奴才即仆，仆即臣，本属一体，嗣后凡内外满汉诸臣会奏公事，均著一体称臣等因。钦此。祖训煌煌，允宜遵守。况当此预备立宪时代，尤宜化除成见，悉泯异同。嗣后内外满汉文武诸臣陈奏事件，著一律称臣，以昭画一，而示大同。②

虽然清政府此谕旨承认处于预备立宪时代，适宜化除满汉成见，但又将统一满汉大臣称谓归因于遵循祖制，称满汉文武大臣会奏公事一律称臣，乃遵守乾隆皇帝之祖训。然而，满汉文武大臣奏事一律称臣之旨颁发次日，宣统二年二月初一日（1910年3月11日），军机处交给陆军部的谕旨又称："嗣后武职各员引见口奏履历，仿文职例，应称臣者称臣，不应称臣者称名，满员仍称阿哈。钦此。相应传知贵部钦遵可也。"③虽然载洵辩解阿哈即满语臣下，并非以往误译之奴才，但武职满员仍称阿哈，与汉员依旧有别。由此可见，宣统朝宗室王公倡议的满汉大臣称谓统一的实践，最终结果是文官统一，而武官不统一。文职满汉大臣奏事一律称臣之端虽开，武职满汉官员却依旧有别。

（三）用人不分满汉

早在光绪朝，宗室王公中就不乏推动用人不分满汉者。光绪三十一年七

---

① 《海军部大臣载洵等奏请谕内外满汉文武诸臣陈奏事件一体称臣永革奴才称谓事》，一档馆藏，宣统元年正月二十八日（1909年2月18日），档号04-01-02-0013-007。
② 《光绪宣统两朝上谕档》，第36册，第26页。
③ 《光绪宣统两朝上谕档》，第36册，第28页。

月二十四日以庆亲王奕劻为首的政务处议准四事，其中之一即为京内外文武各员不分满汉一律简用。①1906 年，镇国公载泽也在其密折中向清政府陈说，化除满汉畛域、用人不分满汉。清政府颁布的丙午官制改革上谕中，也特别指出中央官制内，各部均设尚书一人、侍郎二人，不分满汉。因清政府早有用人不分满汉之举措，故而在光绪三十三年七月初二日（1907 年 8 月 10 日）关于下令群臣对化除满汉畛域进行建言的上谕中，即称："近来任用大小臣工，即将军、都统亦不分满汉，均已量材器使。"②时任军机领袖之庆亲王奕劻还主张变通官制改革草案，将丙午官制改革中所定应设之资政院、审计院、军咨府、海军部的各项要职，不必全部简派宗室王公为首位，以切实推行任官不分满汉。然而，奕劻的主张并没有被采纳。宣统朝陆续设立的资政院、海军部、军咨府等部门，无一不简派宗室王公担任首位。

宣统朝，摄政王载沣也大力支持用人不分满汉。他在召见大臣时称："本王自摄政以来，简放京外人员各缺，系量才授任，并无成见，尤不愿显分满汉，此后简放京外各缺，勿论满汉，择其有才者即可畀以重任，日久满汉之畛域自当化除。"③载沣支持用人不分满汉，对于满汉官员中因丁忧而开缺的，亦采取满汉一致。宣统元年闰二月初四日（1909 年 3 月 25 日），载沣同意画一满汉丁忧服制礼仪，又下令"嗣后内外各衙门丁忧人员，无论满汉，一律离任终制"④。旗籍御史常徽，趁宣统朝载沣下令大开言路之机，屡次上奏建言将京官四品以上悉用满人。载沣本欲对其加以谴责，重申用人不分满汉之策，但是又恐怕因此阻塞言路，最终便将原折留中。⑤也有报道称，"某御史奏汉员党国，党祸弥滋，请三品以上勿用汉人"⑥。这些建议压制汉人、重用满人的奏折都被载沣留中不发。肃亲王善耆亦是宗室王公中用人不分满汉的践行者。1911 年，载沣在召见新任理藩大臣的善耆时，以理藩部如何整顿相询，

---

① 《近代中国国内外大事记》，《近代中国史料丛刊续编》，第 661 册，第 141 页。其他三事为：州县官不准互调；用人因材器使，不拘资格；扫除官场繁文缛节。
② 《光绪宣统两朝上谕档》，第 33 册，第 133 页。
③ 《监国化除满汉之政见》，《大同报》，1911 年，第十六卷，第 6 期，第 31 页。
④ 《光绪宣统两朝上谕档》，第 35 册，第 88 页。
⑤ 《常侍御排汉之奇想》，《广益丛报》，1909 年，第 194 期，第 2 页。
⑥ 《严分满汉之折留中》，《大同报》，1909 年，第十一卷，第 7 期，第 30 页。

善耆即对以"满汉不分畛域已见明谕,理藩部亦不能格于成例录用满员,此后如有汉员熟悉蒙藏各部情势者,当一律调用"①。宗室王公中的少壮派,在其下属官员的选用上,也积极支持用人不分满汉。镇国公载泽执掌度支部,倾向于任用留学生,被认为是"倚任东洋留学生"②。宗室王公训练禁卫军,任官选将也并非唯满是用,如汉人恽宝惠就被贝勒载涛等人委任为禁卫军一等书记官③。禁卫军的军官,载涛也倾向于选用留日士官学校毕业生。载涛还"颇持锐进主事,并延访通材"④,为此他联络雷奋、孟昭常、汪荣宝等留学日本的资政院议员,向他们请教宪政知识,并在第三次国会请愿运动中,支持这些立宪派,主张速开国会。据汪荣宝的日记所载,宗室王公中善耆、溥伦、载泽等人,也与这些有留日背景的汉族臣僚来往密切,常常与之商议预备立宪事宜。

任官、用人不分满汉,是宗室王公最积极支持的平满汉畛域之策。但在推行过程中,此项举措并非真正实现了满汉平等,而是为宗室王公集权大开方便之门。丙午官制改革后,宗室王公在中央行政机构高层中逐渐占据数量优势。此后,清政府又借由用人不分满汉,简派宗室王公出任中央行政部门首脑,重用宗室王公以达到集权的目的。对于宗室王公集权,舆论纷纷非议。而摄政王载沣却仍以用人不分满汉、量才授任为借口,继续大量任用宗室王公,虽然对舆论非议王公集权有所听闻,但载沣不但不引以为戒,反而为王公集权辩护。载沣当政之初,听闻外间传言清政府简派之亲贵大臣中有不明大义者,兼之言官弹章屡上弹劾奕劻等王公,但载沣仅仅"传见某邸、某贝勒,痛言时事艰难,凡我亲贵大臣宜如何秉公执政,以副民望"⑤,并未因此罢黜从政之宗室王公。1911年,舆论又因清政府简派载泽、溥伦两王公充当纂拟宪法大臣有所非议,认为应该设汉族大臣以副之,若纯用一二亲贵执掌,"实与宪法为立宪国君民共守之义不合"。载沣得知后,非但未从中看出社会对宗室王公集权积怨已久,从而顺从民意任用汉族大臣,反而标榜自己用人

---

① 《肃邸治藩新政策》,《申报》,1911 年 8 月 28 日,第三版。
② 《恽毓鼎澄斋日记》,第 2 册,第 567 页。
③ 《恽毓鼎澄斋日记》,第 2 册,第 420 页。
④ 《汪荣宝日记》,第 199 页。
⑤ 《摄政王告诫亲贵》,《大同报》,1909 年,第十一卷,第 22 期,第 29—30 页。

行政一秉大公，自称重用之亲贵是量能授职，因材器使。若亲贵确实无能，自然会随时撤换，但亲贵若有才可用，也坚决不为舆论所动，轻易更张。① 为此，载沣还指责言官参劾亲贵"每多捉风捕影，自博名誉，其实逢迎朝旨，及妄逞臆见，以试揣度者，殊负朝廷广开言路之至意"，下令严禁此类弹劾。② 虽然醇亲王载沣标榜自己用人不分满汉、一秉大公，但因其当政后，任用了大量宗室王公的实情，时人指出"醇王承述父志，排斥汉人"③。

实际上，宗室王公在提携下属时的确多不分满汉。不过，他们用人不分满汉，是以王公自身出任中央行政部门首脑为前提的。如庆亲王奕劻之子、时任商部尚书的贝子载振提出，"各部堂司职员，请照外、商二部办法，各缺均不分满汉"。但宗室王公中"王、贝勒、公等，均应娴习吏事。嗣后各部尚书、侍郎，拟请一律简授，以重责任。宗室、世职、章京，亦可令在各部学习行走，量材补授实官"。④ 故而，时人指出："自光绪末叶，宗室爵职任文阶之戏既倡，驯致亲贵争猎抚仕擅政。汉官言既憾满人排汉，满官更憾亲贵之排满。"⑤ 是以，宗室王公用人不分满汉的平满汉畛域之策，不仅使汉族官员不满意，满族官员也不满意。

综上所述，宗室王公在清末推行政治改革的过程中确实进行了一些平满汉畛域的举措，诸如推行满汉通婚、统一满汉官员称谓、用人不分满汉、促进八旗兵丁自立、促成变通旗制处成立等。但宗室王公让渡部分旗人的特权，是出于挽救清皇室统治危机的考虑，最终目的是为了保住君权，并非保障民权。宗室王公自身并没有推行宪政所需的民主、自由、平等等观念，也没有意识到身为皇族担任行政部门首脑进行集权会饱受朝野攻击。实际上，宗室王公在宪政改革的过程中，反而借推行平满汉畛域的一些举措，进行集权。

---

① 《监国大公用人》，《大同报》，1911年，第十四卷，第21期，第29页。
② 《摄政王用人之大公》，《广益丛报》，1910年，第236期，第1—2页。
③ 《恽毓鼎澄斋日记》，第576页。
④ 《瞿鸿禨朋僚书牍选（下）》，《近代史资料》，总109号，第60页。
⑤ 朱德裳：《三十年闻见录》，北京：中国社会科学出版社，2005年，第192—193页。

第二节　王公集权与中央集权：满汉权力新格局的形成

满汉权力格局，随着清政府宪政改革的推进而变迁。宗室王公在推行宪政改革的过程中，不管是主张激进还是缓行，实际都是支持清政府平满汉畛域。虽然宗室王公在平满汉畛域的过程中积极建言并践行，但不管是宗室王公还是一般宗室、满汉大臣，他们的平满汉畛域之策都是针对一般旗人。对于八旗制度下享受特权最多的宗室王公，因其"列在皇族"，故而不少王公、臣僚都建议应特别规定，清政府亦采纳其建议，是以清末平满汉畛域并不平王公特权。宗室王公虽支持推行用人不分满汉，但他们自身却享有从政特权，任职于中央行政部门的比例越来越大。宗室王公支持推行用人不分满汉，在其居首脑的部门，在选用下属官吏时，确也不分满汉，甚至不少王公对汉族臣僚更为信赖、倚重。但正如前揭，宗室王公支持满汉平权，只是针对一般旗人特权而言，对于皇权及皇室懿亲的特权，他们是断然不肯牺牲的。故而，宗室王公在平满汉畛域过程中，非但不平王公特权，反而以皇室懿亲之身份高居中央各机构首位。他们以平满汉之名，行集权之实，从而形成了新的满汉权力格局：中央权力集于宗室王公之手，打破了咸同以来中央满汉大体均势的局面；而地方权力并未完全打破汉多满少的局面。虽然清末在地方总督的任免上呈现出逐渐满多汉少的趋势，但总督与巡抚合计，依然是汉多满少。①

宪政的推行，需要让权于民，实现国民之间的权利平等。而清政府长期予以满人特权，在宪政改革中，势必需要改变先前首崇满洲之国策，平一满汉间的政治权力，化除满汉分歧，最终方能真正实现宪政。宗室王公支持仿行君主立宪，故而也鼓吹清政府平满汉畛域。在此过程中，他们虽大力推行用人不分满汉，但却借机跻身中央机构高位，进而借清政府推行中央集权，实现群体集权。

宗室王公集权又与清末中央集权相辅相成。先行研究已经指出，清政府

---

① 《地方督抚与清末新政：晚清权力格局再研究》，第42页。

在军事方面中央集权的结果,是最终把全国军权集中于皇族亲贵之手。①实际上,不唯军权,中央之财权、行政权等诸项权力,也最终集于宗室王公之手。清末的中央集权,最突出者为财政、军政两方面的集权。

财政集权方面,清政府主要委派宗室王公主持实施。前期由庆亲王奕劻等中枢大臣管理的整理财政处会同户部进行,后期改由度支部尚书、镇国公载泽负责主持。前期主持财政集权的宗室王公奕劻,早在庚辛之际,即指出"举凡善后应办之事甚多,如用人、理财诸大端"②。光绪二十九年三月十五日奕劻出任军机大臣后,三月二十五日,清政府即颁布上谕派遣其与瞿鸿禨会同户部整顿财政,称"从来立国之道,端在理财、用人,方今时局艰难,财用匮乏,国与民俱受其病,自非通盘筹划,因时制宜,安望财政日有起色"③?与奕劻施政理念契合的清政府上谕,更像是奕劻入值军机后向慈禧建言后发出的。而后期主持财政集权的载泽,1906年出洋考察政治之行到日本时,不仅聆听日本法学博士穗积八束关于日本帝国宪法的演讲,还专程聆听荒井讲演财政大要。④清政府财政的中央集权主要表现为:一、统一币制。慈禧派奕劻、瞿鸿禨等主持铸造银元,试图统一全国钱币。二、清理财政。1908年,清政府公布《清理财政章程》,并在各省设立清理财政局,勒令各省做出预算,按预算拨款,不经度支部允许,各省不得私自借款。清政府试图通过清查各省财政、编制预算,进而加强中央的财政权力。三、统一盐法。镇国公载泽倡议,而后由军机处各王大臣会同商议,制定出了统一各省盐政章程。时人评论执掌度支部的宗室王公载泽,称"载泽既管度支,建两大策:一设各省监理财政官,尽夺藩司之权;一设盐政处于京师,尽夺盐政盐运使之权,即所谓中央集权是也"⑤。在中央收拢财权的过程中,主持财政集权的最高官员又由宗室王公担任,形成了中央财权集中于宗室王公的现象。

军政集权从光绪朝到宣统朝一以贯之。光绪朝先后设立练兵处、陆军部,而后统一编练新军标准,宣统朝又先后设置军咨处、海军部、军咨府,继续

---

① 《地方督抚与清末新政:晚清权力格局再研究》,第375页。
② 《荣禄档》,第六册,《近代史所藏清代名人稿本抄本》,第一辑,第69册,第11页。
③ 《光绪宣统两朝上谕档》,第29册,第71页下。
④ 《记出洋考察政治大臣在日本情形》,《申报》,1906年2月2日,第三版。
⑤ 《琐记》,《国闻备乘》,卷四,第96页。

收拢军权。早在1906年丙午官制改革时，慈禧即下令"兵部著改为陆军部，以练兵处太仆寺并入。应行设立之海军部及军咨府，未设以前均暂归陆军部办理"①。可见海军部、军咨府在光绪朝即有计划。不过慈禧倚重老成持重者，也注意满汉协调，故光绪朝之陆军部掌权者为庆亲王奕劻、铁良、袁世凯，满汉参用。而到了宣统朝，载沣声称继承慈禧遗愿所复设之海军部、军咨处等机构，却任用胞弟载洵、载涛为首，大造收拢军权于少壮王公之势。

除了财权、军权，其他的中央部门也竭力从地方收权。农工商部尚书、宗室溥颋建言由中央派人到各省振兴实业。②肃亲王善耆为首的民政部也筹谋设立巡警道，统一地方警政。

在清政府中央集权的过程中，宗室王公因担任中央部门之首位，故而又形成中央权力集于宗室王公之手的局面。宗室王公集权与清末中央集权相联系，又伴随着清末新政开展、预备立宪推进而发展。从王公在部院大臣中的比例变化来看，甚至可以断言，如果没有丙午官制改革，没有中央官制改为各部尚书、侍郎用人不分满汉，那么，其实王公很难在部院大臣中占据数量优势，更遑论集权了。在慈禧当政末年，宗室王公即逐步进行集权。而宗室王公集权之势，鼎盛于载沣当政时期。

一、"权削四旁，厚集中央"：宣统朝宗室王公集权的过程

光绪三十四年十月二十七日（1908年11月20日），载沣借由宣统帝溥仪名义下谕，明确自己的职权："军国政事，均由监国摄政王裁定。是即代朕主持国政，黜陟赏罚，悉听监国摄政王裁度施行。自朕以下，均应恪遵遗命，一体服从"③，从此开启了载沣当政时代。十一月二十日（12月13日）内阁会议制定了《摄政王礼节总目》十六条，具体规定了监国摄政王的各项权力，进而避免了隆裕太后垂帘听政的现象发生。在载沣摄政的短短三年内，宗室

---

① 《光绪朝东华录》，第五册，第5579页。
② 《政府注重实业人才》，《广益丛报》，1910年，第240期，第2页。
③ 《宣统政纪》，卷1，《清实录》，第60册，第17页。

王公的权力，尤其是少壮派宗室王公的权力，急剧膨胀。

（一）驱除袁世凯

慈禧当政时已开始逐步收拢地方督抚权力于中央。当时的直隶总督、北洋大臣袁世凯，编练北洋六镇新军，渐成一支独大之势。为收拢兵权，削弱袁世凯势力，清政府创立练兵处，试图将北洋六镇收归中央掌控。后袁世凯上奏力争由他继续管理第二、第四镇，清政府的批复仅是"暂归该督训练"。据陶湘在《齐东野语》中披露，预备立宪期间，袁世凯欲督办东三省、河南、山东、直隶等省之练兵事宜，慈禧对此渐生防范之心，对奕劻透露"某臣如此，将何为"①？孙宝瑄在日记中也指出："袁项城积年为朝廷所倚重，权势熏炙，海内莫不侧目，而视政府亦几惮之。"②在袁世凯"权势熏炙"的情况下，"海内侧目"、"政府惮之"，为防止袁世凯权重一方、尾大不掉，清政府又于1907年丁未政潮后，将袁氏召入中枢，入值军机。论者皆以袁氏在权势上实乃"明升暗降"。袁世凯虽不再出任封疆大吏，转任军机大臣、外务部尚书，然而他"犹有虚声，足以震慑远迩"③。北洋军的军权名义上已统归陆军部，但"统制以下各级军官，都是袁旧部武备派旧人"④。

对于刚刚上台、急需建立统治权威的载沣来说，驱除袁世凯是其收拢中枢、军政大权的必经之途。故而载沣上台伊始，即于1909年1月2日，以袁世凯身患足疾为名，将其开缺回籍。关于载沣驱除袁世凯事件，学界已有较为详细的专论，这些研究或侧重于强调载沣驱除袁世凯的外交因素⑤，或综合

---

① 《辛亥革命前后》，《盛宣怀档案资料选辑之一》，第34页。
② 《忘山庐日记》，下册，第951页。
③ 《忘山庐日记》，下册，第951页。
④ 《北洋军阀的起源》，《北洋军阀史料选辑》，上册，第51页。
⑤ 崔志海在《摄政王载沣驱袁事件再研究》一文中认为，载沣驱袁事件的进展与外交团的关注密切相关，他认为，载沣没处死袁世凯，固然由于他个性优柔寡断，缺乏政治斗争经验，及慑于袁世凯的北洋势力，但同时与列强，尤其是美国的干涉有密切关系。载沣驱除袁世凯之消息传出后，美国公使柔克义即电告美国国务院，称之为满族官僚的"反动行为"，获得美国政府授权后，便积极策动各国驻华公使向清政府提出相似抗议。俄、日抵制，法、德也不倾向抗议，奥地利、意大利追随德国。柔克义与英国公使朱尔典一道照会抗议，前往外务部见奕劻，得到重新起用袁世凯的口头保证。崔志海：《摄政王载沣驱袁事件再研究》，《近代史研究》，2011年第6期。

各种因素，侧重强调载沣驱除袁世凯的历史必然性、时间的偶发性①。从清末满汉权力格局的形成观之，载沣驱除袁世凯，还是清政府中央集权的必然结果，亦是少壮派宗室王公逐渐集中兵权的必然步骤。其时，北洋军名义上虽属陆军部，实则忠于袁世凯，实际仍为袁世凯所掌控。罢黜掌控北洋军实权的袁世凯，正是集权的客观需要。

以足疾为由，将袁世凯罢黜的决定，是清政府中央高层各派系博弈之下的最终抉择。少壮派宗室王公主张严惩袁世凯以夺其权，肃亲王善耆极力主张严办袁氏，他向载沣进言："此时若不速作处置，则内外军政方面，皆是袁之党羽"，"在袁心目中已无人可以钳制他了，异日势力养成，消除更为不易，且恐祸在不测"。②而宗室王公中的老成派庆亲王奕劻，与袁世凯沆瀣一气多年，在载沣等少壮派王公欲严惩袁世凯时，出言反对，称"此事关系重大，请王爷再加审度"。军机大臣中满族大臣世续、汉族大臣张之洞也皆在载沣面前为袁世凯开脱。③另据王锡彤载，当时载沣本意不止将袁世凯罢官，汉族大臣张之洞、鹿传霖两人"百方调解，始得完全回里"④。然而，张之洞搭救袁世凯也许并非出于情谊深厚。袁氏甚至认为张之洞在政治上陷害自己，导致自己在国丧期间即被罢黜。袁世凯之子袁克文在《洹上私乘》中称："先公亦觉之洞之相倾陷，累思乞休，乃以顾命治丧之臣不可遽去，而百日未终，罢官之诏下矣。"⑤可见，张氏与袁氏交谊一般，此时与奕劻、世续、鹿传霖等人同声为袁氏缓颊，实际上有更深层次的政治考量，即联合清政府内部的老成派共同抵制少壮派亲贵急剧集权，以防止中央权力格局发生巨变。在清政府中枢高层中的老成派宗室王公、汉族大臣干预下，载沣将原来与少壮派拟定

---

① 李永胜认为，载沣驱除袁世凯的历史原因是袁氏戊戌政变时期的告密行为，再者载沣监国，袁氏权势之重对载沣的统治权威构成威胁，故而驱袁势在必然。罢黜袁世凯发生在慈禧、光绪大丧期间，则又有偶然因素，袁世凯在中美互派大使和度支部清理财政案中体现出来的专权跋扈及御史弹劾袁世凯专权等，都是促使袁世凯在此期间被罢免的原因。李永胜：《摄政王载沣罢免袁世凯事件新论》，《历史研究》，2013 年第 2 期。
② 《载沣与袁世凯的矛盾》，《晚清宫廷生活见闻》，第 80 页。又见《辛亥革命回忆录》，第六册，第 324 页。
③ 《载沣与袁世凯的矛盾》，《晚清宫廷生活见闻》，第 80 页。
④ 王锡彤著，郑永福、吕美颐点注：《抑斋自述》，开封：河南大学出版社，2001 年，第 142 页。
⑤ 袁克文：《洹上私乘》，《辛丙秘苑》，上海：上海书店出版社，2000 年，第 32 页。

的"擅权跋扈"之严厉措辞，改为袁世凯因足疾而出缺。载沣罢黜袁世凯的谕旨，给袁氏留下了回归政坛的余地。载沣驱除袁世凯后，一方面，袁世凯之长子袁克文依然留京供职，另一方面，清政府中央高层中的满蒙权贵也并未因此与袁世凯绝交，反而多有往来应答之书信，足见袁世凯虽被载沣驱离政坛，但依然有起复之望。据《袁世凯未刊书信稿》所收录的袁世凯致各方信函可知，袁世凯嫁女时，宗室王公庆亲王奕劻，奕劻之子贝子载振，满蒙大臣那桐、世续、荣庆①俱送礼致贺。

载沣驱除袁世凯，受到时人极大关注，尤其是各国驻京外交团，甚至采取直接干预之举措。②各国驻京外交使节团对于载沣驱袁事件尤为关注，"北京外交使节团成员对袁世凯突然免职几乎像听到晴天霹雳一样"。外交团成员将载沣驱除袁世凯视为"是满族阴谋的结果"，认为这是满汉争权事件。得知此事后，美国、德国和英国公使即在英国公使馆召开会议，而后又举行秘密会议。外交团之所以如此关注此次清政府的人事变动，主要是因为袁世凯是中央高层中的积极改革派，在外国人眼中，"他是中国信誉的靠山之一，也是中国曾经拥有过的对列强的唯一政策的创设者。他使外务部免于闹笑话，而使它成为一个可运转的机构"③。经历义和团运动，外交团尤为关心的是驱除袁世凯是否是一个排外的信号。1909年1月16日，英、美两国公使便赴外务部会见庆亲王，询问袁世凯的免职是否意味着清政府政策将发生变动。庆亲王奕劻肯定地表示中国政策不会发生变动。④庆亲王的保证，一定程度上弱化了外交团对驱袁事件的关注。

载沣驱除袁世凯之举，得到了立宪派中保皇党人的一致支持。当时的保皇党人如康有为、梁启超等，得知载沣驱袁后称："元恶已去，人心大快。监国英断，使人感泣，从此天地昭苏，国家前途希望似海矣。"自戊戌政变后，立宪派中的保皇党即仇视袁世凯，对袁世凯被驱除出清政府中枢自然额手相庆。梁启超还上书善耆、载沣，力主颁布诏书公布袁世凯的罪状："甲午战祸，

---

① 荣庆是旗籍大臣，八旗蒙古人。
② 崔志海在《摄政王载沣驱袁事件再研究》一文中对此有详尽论述。
③ 《中国罢免军队首领》，《纽约时报》，1909年1月3日。
④ 《中国政策不变：柔克义公使得到庆亲王如此担保》，《纽约时报》，1909年1月17日。

全由彼所酿成；戊戌之事无端造出谋围颐和园一语，以致两宫之间常有介介；团匪之变时，彼正为山东巡抚，团匪何自起？起于山东也。其余近来植党私营，招权纳贿，虚耗公款等罪状，则弟在海外所知，反不及内地之详，不必缕举。"①保皇党人虽然主张惩罚袁世凯，但也不希望清政府将驱除袁世凯扩大化，乃至一变而排斥其他汉族大臣。梁启超在其上载沣、善耆书中称："宜勿株连多人也。此贼十年来气焰熏天，炙手可热……其心腹重要之数人，不得不自引退，则因其辞职而许之，斯可矣。其余幸勿究问，庶可以安人心。"一面提醒载沣勿将驱袁扩大化，一面又为立宪党人争取从政之机会，建议载沣"宜广拔贤才，申明政纲，以息浮言，而系天下之望也"。②据外国媒体报道，保皇党人为争取外国势力支持载沣驱袁，还将袁世凯描述成保守派。康有为的外甥（原文为 Y. S. Wann）在纽约对记者宣称：袁世凯并非大多数外国人认为的改革派政治家，相反他出卖光绪帝，反对进步。保皇党人也向美国记者声称，载沣驱袁并不意味着清政府政策会转向保守，"袁世凯被革职一事，不会在中国引发严重的革命，也不会对外人在华利益造成任何伤害"③。

不同于康梁等人对驱袁成功的庆贺，革命党人则借机将载沣驱除袁世凯归于满汉之争，将这一事件上升为"满人合谋以倾汉人"，强调其中的满汉矛盾，借以鼓动民众支持排满，进而推翻清政府。是时，作为保皇党一分子的梁启超就称："此贼（袁世凯）与革命党素有交通，以弟所闻，确有证据。此事一出，而此间革党机关报即扬言，谓此乃满人合谋以倾汉人，而日本各报亦多附和之，此等不经之论，原不值识者一笑，然当此人心浮动之时，得一题目，即造端生事，而一犬吠影，百犬吠声，就令不能为害，然已伤太和之气。窃谓今日政府之举措，莫急毋授逆党以口实，而导举国人以欣欣向往之心，则逆谋不弭而自戢。"④

---

① 梁启超：《致肃王书》，丁文江、赵丰田编：《梁启超年谱长编》，上海：上海人民出版社，1993 年，第 477、478—479 页。
② 《致肃王书》，《梁启超年谱长编》，第 480 页。
③ 《批评袁世凯》，《华盛顿邮报》，1909 年 1 月 10 日。
④ 萧一山：《清代通史》，（四），北京：中华书局，1985 年，第 2506 页。

袁世凯之党羽也趁机造势，宣称清廷自毁长城。王锡彤①将载沣驱袁描述为："闻政局大变，摄政王变更慈禧太后遗法，斥退顾命大臣袁宫太保。"②称此举暴露出"清廷之颠倒昏乱至此已极矣"③。他进一步指出"世有谓清之亡也，亡于那拉氏之手，吾决不信"，"所可恨者，嗣醇王不能听老人临终嘱托之言，摈弃正人，崇信群小，三百年之帝位轻轻以一手断送之，反贻老人以地下之耻"。④他对载沣驱除袁世凯毫无好感，将此举视为"摈弃正人"。王氏认为载沣当权后将政治、经济、军事各方面权力集于少壮派王公的行为是"崇信群小"，指出这是导致清朝灭亡的原因。王锡彤认为，如果载沣能够"遵先后之遗言，礼重耆硕，或有祈天永命之望"。实际上，宣统朝对所谓的"耆硕"如张之洞、鹿传霖等汉族老臣颇为礼遇，此处之"耆硕"乃专指袁世凯。在王氏眼中，载沣听信谗言，歧视汉人，与"威名赫赫、天下仰望之大臣"结仇，乃"自坏长城"。⑤

　　清政府内部也有官员对载沣驱袁后的政治走向报以悲观态度，孙宝瑄称其听闻罢黜袁世凯之谕旨后"不胜骇然"，认为"庚子以前，李合肥之世界也；庚子以后，袁项城之世界也。合肥既死，项城又去位，不审更推何人支此残局"？⑥

　　载沣驱除袁世凯事件引起了各界一致关注，除保皇党人欢欣鼓舞外，外交界、革命党人，甚至部分清政府内部官员都质疑之。虽如此，但因载沣当政未久，且表现出开明、积极改革的形象，兼之一朝天子一朝臣的传统，驱袁亦是可以理解之事，故而，此举并未酿成政局的大变动。驱除袁世凯后，宣统朝少壮派宗室王公集权遂由此展开。

---

① 王锡彤与袁世凯长子亲厚，在辛亥时为"恢复汉人江山"、河南省奏请"共和不独立"等事件出谋划策，是典型的"袁党"。
② 《抑斋自述》，第142页。
③ 《抑斋自述》，第142页。
④ 《抑斋自述》，第141页。
⑤ 《抑斋自述》，第143页。
⑥ 《忘山庐日记》，下册，第1286页。

（二）军政集权

载沣驱袁后，声称继承慈禧遗愿，相继设置军咨处、海军部，兴练禁卫军，进而任用少壮派宗室王公集中军权。

宣统元年五月二十八日（1909年7月15日），载沣遵照慈禧遗训、依照《宪法大纲》专设军咨处于陆军部，以贝勒毓朗管理军咨处事务。次日，载沣又添派自己的胞弟、郡王衔贝勒载涛管理军咨处事务。①军咨处后改为军咨府，独立于陆军部，其权责为统筹全国海陆各军事宜。有关国防用兵之一切命令计划，皆由军咨处拟案奏请裁夺后，再饬下陆海军部遵照办理，实际掌握了军队调动之权。设置军咨府是清政府推行中央集权、集中军政大权的重要步骤，而委之少壮派宗室王公为"掌赞画全国军务"的军咨大臣，又导致了中央满汉权力格局的改变。宣统二年十一月初三日（1910年12月4日），清政府发布上谕，设立海军部。载沣则简派胞弟载洵担任海军大臣。摄政王载沣的集权举措，不仅将军队的统率、调遣权集于中央部门，还通过任用毓朗、载涛、载洵等人，将海、陆军军权集于少壮派宗室王公之手。

宗室王公出任军咨大臣后，即行采取措施收拢地方督抚军权。宣统二年八月二十三日（1910年9月26日），载涛等人以"各国兵马大权无不统于君主，军事行政无不责之部臣"为由，奏请整顿近畿陆军，裁撤近畿督练公所，将北洋六镇陆军统归陆军部直辖。②宣统二年十月二十八日（11月29日），军咨大臣载涛、毓朗会同陆军部上奏遵旨办理中央直辖近畿六镇办法，开始向地方督抚收回调兵之权。载涛等人建议饬令直隶总督陈夔龙将北洋军之第二、四镇妥速交付中央直辖。如果需要调遣，必须由地方督抚一面致电军咨处、陆军部请旨办理，一面电奏请旨。载涛等人声称，如此行事是为了"仰见朝廷划一军政，整饬戎行，于假以便宜之中仍寓严加限制之意"。载涛等人认为，"兵事至进行，必先期训练之统一，各国军队皆直隶于中央陆军大臣，平时既无教令歧出之虞，战时则有臂指相使之效。中国幅员辽阔，以前交通不

---

① 《宣统元年五月大事记》，《东方杂志》，1909年，第六卷，第7期，第331页。
② 《军咨处奏整顿陆军各镇请归部直接管辖折》，《政治官报》，宣统二年八月二十五日（1910年9月28日），第1048号，折奏类，第8页。

便，故例假督抚以兵权。至于今日，轮电往还，本不虞隔阂……"[1] 以此为由，少壮派王公积极进行军政集权。

慈禧当政时，虽倚重宗室王公以集权中央，但她更信赖宗室王公中的老成持重者，注意任用满汉大员相互协调牵制，故而光绪朝之陆军部掌权者为宗室王公中的老臣派庆亲王奕劻、满族大臣铁良以及汉族大臣袁世凯。宣统朝，年仅26岁的醇亲王载沣摄政，他主要倚重的却是年少气锐之宗室王公，注意集中军权于皇室懿亲，尤其是最近支的宗室王公。不仅自己代表皇帝为海陆军大元帅，还令胞弟载洵、载涛分别执掌海军部、军咨府。宣统朝宗室王公参与军政者计有：奕劻、载泽、善耆、载洵、载涛、毓朗、载扶、载润等八人。清政府收拢军权于宗室王公之手，而其中少壮派王公却占至七人，遂形成了军权集中于少壮派王公之局面。从表面看，清末成功地实现了军权集于中央、集于宗室王公之手，但是宗室王公在群体内部却争权夺利、纠葛不断，产生了持续的政争。[2]

（三）行政集权

宣统朝，摄政王载沣不仅借由驱除袁世凯、重用宗室王公于军政部门，收拢军权，而且还沿用慈禧重用宗室王公于行政部门的统治策略，继续重用宗室王公，收拢行政权。慈禧当政期间，清政府通过简派宗室王公出任中央军、政重要部门首脑，将中央权力集中于宗室王公之手：庆亲王奕劻长期首领军机，管理外务部、练兵处、陆军部；肃亲王善耆总领警政；镇国公载泽执掌度支。虽如此，但总体而言，此时宗室王公在整个中央高层官员中并未有数量优势。直到1906年丙午官制改革后，宗室王公才借由"用人不分满汉"政策的推行，在中央高官中占据数量优势。光绪三十二年九月二十日（1906年11月6日）官制改革废除了六部原有的满汉两套班子，实行尚书、侍郎用人不分满汉，传统中央部院也仅保留吏部、礼部、理藩部、都察院四部院，其

---

[1] 载涛等：《奏为遵旨办理中央直辖近畿六镇妥筹权限事》，宣统二年十月二十八日（1910年11月29日），一档馆藏，档号04-01-01-1107-016。
[2] 本书在第三章、第四章对此都有所论述，此处不再赘述。

余或改设或新设为外务部、民政部、度支部、学部、陆军部、法部、农工商部、邮传部八部。改革后，王公在中央任职的人数虽然不变，但因为裁汰冗员，王公所占比例却增高了。

载沣当政后，清政府新设的中央机构，如资政院、军咨处、军咨府、海军部等，无不任用宗室王公为首脑。宣统三年四月初十日（1911年5月8日），清政府第一届责任内阁出台，庆亲王奕劻为内阁总理大臣，大学士那桐、徐世昌俱为协理大臣。内阁总、协理大臣俱为国务大臣，均充宪政编查馆大臣，庆亲王奕劻仍管理外务部。在此内阁中，宗室王公占四席：肃亲王善耆为民政大臣，镇国公载泽为度支大臣，贝勒载洵为海军大臣，贝子溥伦为农工商大臣。总体而言，不算蒙古、汉军旗人，此内阁王公共四人，宗室一人，觉罗一人，满一人，汉三人。一时间，宗室王公集权达到顶峰。

经过平满汉畛域、中央集权，清末满汉权力格局最终发生变化：中央之权，从制度上看，几乎尽集于宗室王公之手；地方之权，从督抚的人事任命来看，虽然总督方面满多汉少，但就督抚整体而言，依然汉多满少。清政府的平满汉政策与中央集权，是清末满汉新格局形成的前提。清政府为保住皇权，愿意逐步取消一般满人的特权，但清政府又认为，必须由皇室懿亲宗室王公掌权，才能实现对政治核心权力的控制。故而慈禧当政末年，逐步重用宗室王公；载沣当政，更是大量任用与皇室最近支的宗室王公。虽然宗室王公自身在宪政改革过程中鼓吹平满汉畛域，但他们的平满汉畛域之策，仅仅止步于化除满汉形迹，并未触及化除的根本。在宗室王公的支持下，清政府让渡了一般满人的部分特权，如官缺不分满汉，用人不分满汉，但宗室王公自身却不愿放弃特权，反而趁平满汉之机，身居高位，进行集权。同时，宗室王公又借清政府加强中央集权进行王公集权，最终在制度上，中央之权几乎尽集于宗室王公之手。

需要指出的是，王公集权主要体现在制度上，实际却并未真正掌权。就宗室王公群体而言，由于其自身执政能力不足，虽在制度上完成了集权，但实际并无足够能力掌权；就军权而言，载涛、毓朗执掌的军咨处（军咨府）虽统一了全国军队的调度、统率权，然而他们并不能真正调动军队。袁世凯一手编练的北洋军，依然兵为将有，继续听从袁世凯指挥；在宗室王公集权的过程中，宗室王公自身也政争不断，并未团结一致挽救危亡。宗室王公群体的内部分裂，互相掣肘，也影响了王公掌权的实际效力。虽然宗室王公是皇室懿亲，然而皇室与皇族毕竟不同。清末皇室对王公依然采取笼络与提防并存的态度。故而，皇室时而重用王公，简派王公予以重权，时而提防、压制王公。载沣摄政后，力促宪政编查馆详细核查各立宪国家之皇室与皇族对于宪法、警政应受拘束及不受拘束之事，借此进一步规划皇室典范，明晰王公权限。另外，清政府中也有部分官员明确指出亲贵王公不宜掌握太多特权。1909 年，御史徐定超即上奏清政府，称亲贵掌兵恐与宪法不合。当时报刊评论员引此封奏，认为亲贵掌兵权，大失国民之心。故一般人民对于清末练兵尚武，尤其是兴复海军一事，绝无奋发鼓励之态度。①

二、宗室王公集权的原因

迟云飞指出，清末十余年间，满人在中央政府占据优势地位，尤其是皇族内阁出台后，皇族占据优势地位，其原因比较复杂，第一，与满族亲贵的主观意念有关。亲贵们以为要保证皇权，只有由亲贵来掌权，特别是掌握军权；第二，又与清政府内部少壮亲贵集团与奕劻、袁世凯的斗争有关。② 迟云飞所指出的两个原因，的确是平满汉畛域过程中满人，尤其是满族亲贵在中央占据优势地位的重要原因。从宣统朝皇权构成角度而言，光绪、慈禧先后离世，宣统帝因年幼不能亲政，需要醇亲王载沣摄政，也是宗室王公得以集权的原因。从宗室王公自身而论，他们促成满汉权力新格局形成的原因，还有：

其一，宗室王公不愿放弃政治核心权力。作为统治阶级的核心成员，宗室王公虽然支持清政府推行宪政改革，但是其推行宪政改革的目的，从根源上就与立宪派不同。宗室王公支持宪政改革的目的是拯救清政府的统治，保

---

① 《论海军经费》，《申报》，1909 年 8 月 16 日，第三版。
② 迟云飞：《清末最后十年的平满汉畛域问题》，《近代史研究》，2001 年第 5 期。

住清皇室的统治地位,在宪政体制下,最大程度地保住君权。宗室王公群体进一步认为,政要之位置,必须由身为皇室懿亲的宗室王公来担当,方能巩固君权。宗室宝熙明言:"政要之地位,非无阶级者可以骤跻;机密之大计,非至亲贵者不足与议。"① 除认为应由宗室王公担任政要之位外,他们还认为清皇族中爵位在王公以下及满汉世爵等贵族,也应当从政。清末,清政府设立贵胄政法学堂,令王公以下及汉员五等爵之子弟均进入贵胄法政学堂学习,就是以贵胄毕业后可备充上议院议员之选为目的。②

其二,宗室王公并未认识到自身集权会带来统治危机。虽然从某些汉族官僚、士人的记载中可见,时人对王公集权行为将导致大局崩溃有所预料。但宗室王公在进行集权时,自身并未意识到集权会导致如此结局。清末宗室王公在应对统治危机时,抓不住关键因素,从清亡后宗室王公的自身反思中可窥一斑。

清亡后,宗室王公中犹有为宣统朝亲贵当权辩白者,如贝勒毓朗撰诗咏史,称:

  三年摄政凛冰渊,庶事何曾敢一专?
  尝为爱民催振抚,时思律己独精研。
  理财直欲肥天下,经武原图御寇边。
  自是日斜庚子后,非关治术愧前贤。③

毓朗认为宣统朝三年的统治,尤其是摄政王载沣,治理国家如履薄冰、如临深渊,于政事并未专权,清政府各种举措出发点都是为了强国爱民。对于载沣重用宗室王公进行集权,毓朗多加回护,辩称:"理财直欲肥天下,经武原图御寇边。"他认为清政府的衰败是庚子事变造成的,庚子后国家危机深重,已是"日斜"了,那"日落"是必然的,将宗室王公治国失策的责任撇

---

① 《内阁学士兼礼部侍郎衔宗室宝熙奏开贵胄法政学堂折附片》,《政治官报》,光绪三十三年十一月初二日(1907年12月6日),第42号,折奏类,第5页。
② 《请储上议员人才》,《大同报》,1907年,第八卷,第5期,第31页。
③ 《咏史》,《余痴生诗集》,《清代诗文集汇编》,第789册,第601页。

开不谈,声称清亡"非关治术愧前贤"。

其他宗室王公对革命风潮渐起、清朝败亡亦有反思,不过他们的反思虽然承认清政府在清末政治改革过程中的些许错误,却并未认识到王公集权激化了矛盾,而这正是辛亥革命爆发时清政府被上下文武官员抛弃的重要原因。

肃亲王善耆反思革命思潮兴起之因,认为:

> 革命思想的兴起,是由于政治不良的基因所致,此类事件为远在法国、近在葡萄牙等国的革命经历所证实。如果一国的政治得到民众的信任,则革命无人响应。由此如欲根除革命,惟有实行改良,别无他法。然而我大清上自亲贵下至小吏,并不了解政治为何物,只知肥私。如此失去天下之人心,其趋势已接近亡国。因此,忧国之士抱有革命思想,绝非无理,我等看待革命志士,决不厌弃,应爱护者必爱之,愿为国家民族共勉之。①

作为统治集团的一员,善耆将革命风潮的兴起归因于政治不良,这应当是较为客观的认识。宗室王公群体,的确曾为清末的政治改革出谋划策:在宪政改革过程中,宗室王公群体支持清政府仿行君主立宪;在官制改革中,宗室王公也积极建言献策;在国会请愿运动时,不管宗室王公是支持速开国会还是支持缓开国会,归根到底都不反对召开国会。虽然宗室王公群体积极参与推动清末政治改革,但也正是在此过程中,宗室王公群出担任中央行政部门之首脑,反而使得清政府失去民众信任。虽然宗室王公认识到革命风潮起于政治不良,但他们却并未意识到清政府政治不良更大程度上在于政治改革未触动根本制度。

庆亲王奕劻之子贝子载振,对辛亥清政府大失人心之形势亦有反思。恽毓鼎在日记中记载,载振曾经向其分析辛亥政局,认为清政府败亡原因在于宣统朝三年的新政大失人心。这个论断与此前积极支持新政、建言急进的载振似乎不太相符,然而细查清末新政的进程与载振自身的经历,当知日记记

---

① [日]石川半山:《肃亲王》,警醒社书店,1917年,第79—80页。

载不假。宣统朝推行的新政呈现出急剧的特点，各种急切的建言、举措纷沓而至：修筑铁路、速开国会、设立责任内阁……新政推行过于急剧，而清政府财政入不敷出，亏空极大。新政虽然也有改善财政困难之举，如度支部清理财政、盐政，农工商部试图繁荣经济，邮传部试图将铁路收归国有，但清末经济却起色不大。不仅如此，新政中民生非但未得到改善，反而增加了更多捐税，导致民怨沸腾。当时政界中人，对新政扰民颇有认识，如恽毓鼎即通过门人得知"外县办巡警，聚敛扰民，毫无实用"。他称"今之各种新政，大率类是"。[1] 恽毓鼎在光绪三十二年九月初五日（1906年10月22日）与载振首次见面并畅谈，他在日记中称："贝子虚怀乐善，无华胄骄贵之习，可敬也。"[2] 可见初次会面载振即给他留下极好的印象。与载振定交后，恽毓鼎在丁未政潮中弹劾瞿鸿禨、岑春煊，助庆王奕劻、袁世凯排除政敌，被目为庆党。丁未政潮后，载振解职，恽毓鼎与之依然多有来往。两人谈话间纵论时事，恽毓鼎之言常得载振"击节叹赏"。[3] 与一位对新政常加抨击的官员常来常往，并对其观点大加赞同，可见载振解职后对新政的态度已为之一变，他将清亡之因归于宣统朝三年新政大失人心也不足为怪了。宣统朝三年的新政的确过于急速，例如责任内阁、国会的期限都一致缩短。

宗室王公在反思清亡的原因时，总结出了政治不良、政治改革推行太过急剧等原因。但是他们不但没有认识到大量任用宗室王公进行集权，以及随之形成的满汉权力新格局才是清政府大失民望的直接原因，反而自称"三年摄政凛冰渊，庶事何曾敢一专"，不承认王公集权之事实，认为宣统朝三年所推行的政治改革并无错误，清朝覆亡的原因是庚子后危机太过深重。由此可见，清末当政的宗室王公群体，虽然进行了政治改革以挽救清政府之统治危机，但是他们始终未抓住导致清政府统治危机的关键因素，反而加剧了危机。

---

[1] 《恽毓鼎澄斋日记》，第1册，第301页。
[2] 《恽毓鼎澄斋日记》，第1册，第327页。
[3] 《恽毓鼎澄斋日记》，第1册，第389页。

第三节　满汉权力新格局的影响

清末满汉权力新格局的主要变化为中央权力在制度上集于宗室王公之手，宗室王公群体支持清政府仿行君主立宪，并建议清政府平满汉畛域。王公集权于中央，有利于推动宪政改革。宗室王公在清末平满汉畛域过程中，对平满汉畛域诸项举措的推动确有助力，尤其是化除形迹之策，诸如支持满汉通婚、满汉称谓齐一、任官不分满汉等。宗室王公借平满汉畛域起用了留学生，尤其是留日学生，推动了清末的军政改革、宪政改革。从这个意义上说，宗室王公集权，推动了宪政改革的进程，对清末政治改革并非全无益处。

然而，对清政府而言，满汉权力新格局的弊端更为突出，具体体现在：

其一，激化了满汉矛盾。宗室王公群体集权，使革命排满有了切实依据。早在1905年，革命派的报刊《民报》即发出时评《怪哉上海各学堂各报馆之慰问出洋五大臣》，称："至所谓五大臣者，满人居其三，其二则完全之满奴也。假考察政治之名，以掩天下之耳目。于其归也，粉饰一二新政愚弄我汉人。"1910年，清政府宣布"预即组织内阁"后，革命派报刊《民立报》又预测清政府必将推出"贵族内阁"。而清末满汉权力格局的变迁、皇族内阁的出台、宗室王公群体集权之事实，恰恰印证了革命派所言非虚。由此，越来越多的人认识到清政府满汉平权的欺骗性，由是满汉矛盾愈发尖锐。

清政府进行宪政改革，本出于"俯从多数希望立宪之人心，以弭少数鼓动排满之乱党"①的目的，但中央之权集于宗室王公之手的新满汉权力格局形成后，清政府不但不能消弭革命，"多数希望立宪之人心"也与清政府离心离德。

其二，加速清政府内部官员离心。宗室王公当政所造成的中央之权集于王公之手的新权力格局，使得清政府内部官员对之离心。清政府内部官员的离心主要表现为抵制皇族内阁；不听清政府任命，连续请辞；革命爆发时地方督抚少有坚守者。

---

① 《两江总督端方奏请迅将帝国宪法及皇室典范编定颁布以息排满之说折》，光绪三十三年七月初七日（1907年8月15日），《清末筹备立宪档案史料》，上册，第47页。

皇族内阁一经出台，见中央军政、行政大权俱集于宗室王公之手，清政府内部官员遂对此暗抱抵制之心。肃亲王善耆在说帖中指出："内阁暂行章程与内阁官制之精神似有未尽符合之处"，但鉴于"惟此系施行之始，不得不稍示权宜，将来有无窒碍，应随时酌议修正，以臻完备"。① 时任度支部侍郎的绍英在日记中写道，当皇族内阁国务大臣名单公布后，度支部的官员称："我辈既系不负责任之次官，应恪守权限，未便逾越。如电报发行等事，均应候掌官阅定标行也。"言语之中，大有部务无论巨细皆将推与国务大臣载泽一人抉择之意。而作为满族权贵之一员，绍英浑然不觉此言论有推诿之处，还大为赞同"所言甚有道理，自系即应遵守也"。②

从保路运动开始，官员就已有不听清政府任命、不受征召者。端方被清政府起用为川汉、粤汉铁路督办，清政府的本意是任用端方入川以镇压保路运动，但"惟闻午桥在武昌行辕，每日请客，不甚关心路事，大有醉翁之意"③。主张推行铁路国有政策的宗室王公载泽，对此非常关注，认为"午帅畏川如虎，其行程延缓，事所必然"。为了平息保路运动，载泽打算建议摄政王载沣改派大臣，于是"今早独对，再保西林"。④ 最终，在载泽的推动下，"云阶所奏均准，并命节制川省各军，并各省援军，与陶斋并驾齐驱"。载泽主张起用岑春煊，本是为了促使"追留不进"的端方与岑春煊一起"一往直前，殊快人意"。⑤ 然而，岑春煊并未受命。这令力主起用岑春煊的载泽十分生气，指责岑春煊怀抱私心，沽名钓誉，"岑电读悉。所谓每下愈况，罪己二字尤属一念沽名，遂不觉措词失当，私心之为害大矣哉。然鄙人所保非人，真堪罪己也"⑥。可见，由于官员离心，清政府此时的任命、征召对官员们的影响力已经非常小了。载沣当政初期驱除袁世凯之举，虽被各界关注，但并未引发政局变动。载沣成功地将袁世凯驱逐出中央政权，可见官员的人事任免权，掌

---

① 善耆：《呈内阁暂行章程与内阁官制精神末尽符合应酌议修正说帖》，宣统三年（1911年），一档馆藏，档号 04-01-02-0014-009。
② 《绍英日记》，第 2 册，第 206 页。
③ 《近代名人手札真迹——盛宣怀珍藏书牍初编》，第六册，第 2837 页。
④ 《近代名人手札真迹——盛宣怀珍藏书牍初编》，第六册，第 2863—2864 页。
⑤ 《近代名人手札真迹——盛宣怀珍藏书牍初编》，第六册，第 2883 页。
⑥ 《近代名人手札真迹——盛宣怀珍藏书牍初编》，第六册，第 2888 页。

握在清政府的君主（或者说代表君权者）手中。然而，宣统朝大批官员请辞、请假，以及辛亥革命爆发后袁世凯、岑春煊等官员拒不受命的现象则说明，清政府中央的人事任免权已名存实亡。

辛亥革命爆发后，地方督抚坚持到清帝退位才离职的仅有寥寥四人，其余督抚，或弃城逃跑，或投诚革命，或以病去职，或在光复后去职，集体与清政府离心离德。

其三，加速立宪派与清政府离心。立宪派原本支持清政府进行宪政改革，用改良的方式实现中国政治现代化。为此，立宪派对清皇室、皇族参政有所妥协退让。在清政府下令预备立宪初期，立宪派为了促成宪政改革，所以对王公从政妥协让步，具体体现在：支持宗室王公从政，建议资政院议员应包括皇族议员。1907年2月，康有为将保皇会改为国民宪政会，并提出尊崇皇室、扩张民权的主张，推戴宗室王公载沣、载泽为正、副总裁。同年7月，梁启超在日本成立政闻社，1907年资政院总裁贝子溥伦访日，政闻社的成员马良等人向溥伦呈递资政院组织权限法帖（据传为梁启超草拟）。对于资政院议员的组成，法帖建议由皇族议员、蒙藏议员、钦选议员以及各省咨议局所派议员组成，以此为上院之基；全民复选选出的议员为下院之基。资政院正式开始拟定选举章程时，负责筹划起草者乃留学日本的立宪派汪荣宝等人，由资政院总裁溥伦核定。对于"阶级既高，计数较少"①的宗室王公世爵钦选议员，汪荣宝等人拟定由资政院开列符合议员资格的王公名单，送呈摄政王载沣，由其圈定。而宗室觉罗身为皇族，虽也列于钦选议员，但却需先行互选后，再由载沣圈定。总体而言，在皇族内阁尚未出台之前，立宪派尚不以宗室王公享有一定从政特权、以部分亲贵充当国务大臣为非。

然而，清政府推行的宪政改革，表面声称平满汉畛域、实现满汉平权，但实际却集权于宗室王公，尤其皇族内阁的出台，让立宪派极为失望。

皇族内阁成立之初，立宪派依旧使用温和手段推动清政府进行政治改革。1911年6月10日、7月4日各省咨议局联合会两次上书，请求"于皇族外另简大臣充当组织内阁之总理，责任明而政本以立，皇室固而国祚益昌"，仅

---

① 《宣统政纪》，卷21，《清实录》，第60册，第393页。

要求更换总理大臣庆亲王奕劻。咨议局联合会之上书上呈后,《申报》记者探闻,庆亲王奕劻、载洵、载涛、毓朗、载泽等宗室王公与监国摄政的醇亲王载沣商议数次,讨论各种办法。其中不乏所谓的"两全之策":即总理一职依旧让庆亲王奕劻担任,而拟将内阁两协理全用汉族大臣以资调和。①《申报》时评认为,咨议局联合会是以强调皇族不宜总理内阁的理由来反对皇族内阁,而宗室王公商讨的办法却是在协理的任命上做出退让,总理大臣依然属诸皇族。故而称:

> 夫政府方日言融合满汉以为消除畛域之计,而政府中人逆亿万人民之心理,仍不能脱出此等思想,其谓之何设我人民亦以此等思想逆政府之心理,又谓之何。呜呼,始而猜忌,继而离贰,我不忍言其弊之所至矣。②

对于各省咨议局联合会的上书,载沣先是无动于衷,留中不发,置之不理,继而于7月5日下诏斥责议员们,称:

> 黜陟百司,系君上大权,载在先朝《钦定宪法大纲》,并注明议员不得干预。值兹预备立宪之时,凡我君民上下,何得稍出乎大纲范围之外!乃该议员等一再陈情,议论渐于嚣张。若不亟为申明,日久恐滋流弊。朝廷用人,审时度势,一秉大公,尔臣民等均当懔遵《钦定宪法大纲》,不得率行于请,以符合君主立宪之本旨。③

此诏书一下,让人们认识到连将协理大臣换成汉族大臣都不能实现,更遑论更换皇族总理为汉族大臣。由此,立宪派中的许多人对清政府践行君主立宪政体的最后一点希望和幻想完全破灭。辛亥革命爆发后,资政院议员们

---

① 《内阁融合满汉之手续》,《申报》,1911年7月4日,第三版。
② 《时评》,《申报》,1911年7月4日,第六版。
③ 《各省咨议局议员清另组内阁议近嚣张当遵宪法大纲不得干请谕》,宣统三年六月初十日(1911年7月5日),《清末筹备立宪档案史料》,上册,第579页。

集体通过罢免皇族内阁的议案，要求罢免亲贵。在野的立宪派转而寄希望于革命。

其四，宗室王公仅仅完成制度上的集权，在革命来临时虽有应对之策却无法施展。少壮派宗室王公在辛亥革命爆发之初，并未放弃武力抵抗、马上顺应共和。时任军咨大臣的宗室王公载涛在得知武昌起义后，的确有所指挥，但是"各处征调，十分忙乱"，且"号令分歧，办理甚为棘手"。① 此刻宗室王公能调动的军队，估计仅有宗室王公参与训练的禁卫军。但是，宗室王公却自动放弃了对禁卫军的指挥权。宣统三年十月十三日（1911年12月3日），载涛奏请将禁卫军、京旗常备营组建所成的第三军中的京旗常备营（即陆军第一镇）营队，除留步队四营、马队一营依旧驻扎北京外城外，其余各营均请改由袁世凯统辖，以便其调遣，并请将第三军名目撤销。② 得旨从之，至此载涛只统辖禁卫军。十月十九日（12月9日），载涛又奏请另行简派禁卫军总统，得令派冯国璋充当。延至十一月初二日（12月21日），载涛与冯国璋完成案卷、文牍、房屋、器具之交接，正式卸任。十一月初三日（12月22日），载涛正式上交卸禁卫军总统奏折。至此，宗室王公完全丧失了对禁卫军的掌握。同时，此时禁卫军的力量似乎亦无法与反清军队相抗衡。禁卫军于1911年刚刚成军，战斗力如何虽尚不可知，但已经宣布起义的湖北新军为两镇，而禁卫军兵力仅相当于一镇，若果真开战，禁卫军在兵力上就落后于湖北新军，若与全国支持共和之军队相较，则更为悬殊。

小　结

在清末平满汉畛域的过程中，宗室王公的确有所建言，并参与推行了一些平满汉之策。宗室王公支持的化除畛域之策，化除形迹者为推行满汉联姻、

---

① 李经方致盛宣怀函件，《盛宣怀实业朋僚函稿》，中册，第895页。
② 《宣统政纪》，卷65，《清实录》，第60册，第1210页。

统一满汉称谓、用人不分满汉，统一满汉司法；化除根本之策为促进旗人自立、成立变通旗制处。然而，宗室王公支持的平满汉畛域之策仅仅停留在化除形迹之上，对于化除根本之策的裁撤旗营，却因担心动摇满族统治根本、引起社会动荡，不敢骤然实行。宗室王公在平满汉畛域过程中，的确不分满汉地选用下属官员，并倚重、信赖留日学生，确实促进了宪政改革的进程。他们也主张让渡一般满人特权，并确实削去了一些旗人特权。但作为清政府统治阶级的核心，他们进行的宪政改革始终是以维护清皇室统治为前提、最大化保障皇权为目的的。

由于清皇室认为只有皇室懿亲的宗室王公掌权才能巩固皇权，加之宗室王公自身也不甘于放弃政治权力，所以在平满汉畛域过程中，宗室王公反而借口用人不分满汉、平一满汉权力，实现群体集权。宗室王公在平满汉畛域过程中，以平满汉之名，行集权之实。在中央权力方面，借清政府中央集权，最终形成中央权力集于宗室王公之手的新格局，打破了咸同以来中央之权大体满汉均势的局面。

总体而言，作为清政府统治集团核心力量的宗室王公，虽然认识到清政府面临统治危机，也进行了一些政治改革以资补救，但他们却无法抓住清政府统治危机的关键因素。宗室王公所促成的满汉权力新格局，客观上加剧了各种矛盾。中央之权集于皇室懿亲宗室王公之手，看似巩固了君权，但此新格局的形成，实则直接导致了清政府失去立宪派、内部官员的支持，并激化了满汉矛盾，更刺激了革命运动。而且，宗室王公只是完成了制度层面的集权，实际并未真正掌权。在革命大潮来临时，宗室王公虽拟调兵遣将，却无法真正调动军队挽救危机。在大势已去的情况下，清政府最终崩塌。

第六章　武昌起义爆发后宗室王公的抉择

武昌起义后，宗室王公虽然有所筹谋，但已无法挽救清政府的统治危机了。在清帝退位前，宗室王公分为了主战、主和两派。大势已去后，最终主和派宗室王公占据了上风，而后清皇室选择下诏逊位，顺应共和。辛亥革命后，大部分宗室王公选择寓居京津，较为一致地表现出顺应共和的态度；个别宗室王公则出走青岛、旅顺，不断策划反对民国的复辟运动。清朝到民国，并非简单的改朝换代，中国的政治体制由此从君主制变为共和制。但是，民主共和的思想融入近代政治文化中，却是一个漫长的过程。民国时期，宗室王公的出处抉择，从一个侧面反映出近代政治改革的艰难与反复。

对于辛亥之际旗籍权贵集团的政治心态，笔者在《辛壬之际旗籍权贵集团的政治心态》一文中已有所分析；辛亥之际满洲权贵的进退抉择，也有研究者专门研究分析过[①]；而关于个别王公与清帝逊位之关系，亦有专文论述[②]；学界对清室优待条件及驱除溥仪出宫事件也不乏相关研究[③]。这些研究，为本书内容的书写奠定了良好基础。在吸收以往研究成果的基础上，笔者力图厘清宗室王公在武昌起义爆发后的出处抉择，并分析他们做出这些抉择的原因。

---

① 朱文哲：《清末十年满洲权贵统治策略的调整》，北京师范大学 2013 年博士学位论文。
② 周增光：《奕劻与清帝逊位》，《清史研究》，2013 年第 1 期。
③ 喻大华认为，如何处理逊清皇室关系新兴政权的稳定，但民国历届政府均未重视。北京政变激化了民国与逊清皇室的矛盾，为日本拉拢溥仪提供了可乘之机，而东陵事件最终导致了逊清皇室与民国政府的决裂，这些因素促成了溥仪潜往东北。参见喻大华《〈清室优待条件〉新论兼探溥仪潜往东北的一个原因》，《近代史研究》，1994 年第 1 期；喻大华：《论民国政府处理逊清皇室的失误》，《史学月刊》，2000 年第 3 期。另外，胡晓认为驱除溥仪出宫事件是国民党领导的国民革命运动的重要组成部分。胡晓：《国民党与溥仪出宫事件》，《安徽史学》，2012 年第 2 期。

第一节　宗室王公与清帝退位

　　1911年10月10日，武昌起义爆发。宗室王公群体内部关于如何应对武昌起义的意见并不统一。虽同为军咨大臣，载涛积极谋划，而毓朗则推脱责任，不愿筹谋部署。毓朗居然声称："这是内阁的事，我们不用管，还是让内阁去办吧"①，推脱给内阁去筹谋。而此时尚在滦州巡阅秋操的载涛，对军事部署已有所筹划，命令第一混成协全协及第四镇全镇整备待命，并令丁士源留守滦州将其预定计划告知各镇协领。②对于军队如何调遣，宗室王公之间又相互疑忌。八月廿一日（10月12日），清政府即针对武昌起义做出相关部署。但据载涛的记载，这些军事部署，并未经军咨大臣参议。③由于内阁总理大臣庆亲王奕劻为防止载涛趁机调拨军队对付自己，先行调遣了姜桂题之军队于九门及庆王府周围，故而载涛在应对武昌起义时，调遣军队甚是为难。④

　　除在征调军队方面宗室王公发生争执外，还在地方大员的选派上出现了分歧。10月12日，清政府将瑞澂革职后，宗室王公围绕继任湖广总督的人选又产生了争议。载涛称，起用袁世凯是内阁总协理大臣的主张，载沣"没有对抗他们（奕劻等人）的勇气，只有任听摆布，忍泪屈从"⑤。不过，其余宗室王公并未就此屈从，载泽力主起用与奕劻、袁世凯素有嫌隙的岑春煊以牵制袁世凯。载泽在致盛宣怀信函中称："明日（10月13日）进呈宪法条文。本拟请起，惟与伦贝子同见，不便开谈，拟于事毕留后刻许工夫痛切一言，采纳与否，付之天命而已。"⑥10月14日清政府下谕，袁世凯为湖广总督、岑春煊为四川总督。据时任内阁承宣使的许宝蘅记载，此日载沣"诣仪鸾殿请懿旨二次"⑦，可见在两派宗室王公针锋相对中，载沣只能与隆裕太后一同议定，最

---

① 《荫昌督师南下与南北议和》，《辛亥革命回忆录》，第六册，第348页。
② 《梅楞章京笔记》，《近代稗海》，第1辑，第456—457页。
③ 《载沣与袁世凯的矛盾》，《辛亥革命回忆录》，第六册，第326页。
④ 《荫昌督师南下与南北议和》，《辛亥革命回忆录》，第六册，第349页。
⑤ 《载沣与袁世凯的矛盾》，《辛亥革命回忆录》，第六册，第325页。
⑥ 《近代名人手札真迹——盛宣怀珍藏书牍初编》，第六册，第2862页。
⑦ 许宝蘅著，许恪儒整理：《许宝蘅日记》，第一册，北京：中华书局，2010年，第368页。

后做出了同时起用袁世凯、岑春煊的决定。然而，袁世凯对任命其为湖广总督并不满意，先是致函庆亲王奕劻称病婉拒，"承传监国摄政王密谕各节，感悚涕零，即捐弃顶踵亦不足云报称于万一。惟章京旧恙未痊愈，在平日精神尚勉可支持，近因人秋骤寒，突患疾作烧之症……"①不过，袁世凯虽不立即出山，但上折谢恩，并上奏如何应对。据许宝蘅八月廿七日（10月18日）的日记，其在内阁所见折件有："项城有折谢恩，又有预备各事宜一函，堂官代为进呈；西林又奏辞，仍降旨敦促。"②为牵制袁世凯而被宗室王公起用的岑春煊，此时则不听清政府任命，不断奏辞，并建议清政府下诏罪己。③

宗室王公征调的军队不听号令，选任的官员拒不赴命。在对内无所作为的情况下，宗室王公又一度寄希望于外国势力帮助清政府渡过难关。不过，后来他们意识到这只是他们的一厢情愿。

武昌起义爆发后不久，外交团领袖公使朱尔典就到外务部宣称各国决定不干预中国乱事。④然而，宗室王公并未就此放弃向列强求援。庆亲王奕劻多次与外交团使节会晤，试探外国势力对解决清政府危机的态度。1911年12月24日，庆亲王奕劻偕袁世凯与英使朱尔典会谈，希望借此了解英国公使对解决清政府危机的意向，并期望能得到列强的帮助。但据当时的会谈记录可知，朱尔典的态度使奕劻完全明白，借助列强实施武力干涉是不可能的，同时朱尔典也婉拒了英国提供财政援助的可能。⑤

事实上，不仅英国不赞同为清政府提供援助，其他列强也无意援助清政府。正如法国外交部部长致法国驻伦敦、柏林、圣彼得堡和华盛顿大使的电报中所指出的，当时的"六大列强"除日本心怀叵测想进行干预、德国表示可以给清政府提供军火支持外，其他国家则无意介入。法国保持中立，观望中国南北方谈判的结果；英国则倾向共和，但不会介入；俄国反对任何干涉，

---

① 《袁世凯未刊书信稿》，北京：中华全国图书馆文献缩微复制中心，1998年，第1559页。
② 《许宝蘅日记》，第一册，第368页。
③ 《近代名人手札真迹——盛宣怀珍藏书牍初编》，第六册，第2888页。
④ 《外交团对于鄂乱之近况》，《盛京时报》，1911年10月25日，第二版。原文为"领袖公使朱尔典廿七日（10月18日）到外部宣称各国决定不干预中国乱事"。
⑤ 《朱尔典爵士与庆亲王袁世凯会谈记录》，《辛亥革命史资料新编》，第8册，第249页。

不管列强的反应如何，它们都"拒绝对清皇朝的金钱上的任何支持"①。通过对列强的试探，宗室王公了解到，外国势力无意维持清政府的统治。

在内外无助的情况下，1911年12月末至清帝下诏退位期间，隆裕皇太后迭次召开御前会议，与宗室王公商议清皇室的进退抉择。宗室王公分为主战、主和两派。因清政府大势已去，主和派宗室王公遂最终占据上风，清帝下令退位以顺应共和。

一、议无所决

1911年12月28日，隆裕太后召见宗室王公奕劻、载沣、善耆、载洵、载涛、溥伦、载泽等后，又颁布懿旨召集国务大臣商议君主立宪及共和政体。②许宝蘅在日记中详细记载了此次召见的情形，据其记载可知，此时宗室王公对如何解决危机已是束手无策。隆裕太后召见庆亲王等近支王公，询问意见，而宗室王公群体毫无建言，建议让国务大臣等人商议对策。隆裕太后只能将所有事情托付给国务大臣，称："我全交与你们办，你们办得好，我自然感激，即使办不好，我亦不怨你们。皇上现在年纪小，将来大了也必不怨你们，都是我的主意。"隆裕太后向诸臣称"只要天下平安就好"。③可见，此时皇室所倚重的懿亲宗室王公自身并无解决危机的良方，清皇室只能托付袁世凯内阁处理。而皇室对处理结果的要求，也低至只求和平。

此时，宗室王公犹未放弃继续维护清政府的统治。一方面，他们继续寻求外国势力的援助。1911年12月31日，庆亲王奕劻照会外国公使，希望列强能拥护保存清王朝。但外国公使反应冷淡，甚至有公使称"今日之中国不必以君主政体为是"④。另一方面，宗室王公与亲贵大臣组织宗社党以支持君主制。1912年1月1日，中华民国临时政府在南京成立。一时间，"清帝退位之

---

① 《法国外交部档案》，《辛亥革命史资料新编》，第7册，第176页。
② 《那桐日记》，下册，第706页。
③ 《许宝蘅日记》，第一册，第386页。
④ 《表同情于君主政体者盖鲜》，《盛京时报》，1911年12月31日，第二版。

说,日紧一日,各亲贵王公等,异常激愤,在有形无形之中,而有一种结合,一时所制为宗社党是也"①。

然而,于外,列强无意维护清政府。各国驻京使节对宗室王公的试探反应冷淡。1912年1月13日,宗室王公奕劻、载沣等还接到上海洋商团的七条建议②,建议的核心是设立一个顺应大多数国民思想、以共和为目的的临时政府。洋商团还建议奕劻、载沣等人迅速将此意见转致宫廷、皇族之间,设法召集国会以决定政体。通过种种渠道,宗室王公得知外国势力确实无意维护清廷统治。

在内,共和已大势所趋。不仅革命派、立宪派人士呼吁,连清政府的议和代表、军队都有这样的呼声。截至1911年12月末,响应辛亥革命的省、地区已扩至湖南、陕西、九江、南昌、陕西、云南、贵州、上海、苏州、镇江、南京、浙江、广西、安徽、福建、广东、重庆、成都。③时任南方谈判总代表的伍廷芳函致宗室王公庆亲王奕劻,声称除非清帝逊位、赞同共和,否则大江南北相继独立之日,便是清政府"土崩瓦解之时","舍此别无良策"。④1911年12月21日后,北方谈判代表唐绍仪也迭次来电,称若不承认共和,无从开议。⑤据《中华民国史事日志》,1912年1月中旬后连续有原政府官员致电宗室王公,劝其支持共和:13日,袁树勋、唐文治、丁宝铨、杨文鼎、施肇基等人,共同致电宗室王公载沣、溥伟、奕劻、世铎、载洵、载涛、溥伦、载泽等,请其早定共和;15日,廖宇春、靳云鹏拜访尚在清政府任职的赵秉钧、杨度,请赵、杨两人劝说宗室王公奕劻等赞同共和;驻外各使节陆征祥等也电请清帝退位。⑥

在这种内外情势下,隆裕太后又于宣统三年十一月二十九日(1912年1

---

① 张国淦:《辛亥革命史料》,上海:龙门联合书局,1958年,第310页。
② 宣统三年十一月廿五日(1912年1月13日),"上海来电,谓外国商团亦主张共和,有电与内阁及庆、醇二王"。载《许宝蘅日记》,第一册,第389页。
③ 冯天瑜、张笃勤:《辛亥首义史》,武汉:湖北人民出版社,2011年,第489—501页。
④ 伍廷芳著,丁贤俊等整理:《致清庆邸书》,《伍廷芳集》,北京:中华书局,1993年,第369—370页。
⑤ 十一月初二日"唐少川来电云如不承认共和,无从开议";初四日"唐大臣来电仍主前日之说";初八日"知唐少川来电仍以共和为词"。参见《许宝蘅日记》,第一册,第384—385页。
⑥ 郭廷以编著:《中华民国史事日志》,第一册,台北:"中央研究院"近代史研究所,1979年,第8—9页。

月17日），再次召集宗室王公召开御前会议，商议应对之策。此时，宗室王公已明确分为主战、主和两派。

在此次御前会议上，以庆亲王为首的宗室王公主和派，开始主张清帝退位以换取优待条件。《中华民国大事日志》指出宗室王公中的主和派包括载洵、溥伦、奕劻，"咸认为保全皇室，舍共和外空无善策"①。据俄国驻北京代理公使世清的电报，庆亲王在此次会议中指出清政府经费和军需匮乏，主张在革命军答应保护皇族动产和不动产、保护宗庙、妥修德宗崇陵等条件下清帝退位。②庆亲王奕劻提出清帝退位的建议，得到主和派其余宗室王公的附和。

宗室王公中的主战派，以溥伟为首。恭亲王溥伟坚决主战，并认为"汉阳已复，正宜乘胜追击"。但其他国务大臣指出"汉阳虽胜，奈各省响应，但北方无饷无械，孤危已甚"。溥伟力持"今革命党之势，远不及发捻，何乃辄议如此"？主战的宗室王公将革命军与太平天国、捻军起义相类比，认为清政府能够镇压，并指出用兵筹饷是朝臣应尽之责，"若遇贼即和，人尽能之，朝廷何必召袁慰廷耶"！外务大臣胡惟德则称外国不赞成清政府开战，反对溥伟的主战提议。溥伟则坚持"中国自有主权对内平乱，外人何能干预"！主战派宗室王公并未探出列强的意向，反而认为"英、德、俄、日皆君主之国，亦万无强胁人君俯从乱党之理"，要求外务大臣明确指出是哪个国家反对清政府开战。③参加御前会议的蒙古王公亦都主张继续开战，认为革命军的保证不可信。于是，会议最后没有达成决议。④蒙古王公内部意见也不统一，如那彦图表示赞成君主，特尔伯特王则主张南北分治。有些蒙古王公甚至扬言，若决议皇帝退位，则蒙古独立。⑤

因为宗室王公存在主战、主和两种截然相反的意见，最终此次御前会议议无所决。

---

① 刘绍唐主编：《中华民国大事日志》，台北：传记文学出版社，1978年，第4页。
② 陈春华等编译：《俄国外交文书选译：有关中国部分 1911.5—1912.5》，北京：中华书局，1988年，第256页。
③ 《溥伟〈逊国御前会议日记〉》，《社会科学战线》，1982年第3期，第172页。
④ 《俄国外交文书选译：有关中国部分 1911.5—1912.5》，第256页。
⑤ 日本外务省外交史料，NO.1-0878，原文第0062—0063页，参谋第三〇〇号，四、清国公使馆附武官青木少将电报，一月十七日午后发。

二、主战派暂居上风

关于是否顺应共和,清皇室已经组织过两轮亲贵御前会议,但由于宗室王公内部意见两歧,仍议无所决。1912 年 1 月 19 日,清政府外务大臣胡惟德、民政大臣赵秉钧、邮传大臣梁士诒奏请人心已去,君王专制,恐难保全,恳请赞同共和,以维大局。于是,隆裕太后在 1 月 19 日再次召集亲贵会议。关于此次亲贵会议亦有不同说法。

一种说法是:宗室王公中的主和派首领庆亲王奕劻被迫放弃让清帝逊位的主张,转而拥护君主立宪。俄国代理公使世清在一份电报中称,禁卫军军官代表曾去见庆亲王,并以死相威胁,迫使庆亲王在 1 月 19 日御前会议上放弃声明,主张君主立宪。①1912 年 1 月 19 日,水野幸吉在致莫里循的函件中也称"庆亲王出乎意料地突然改变了态度,变为拥护君主立宪。这显然是因为昨天晚上禁卫军的代表对亲王殿下进行了恫吓性的访问"②。许宝蘅在其日记中也称 1 月 19 日的会议,庆亲王"亦不敢主张","前议仍未决定"。③据日本外务省外交史料馆的青木少将给日本外务总长的密报,称十九日满蒙王公与内阁代表赵秉钧进行会议,再议共和主张时,庆亲王奕劻态度一变,醇亲王、恭亲王共同主张君主制,而蒙古王公强硬反对共和。日本人揭示,庆亲王奕劻本来主张赞成共和,然而在被激昂的军民警告后,改变论调。皇帝退位问题,一时抑扬顿挫,形势瞬息变化。④另一个日本人多贺(少佐)在给日本参谋总长的报告中亦称,由于在此前的皇族会议中庆亲王奕劻提出清帝退位、顺应共和,导致主张君主立宪的满人愤慨异常,纠结十数人到庆王府面见奕劻胁迫之,并由禁卫军士兵骚扰。⑤

---

① 《俄国外交文书选译:有关中国部分 1911.5—1912.5》,第 267 页。
② [澳]骆惠敏编,刘桂梁等译:《清末民初政情内幕:〈泰晤士报〉驻北京记者袁世凯政治顾问乔·厄·莫理循书信集》,上卷,上海:知识出版社,1986 年,第 839 页。
③ 《许宝蘅日记》,第一册,第 390 页。
④ 日本外务省外交史档案,No.1-0878,原文第 0055 页,受第一〇八〇号,一月二十日北京清末少将至总长密电。
⑤ 日本外务省外交史档案,No.1-08781,原文第 0083 页,受第一〇八九号,一月二十一日午后九时多贺少佐发参谋总长电。

另一种说法则是：主和派宗室王公的首领庆亲王奕劻没有参与此次会议，溥伟等主战派宗室王公主导了这次会议。溥伟在他的日记中记载，被隆裕太后召见参加1月19日御前会议的有：醇王、溥伟、睿王、肃王、庄王、载润、载涛、毓朗、载泽、那彦图、贡王、帕王、宾图王、博公，未列奕劻之名。隆裕太后询问诸亲贵到底是君主立宪好还是共和好，众亲贵都说"臣等皆力主君主，无主张共和之理"①。在此次会议中，溥伟、那彦图、善耆都表示主战。而隆裕向溥伟等人称，她并非主张共和，"都是奕劻同袁世凯说的"。隆裕还向溥伟说，让奕劻求外国人，奕劻则称外国人认为革命党是要政治改良才用兵，除非摄政王退位，外国人才帮忙。溥伟以载沣退政而外国仍未助清为由，说奕劻欺罔。那彦图也叫隆裕不再相信奕劻。《中华民国史事日志》记载，18日清廷召开御前会议，奕劻未至。不过19日的会议，奕劻参加，主要是"商退位事"，会后奕劻还与载沣访袁世凯续议。②

不管哪种说法，皆知，在此次亲贵会议中，宗室王公中主战派占据了上风。不过，虽然主战派宗室王公占据上风，清政府也并未采纳其建议。1月22日，隆裕太后召集亲贵大臣等入对，仍未决定办法，遂议定等待国会决定国体。③

三、"人心倾向共和，不若逊位全终"

在主战派占上风的亲贵会议召开后不久，1912年1月23日，英、法、俄、日四国公使一致赞成清帝退位。1月26日，附和宗室王公主战派、坚决反对清帝逊位的满族权贵良弼被革命党人炸伤（后死），主战的宗室王公"至此皆胆落，纷纷离京走天津、青岛及大连"④。莫里循在致布拉姆的函件中称，此举是"给予那些支持退位的、懦弱而又迟疑不决的亲王们重新考虑他们地位

---

① 《溥伟〈逊国御前会议日记〉》，《社会科学战线》，1982年第3期，第172页。
② 《中华民国史事日志》，第一册，第11页。
③ 《许宝蘅日记》，第一册，第390页。
④ 《中华民国大事日志》，第5页。

的时间"①。1月26日,段祺瑞领衔各军统领四十七人电奏,要求清皇室明降谕旨,定共和政体。②至此,清政府赖以与革命党对抗的军队前线倒戈——从"权贵牺牲财产、将士牺牲生命"的豪言壮语退而倡言改行共和。清政府武力抗拒革命的希望愈加渺茫了——军费供应不上、列强不提供贷款、清政府财政收入因各省相继独立而备受影响、国内舆情呼吁共和、军队集体倒戈。《梦蕉亭杂记》描述清政府此时的困境为:"前驱各将领联衔力请逊位,沪上就居某督等和之;商界各巨子亦和之;英国公使某君,亦复为声援。"③

虽然仍有一些主战派宗室王公坚持开战,如肃亲王善耆联合睿亲王魁斌、顺承郡王讷勒赫以宗人府名义,于宣统三年十二月初十日(1912年1月28日)奏请颁发内帑,简练宗室守兵,编练训练,由善耆等人督同宗人府知兵人员立即开办,并拟请宗室在陆军贵胄学堂毕业人员妥速训练,让禁卫军筹拨军械,"藉资保卫而奠皇基"④。但是,这些主战的宗室王公早已不能阻挡情势急转。当时,袁世凯图谋用退位诏书换取大总统头衔,为防宗室王公反对,将直隶附近驻军集于北京,还派人对王公加以防范和胁迫,放出将对反对共和的王公进行暗杀的风声。于是"本来就缺少魄力的王公们,皆缩颈屈服,群趋于袁之膝前,承诺退位,高唱赞成共和"⑤。原来有主张倾向的贝勒毓朗也"知与虎谋皮之无益,遂独愤然拂袖归矣"。其后,毓朗与人言及当时情形,称:"朝廷自王公等大臣全体辞职,兵权、政权、财权尽归一人之手,用人、行政尽一党是从,此时欲责皇太后坚持不让,事已无及,甚则弑逆之祸在所不免。余固不赞成禅让,而不敢为激烈言也。"毓朗本来打算"密谋扶危

---

① 《清末民初政情内幕:〈泰晤士报〉驻北京记者袁世凯政治顾问乔·厄·莫理循书信集》,上卷,第851页。
② 按《许宝蘅日记》记载,这份电奏内阁于27日收到(第1册,第391页),而不到一个月前,将士们的电报还说要"权贵牺牲财产、将士牺牲生命"(第1册,第387页)。《中华民国史事日志》记参与联衔电奏的有:第一军军统段祺瑞,提督姜桂题、张勋,副都统段芝贵,布政使倪嗣冲,陆军统制官曹锟、王占元、李纯、陈光远、孟恩远,第一军总参赞官靳云鹏,参议官吴光新、曾毓隽,总参谋官徐树铮,陆军统领官鲍贵卿、卢永祥、李厚基、何丰林,巡防统领王汝贤、赵倜等四十七人。《中华民国史事日志》,第一册,第15页。
③ 《梦蕉亭杂记》,卷二,第112页。
④ 善耆等:《奏请颁发内帑以供宗室守兵开办经费事》,宣统三年十二月初十日(1912年1月28日),一档馆藏,档号04-01-01-1112-007。
⑤ 《肃亲王》,《辛亥革命史资料新编》,第2册,第379页。

定倾之策",但是"始终未能得极峰手书",最终放弃。①

1月29日的清御前会议,宗室王公均表示主和,不再反对共和,醇亲王载沣已将所有重要问题,委任袁世凯办理。②在30日的御前会议上,隆裕太后召见宗室王公奕劻、载沣,两人俱声称"人心倾向共和,不若逊位全终"③,于是清政府拟定退位。2月2日,宗室王公中两个强硬的主战派肃亲王善耆、恭亲王溥伟已秘密出京。故而在2月2日、3日、8日、11日隆裕又迭次召见宗室王公、蒙古王公和国务大臣等商谈,此时已无强硬主战派王公参会。

2月4日时,清帝退位、顺应共和的基调已定,宗室王公等商酌的主要内容是优待皇室的条件。时人听闻"满洲皇族所争者,优待条款而已,是已甘心亡国……今闻惟载泽、溥伟不愿逊位,其余皆苟且偷生,不敢反抗"④。

2月5日,段祺瑞等武将又致电清政府,斥责阻挠共和的王公,称即率全军将士入京,与之剖陈利害。⑤北方军队武力威胁,加之南方参议院在和谈过程中亦有所妥协,最终和谈代表达成清室优待条件八款、皇族待遇条件四款、满蒙回藏待遇条件七款。优待条款内容如下:

> 甲,皇室的待遇条件:一、大清皇帝辞位之后,尊号仍存不废,中华民国以待各外国君主之礼相待。二、大清皇帝辞位之后,岁用四百万两,俟改铸新币后,改为四百万元。此款由中华民国拨用。三、大清皇帝辞位之后,暂居宫禁,日后移居颐和园。侍卫人等,照常留用。四、大清皇帝辞位之后,其宗庙、陵寝,永远奉祀,由中华民国酌设卫兵,妥慎保护。五、德宗崇陵未完工程,如制妥修,其奉安典礼,仍如旧制,所有实用经费,均由中华民国支出。六、以前宫内所用各项执事人员,可照常留用,惟以后不得再招阉人。七、大清皇帝辞位之后,其原有之私产,由中华民国特别保护。八、原有之禁卫军,归中华民国陆军部编制,额数俸饷,仍如其旧。

---

① 《述德笔记》,《近代史资料》,总79号,第131页。
② 《中华民国史事日志》,第一册,第16页。
③ 《中华民国大事日志》,第6页。
④ 《郑孝胥日记》,第三册,第1390页。
⑤ 《中华民国大事日志》,第7页。

乙，皇族的待遇条件：一、清王公世爵，概仍其旧。二、清皇族对于中华民国国家之公权及私权，与国民同等。三、清皇族私产，一体保护。四、清皇族免当兵之义务。

丙，满、蒙、回、藏各族的待遇条件：一、与汉人平等。二、保护其原有之私产。三、王公世爵，概仍其旧。四、王公中有生计过艰者，设法代筹生计。五、先筹八旗生计，于未筹定之前，八旗兵弁俸饷，仍旧支放。六、从前营业、居住等限制，一律蠲除，各州县听其自由入籍。七、满、蒙、回、藏原有之宗教，听其自由信仰。

这些条件"太后甚为满意，亲贵亦认可"①。在宣布共和国体前日，怕反对者有意外之举，袁世凯做了多方面举措：派兵保护力主共和的庆亲王奕劻、醇亲王载沣，及各要求被保护的亲贵；秘密布置人手写信恐吓主战的恭亲王溥伟；派亲信四处周旋，对宗社党中顽固者许诺共和定后，特别优待；对于宫内太监，亦表示会有所安置。②于是，1912年2月12日（十二月廿五日）隆裕太后即颁布懿旨三道，宣布清帝逊位，成立共和立宪国体。③北京平稳过渡到共和体制。

在辛亥革命爆发后的内外情势下，宗室王公同意清帝逊位也实不得已，而绝非"拱手相让"。他们也许并不一定了解革命、共和、民主是大势所趋，但定知清政府大势已去。辛亥革命爆发后，清政府筹款无门，度支部"接法国驻使来电云，现在英、美、德、法、俄、日本会议中国借款，概行拒绝"④。绍英称"外人既不借款，国事将不能支"⑤。金梁《光宣小记》称："南北议和，必决让国，太后召集皇室会议，历诉苦衷，声泪俱下，待众以决，皆相视无一言，惟恭、肃二亲王，合词谏阻，恭尤慷慨，怒斥诸贵要平日专横，值此危亡，何皆束手？今大势去矣，总当自奋，宁死不敢奉诏。不待毕议，即辞

---

① 《许宝蘅日记》，第一册，第393页。
② 《清帝逊位》，第二十四章"补记逊位时袁项城布置各情"，卷二，北京师范大学图书馆藏民国印本，第13页。
③ 《那桐日记》，下册，第709页。
④ 《绍英日记》，第2册，第255页。
⑤ 《绍英日记》，第2册，第256页。

而出。"① 溥伟在日记中也说:"张绍曾叛于永平,以十九条要朝廷,醇王则允之。诏下,余谓后斋兄曰:'大事去矣!'"② 可见,连那些坚决反对逊位的复辟派王公也深知清政府大势已去。

第二节 多数顺应共和

宗室王公深知清政府大势已去,革命军政府又给出了优渥的清皇室优待条件,尤其是保护王公贵族的爵位与财产的承诺,保障了宗室王公的身家性命和经济特权。综合考虑各方因素后,宗室王公除了个别复辟派外,绝大部分都选择支持清帝逊位,顺应共和。

一、任职于民国

大部分宗室王公进入民国后,表现出顺应共和之姿态:任职于民国,支持民国建设;服务于逊清皇室,并撇清与复辟运动的关系,以表示顺应共和;寓居于京津,不问政事。

宗室王公中任职于民国者为数寥寥,仅有溥伦、毓朗、溥绪三人,且仅备位于参政院或参议院,并不能左右政局。不过,这并不意味着宗室王公不愿意任职于民国。民国初年,还有宗室王公试图通过向民国参议院申请议员专额,来参与民国政权。1912年,满族同进会为满洲议员专额提出申请,试图通过法律途径参与民国政治决策。据日本间谍宗方小太郎之《关于中国的政党结社》载,满族同进会,正会长为熙彦,副会长为宗室王公睿亲王魁斌。他们设立满族同进会的目的为:"为京外八旗满洲、蒙古、汉军人士互相砥砺,

---

① 金梁:《光宣小记》,上海:上海书店出版社,1998年,第153页。
② 《溥伟〈逊国御前会议日记〉》,《社会科学战线》,1982年第3期,第171页。

一致进行而享大同之幸福。征询全国旗人之意见，筹划旗民生计，协助政治进行，增进自治能力，与同胞共享事权之利益。"①1912年9月12日，民国第一届参议院第七十次会议，并未批准添设旗人议员专额提案。但是，宗室王公并未放弃争取任职民国的机会。

民国时期，最积极参与民国政治的宗室王公是曾任清末资政院总裁的贝子溥伦。1912年12月22日，袁世凯任命贝子溥伦为镶红旗都统。溥伦成为第一个由民国政府任命职务的宗室王公。溥伦对参与政治极为热心，在清末即有组织政党的想法。②进入民国后，1912年10月，溥伦还"拟加入国民党，已经托人为之介绍入党"③。据《中华民国史事纪要》，在国民党的成立大会上，溥伦即为名誉参议之一。④然而，当时报刊指出宗室王公加入政党的目的，仅是为了"以免反对共和之诮"⑤。结合溥伦日后的行为，可见报刊的报道所指不虚。宗室王公试图加入政党、融入民国政治生活的目的不仅仅是热心政治，更是为了传达其并无反对共和之意。

然而，任职于民国政府，与其说宗室王公顺应共和，不如说他们顺应的是当时的政治形势。1912年尚拟加入国民党的宗室王公溥伦，在袁世凯密谋洪宪帝制时，上书坚请袁世凯"即日正位，以安民心"⑥。在袁世凯复辟帝制期间，又出任袁世凯政府的参政院院长。1915年12月14日，参政院开会，黎元洪辞去院长职务，以溥伦代之。溥伦邀请同事们午餐，与人握手为礼，俨然新人物。时人论以"溥伦则已为参政，又晋院长，表面观之，谓非唐虞之际耶！然心中惨恻，不知是酸是苦"⑦。溥伦上任后，又推荐更多宗室王公加

---

① 宗方小太郎：《关于中国的政党结社》，载汤志钧编著《乘桴新获——从戊戌到辛亥》，南京：江苏古籍出版社，1990年，第290页。
② 《汪荣宝日记》，第252页。宣统三年二月二十一日（1911年3月21日），"重诣叙斋贝子（溥伦字叙斋），坐有季兴、庸生、伯屏。贝子谋集同志设一俱乐部，隐为组织政党之预备，记录同志姓名数十人，约他日再商集合之法"。
③ 《溥伦拟入国民党》，《北京专电》，《盛京时报》，1912年10月4日，第二版。
④ 《中华民国史事纪要》编辑委员会编：《中华民国史事纪要》，民国元年（1912）七至十二月份，台北：中华民国史料研究中心，1972年，第166—167页。与极力主张复辟的肃亲王善耆素来亲厚的蒙古王公贡桑诺尔布，居然名列国民党成立大会的九名理事之一。
⑤ 《前清亲贵加入政党之由来》，《北京专电》，《盛京时报》，1912年11月9日，第二版。
⑥ 《伦贝子上书促请正位》，《益世报》，1916年1月11日，第六版。
⑦ 《抑斋自述》，第216页。

入参政院以为羽翼。他向袁世凯推荐载振、毓朗,均得袁氏首肯。① 袁世凯复辟帝制失败后,溥伦依然孜孜不倦地谋求参议院职位。溥伦在为恢复参政院致民国总统的呈文中,为自己赞同帝制开脱,称自己是屈服于袁世凯"手握兵符,称雄一世",实际上并非赞同帝制。自称"矢忠民国不辞劳苦,心力交殚,当为国人所共谅",又请民国政府恢复参政院,"以示与民更始之心,以表特赦帝孽之意"。② 虽然溥伦号称自己矢忠民国,但从其附和袁世凯称帝来看,他任职于民国,顺应的并非共和,而是当时的政治形势。

1917年12月14日,时任民国总统的冯国璋向参议院提交国会组织法、两院议员选举法修正案咨文,其中《修正参议院议员选举法案》中,增设"满蒙回世爵互选议员",规定选举"满洲王公具有政治经验者"。冯国璋在叙述修正理由时称"此项议员纯出于政治上之作用"。③ 冯国璋身亡后,段祺瑞重新掌权。段氏在民国初元即不满意国会,认为"众议员资格太滥,参议员当取老成",所以段祺瑞在重新召集临时参议院、另定国会选举法时,意图"纳一班老成人于参议院"。④ 他通过御用的临时参议院修改民国元年所订的有关国会法规。1918年2月17日,经过段祺瑞插手修订的《修正参议院议员选举法》,正式增设宗室王公专额,以供"宗室王公具有政治经验者"参加中央选举会。修正选举法后,段祺瑞大用"老成人",故而选举出与北洋势力、逊清皇室俱亲厚的徐世昌为总统。徐世昌在任总统前,有所推让。宗室王公群体对"太保"出任"总统"极力促成,醇亲王载沣不仅派人,还亲自敦劝徐世昌出任总统。宗室王公中溥绪、毓朗均入选徐氏当政期间的参议员。1920年,毓朗甚至还捐出自己名下地产赞助民国政府修筑铁路,表现出慨然支持民国实业发展之态,得到民国交通部颁发奖章嘉许。⑤ 毓朗在1922年的诗作中自称:"古人避乱栖深山,我今避乱城市间。"又叹息:"壬子壬戌已十载,兵

---

① 《载振毓朗拟任参政》,《北京新闻》,《益世报》,1916年1月19日,第六版。
② 倚虹:《拟代溥伦呈请恢复参政院文》,《益世报》,1917年8月1日,第十版。
③ 《大总统冯国璋为提出国会组织法、两院议员选举法修正案致参议院咨》,中国第二历史档案馆:《北洋政府档案》,国会,第二册,北京:中国档案出版社,2010年,第220页。
④ 《抑斋自述》,第257页。
⑤ 《交通部谢朗贝勒捐助京奉铁路地亩笺》,《交通丛报》,1920年,第73期,第5—6页。

变年年未尝改。"① 可见，他在民国时期参政、捐助修筑铁路等举动，既是顺应共和，更是为了避祸乱、保身家。

二、逐渐远离逊清皇室

除任职于民国，宗室王公中也不乏在民国时期继续任职于逊清皇室者，宗室王公中载沣、载泽、溥伦、载润、载涛、毓朗、载瀛等②，皆继续为逊清皇室服务。维护逊清皇室的宗室王公，不乏既供职于民国，又服务于逊清皇室者。毓朗在民国时期，被逊清皇室委以宗人府职务，自谓："遭逢鼎革之变，犹得备位宗署"③，以维持皇室权利为己任；此外，他又出任民国参议院议员。毓朗对自己同时任职于民国与逊清皇室处之泰然。从民国时期毓朗赠给庄亲王溥绪的箴言，可窥其进入民国后心态之一斑："当行则行，勿计利害。当止则止，勿计成败。围而不忧，业日光大。以斯处世，庶几有豸。"④ 正如其奉行的"当行则行""当止则止"之箴言，毓朗极为识时务，颇能顺应时势而行止。宗室王公维持逊清皇室，并不断撇清逊清皇室与复辟的关系，是为了显示逊清皇室顺应共和，为了维护清室优待条款。不过，随着民国政局的变化，宗室王公与逊清皇室也不断离心，服务于逊清皇室的宗室王公日渐稀少。

1912年，根据南北和谈，清帝下诏退位，用顺应共和之姿态来换取民国政府的优待条件。进入民国后，逊清皇室为保证优待条款的实现，不断撇清与复辟运动的关系。针对宗室王公中有人组织宗社党、反对共和，隆裕太后特令世续传谕宗社党速即解散。清帝退位后，逊清皇室的事务由隆裕太后统摄，仍依样"执行故事，其仪注体例，并发布上谕等，亦一律照旧"⑤。进入民

---

① 《壬戌六月二十二日赴别业作》，《余痴生诗集》，《清代诗文集汇编》，第789册，第608页。
② 1921年，逊清皇室派遣以上宗室王公偕同内务府裁并逊清小朝廷的机构以节省靡费。
③ 毓朗自跋语，《余痴生诗集》，《清代诗文集汇编》，第789册，第611页。
④ 《示庄邸》，《余痴生诗集》，《清代诗文集汇编》，第789册，第608页。
⑤ 王无生：《述庵秘录》，《清光绪帝外传·外八种》，北京：北京古籍出版社，1998年，第231页。其作者号称"清隆裕后之丧也，内外人士皆表哀悼崇敬之意，此亦亡朝史中所未有也。记者历访通习清宫中情事者，汇志于左，其所言，敢保证其八九皆实也"（第226页）。

国后，宗室王公逐渐远离逊清皇室，"多纷纷迁居安乐之乡"。被逊清皇室派去守护清室陵墓的宗室王公，"多一律请假"，甚至因"新派者不去，旧派者遂永不得归"，旧派者遂擅离职守。①隆裕为了笼络宗室王公，令其继续为逊清皇室服务，下令"所有从前恩赏王公等府第房间地亩，著加恩赏给作为私产"②。1913 年，逊清隆裕皇太后病危，宗室王公载沣、溥伦等随侍。隆裕遗训宫中事务，命醇亲王载沣管理。③在逊帝溥仪成年之前，维护逊清皇室，主要是由醇亲王载沣与内务府总管世续等人主持。宗室王公载沣等延续隆裕太后撇清与复辟运动关系的策略，以示逊清皇室顺应共和。

1917 年张勋复辟后，宗室王公与逊清皇室逐渐离心。据 1919 年载沣的一个"谕令"可知，当时王公请假者"几于无日无之"。有些王公续假数月之久，有些不待请假便径直出京，于是 1919 年逊清小朝廷的太庙、陵寝祭祀，王公缺乏竟至"几乎不敷用"。载沣只得下令王公们"务须照常当差，不得无故请假出京"。④然而，此时逊清皇室所谓的"谕令"，对宗室王公并无太大约束。1924 年冯玉祥发动北京政变，借机驱除溥仪出宫。王公对不再居住紫禁城的逊清皇室离心更大。在一份"宣统十六年十月"的逊清朝廷"谕旨"中，醇亲王载沣以溥仪"春秋渐长，理应亲理事务"⑤为由，辞去照料内廷一切事务。推及时间，正值冯玉祥驱逐溥仪出宫之时。虽然此"谕旨"仍令"王公大臣等均须勤慎趋公，各尽职守"，但连"皇帝"的本生父都要弃之不理，更遑论其余宗室王公。所以，宗室王公此时与迁至天津的逊清皇室更加离心。

三、不问政事的新生活

进入民国后，更多宗室王公选择不问政事，寓居于京津。载沣之子溥杰回忆，民国时期，昔日王公的生活依旧讲究磕头请安的繁文缛节，互相比较

---

① 《述庵秘录》，《清光绪帝外传·外八种》，第 226 页。
② 《爱新觉罗宗谱》，甲一册，民国初年壬子九月"懿旨"，第 16 页。
③ 退庵：《记清隆裕皇太后》，《立言画刊》，1943 年，第 271 期。
④ 《奕譞档》，第二册，《近代史所藏清代名人稿本抄本》，第一辑，第 83 册，第 41 页。
⑤ 《奕譞档》，第二册，《近代史所藏清代名人稿本抄本》，第一辑，第 83 册，第 46 页。

吃喝穿戴，再不然就是"追慕过去和嘲骂现在"。载洵在民国时期教育其子时甚至说："如今民国了，咱不能齐家治国平天下，但身为天潢贵胄，起码该是退则独善其身吧。"①1914年，在贝子载振的府邸，一班前清权贵相互贺岁，那桐戏集春联："今朝有酒今朝醉，一年又过一年春"②，自称乃纪实而言。此联精确描摹了顺应共和的王公们得过且过、及时行乐之心态。

清末赫赫有名的"振贝子"载振，在民国时期，长期寓居京津，过着"寓公"的生活。载振对其后辈管理严格，平时除一同去戏院看戏外，不准子孙随便外出，以避免他们与外界，特别是军政界接触。他自己也谨言慎行。1924年，载振已经定居天津，对于此时亦迁居天津的逊帝溥仪，载振也只是在每年溥仪的生日那天，率其子溥钟、溥锐到张园祝寿。日本侵占东北成立伪满洲国，建立溥仪傀儡政权，载振并未参与其中。1935年，因溥仪30岁整寿，宗室王公群体前去贺寿，载振派溥钟、溥锐前往"新京"（长春），临行前再三嘱咐其子务必"谨言慎行"，尽量少和各方面接触。③

昔日的摄政王载沣，进入民国后，亦表现出顺应共和之态度，其装束毫无"遗老"之姿容。1923年，笔名为蜗隐者作《载沣氏之新生活》刊登于晨报副刊，蜗隐特别强调，载沣所留乃日式平头，而非"豚尾下垂，如世人想象中之载沣"，并指出载沣的形象，在旧人物目中"必以为忘却亡国之痛，如刘后主之此间乐"，但在蜗隐眼中，其所见之载沣"则觉得此公兄弟父子，皆有觉悟，既识人生意味，且有贫民精神。知人类若以他人血肉，换得圈禁式之巍巍然，不若敛踪个人富贵，与人类共同生活"。总之，载沣并没有"端居思过"，或者积极复辟，而是"正在吾五族共和民国，做一最自由新生活之大百姓"。

进入民国，宗室王公中载涛表现的"敝履尊荣"之态尤为突出。他组织"言乐社"，自为武生，以艺术服务社会。《挑滑车》《长坂坡》等重头戏，是其看家本领。有人问他社名的取义，他说："子时然后言，人不厌其言，乐

---

① 龙翔：《最后的皇族：大清十二家"铁帽子王"逸事》，北京：北京大学出版社，2011年，第192页。
② 《那桐日记》，下册，第765页。
③ 溥铨：《我父庆亲王载振事略》，《天津文史资料选辑》，第44辑，天津：天津人民出版社，1988年，第216页。

然后笑,全不厌其笑,这是'言乐'二字的本意。但还有'义然后取,人不厌其取'那一句下文呢。所以花一元八角的买座费,是取不伤廉,很值得花的。"①民国时期,这班昔日王孙们还聚集在一起听京剧、表演京剧。宗室王公载洵、载涛、溥侗,还有载振的儿子溥钟、溥锐等组成所谓的"贵胄班",以听戏、演戏为乐,过着"是真是幻,非幻非真。剧中人即我,我即剧中人"②的生活。

进入民国后,大势已去的宗室王公顺应共和的抉择,与其切身利益密切相关。宗室王公顺应共和与否攸关优待条件是否执行。而优待条件与王公经济利益、身家性命攸关。在保有优待条件的前提下,宗室王公满足于既得利益,遂顺应共和。

在民初的十多年中,优待条款几乎等同于宗室王公们的"护身符"。民国时期,为酬谢清帝主动退位的优待皇室条款,虽在袁世凯当政时期略有修改,但在1924年溥仪被冯玉祥驱除出宫、彻底修改优待条件之前,宗室王公的经济特权几乎没有什么实质损害。甚至进入民国后,因逊清皇室将原来属于皇室的王公府邸、园林赐作王公私产,③宗室王公之身家财产还有所增加。民国初年,财政部在商议清室王公府第圈地契税法时,认为"圈地征税,失优待之旨。因拟定分别条例,除已售他人者,凡王公产业,均免契税"④。当时报刊称宗室王公在民国的生活为"清亡,王公虽稍稍敛迹,而利其庄田财宝之厚,仍无识无知,不劳半点心力,以纵其口腹玩好之欲,于大多数旗民之呼饥号寒无所动于中也"⑤。优待条款继续保障宗室王公的身家性命、经济特权,故

---

① 韩锋:《皇族载涛的思想倾向》,李齐念主编:《广州文史资料存稿选编·军政类》,第四辑,北京:中国文史出版社,2008年,第7页。
② 溥锐在其剧照背后的题字。载于汪荣堃《清庆亲王载振的家庭生活》,《文史资料选辑》,第47辑,北京:文史资料出版社,1981年第二版,第276页。
③ 见诸《爱新觉罗宗谱》,甲一册,民国元年九月,隆裕太后下令"所有从前恩赏王公等房间、地亩均著赏给作为私产"(第35页);民国五年正月,"蔚秀园著作为醇亲王私产"(第36页);民国五年二月,"集贤院赏给贝子溥伦加恩作为私产"(第8页);"朗润园著赏给贝勒载涛加恩作为私产"(第49页);"海甸住房赏给贝勒载瀛加恩作为私产"(第74页);"灯笼库、公主园赏给贝勒载洵加恩作为私产"(第84页)。
④ 《清室王公圈地免税》,《雅言》,1914年,第一卷,第9期,第3—4页。
⑤ 《清室王公之产业》,《益世报》,1925年5月29日,第十版。

而宗室王公群体顺应共和，极力撇清与复辟活动的关系，保证优待条款得以维持。

1917年张勋复辟时期，公布施政大纲，即定"亲贵不得干预政治"，"皇室经费仍照所定每年四百万元数目，按年拨用，不得丝毫增加"，"憼遵本朝祖训，亲贵不得干预政治"。① 不过当时也有报刊报道，载沣在复辟的十几日中，试图以太上皇自居，并希望以载洵管理禁卫军，但遭到溥仪及其师傅们的拒绝。② 据溥仪记载，张勋复辟禁止亲贵干政，引起王公的忿激。醇亲王载沣被那些贝勒贝子王公们包围起来，要和张勋理论，还要亲自找溥仪做主。溥仪的师傅陈宝琛嘱咐溥仪拒绝王公的要求，称"本朝辛亥让国，就是这班王公亲贵干政闹出来的，现在还要闹，真是无知已极……"③ 对宗室王公而言，张勋复辟并未带来任何经济上、政治上的实际改善。故而，宗室王公对张勋复辟并不支持。绍英在日记中记载，张勋复辟时，醇亲王载沣兴致并不高昂，反而早就嘱咐让师傅们草拟好文章宣称清皇室无复辟之意。对载沣等一心维护逊清皇室现状的宗室王公来说，张勋复辟并不能带来任何政治、经济上的实际好处，张勋复辟的龙旗刚挂出，各地反复辟的通电迭发，复辟为千夫所指、与时代大潮流相悖逆。宗室王公与复辟划清界限，实际上更有利于逊清皇室、皇族维持现状。毕竟反对张勋复辟的军阀段祺瑞、冯国璋等，都是打着保护清室的旗号，以"不忍前朝被匪人利用"的名义誓师宣战的，反对的是张勋，并非皇族。

载沣在张勋复辟后的日记中，记载了宗室王公为求优待条件不变、撇清与复辟之关系而积极周旋于北洋政要之间。张勋复辟后，为了撇清与复辟的关系，载沣给徐世昌赠菜肴，并亲自拜访徐世昌，同时又派遣载润代表皇室迎接续任总统的冯国璋，并派人赠冯氏肴馈，还通过载涛、载洵不断刺探各方消息。④ 最终，在北洋势力的维护下，优待条款得以保留，载沣在日记里记载："世相（世续）来谈，云已晤徐太傅（徐世昌），竭力维持关于优待条件，

---

① 黄季陆等：《革命文献》，第7辑，台北：中央文物供应社，1984年，第52—53页。
② 《复辟轶闻五记》，《晨钟报》，1917年7月19日，第三版。
③ 溥仪：《复辟的形形色色》(《我的前半生》中的一章)，《文史资料选辑》，第26辑，北京：文史资料出版社，1962年，第18页。
④ 《复辟的形形色色》，《文史资料选辑》，第26辑，第23页。

惟二十五日所宣布之件（即宣统再次"退位诏"）须另缮改正"①，"民国于六月以来关于应筹皇室经费及旗饷仍如例拨给"，"收七弟自津寓今早发来函，略同十八日晤徐太傅之意，尚好尚好"，"七弟来谈已见冯总统，意思尚好"。②从载沣之子溥杰的记载来看，醇亲王载沣其实并不擅长与人周旋，厌恶与人交往，"最怕应酬交际，来客不论坐谈多久，决不留饭，也从不到别人家去盘桓"③。可是，在张勋复辟后，他却一反常态，积极联络北洋势力，撇清与复辟的关系，以维护优待条款，保住宗室王公的既得利益。由此可见，优待条款之于宗室王公的重要性。

清帝退位后，宗室王公虽然丧失了政治特权，但在优待条款的保护下，经济利益并未有多大损害。故而，一旦有政治势力发出取消优待条件之声，王公们便不自安。1922 年，社会广为流传取消清室优待之说。宗室王公惧怕民国政府因此取消优待条款，对外为优待条款的存在多加辩护，甚至有王公称："民国之成立，并非由于中国人民自身之胜利，而系由于清室之让步而来，当清廷逊位时，曾与民国政府订立优待条件，其中一条件规定支付给皇室费用，其余则规定应维持清室之地位，此项优待条件，在他国亦不乏其例。"④力图论证优待条件不可变更，王公经济利益不可废除。

民国初年，政局并不稳定，宗室王公试图利用各派系的斗争以维护优待条件。例如，宗室王公载泽因东陵皇室私产问题与直隶军阀发生纠葛。载泽试图利用直奉斗争，借助军阀混战从中保护皇族的经济利益。1914 年，东陵后龙地方被民国内务部划分为国有与皇室私产两部分，逊清皇室借为守陵兵役筹谋生计之由，派镇国公载泽开垦皇室私产部分；1918 年，载泽又以民国政府拖欠皇室经费为由，开发当地林业。1921 年，直隶当局以载泽"与马兰峪天丰益木厂，伐售陵木，行同狼狈，迄已多年"⑤查封载泽在东陵所设的木厂。根据优待条件，清室私产归民国保护，载泽因此请求民国政府查办，声称："忽有直隶军队到兴隆山采植局，声称奉督军省长命令，查看账目，并将

---

① 《复辟的形形色色》，《文史资料选辑》，第 26 辑，第 24 页。
② 《复辟的形形色色》，《文史资料选辑》，第 26 辑，第 25 页。
③ 溥杰：《醇亲王府的生活》，《文史资料选辑》，第 26 辑，北京：文史资料出版社，1962 年，第 158 页。
④ 《清室王公之不知自爱语（因取消优待问题而发）》，《益世报》，1922 年 7 月 16 日，第七版。
⑤ 《载泽在马兰峪之行动》，《益世报》，1921 年 5 月 30 日，第十一版。

局所封禁，各处堆存木料，均派兵看管等情"，他抄录历年民国总统批准原案并准咨全案，咨行国务院内务部并咨行直隶督军省长，请求查办。但由于当时是直系军人当政，并未得到答复。与直系军阀沟通无果后，载泽遂于1925年直奉战争爆发后，致函奉系军阀张作霖，请其代为主持。①

1924年冯玉祥驱除溥仪出宫后，优待条件被修改殆尽。宗室王公为了恢复优待条款，在南北政治势力中奔走运作，试图在南北政争中获利。1924年讨伐曹锟贿选的战争与辛亥革命自然不能相提并论。然而，时人却有将之视为"辛亥第二"者②，主要原因是这次战争的附带成果之一：驱除溥仪出宫。1924年的"逼宫"事件成为衡量近代政治改革的一个标志，驱除昔日皇帝出宫，具有重要的象征意义。逊清皇室存在于首都北京，是否是近代政治改革的阻碍？各方政治势力看法不尽相同。在倒戈成为国民军将领的冯玉祥眼中，逊清皇室的存在是封建余孽，必须清除；新派知识分子，颇为溥仪出宫成为真正公民摇旗呐喊；南方革命党人亦因逊清皇室曾参与张勋复辟，认为其不配再享受优待条款；段祺瑞等北洋势力，则登报声称逼迫溥仪出宫，不足以昭大信，对逊清皇室采取宽容态度；清朝的遗老们则试图借助外国势力，继续维持逊清皇室。

冯玉祥驱除溥仪出宫事件发生后，时人揣测宗室王公心理，称"至夫亡清遗老，宗室亲臣，则抱一种国破家亡之观念，神武门前，醇王邸中，正不知有若何之悲恻也"③。王公们的悲恻之心又伴随着恐惧。报刊报道当时皇族为求平安，纷纷携带财产逃匿："昨日鹿钟麟与绍英之谈话，清室皇族纷纷弃主逃匿……又清室皇族眷属，避难于东交民巷者日见其多，载洵及其福晋亦于八日避东交民巷某处，凡拥有资产之皇族，纷纷逃避，竟置其主而不顾矣。"④

---

① 《载泽请发还清室私产》，《益世报》，1925年4月1日，第十版。
② 《善后之希望》，《盛京时报》，1924年11月9日，第一版。其文称："曹锟退位，吴佩孚潜逃，一场轰轰烈烈之战争，至此已烟消雾散，论者目是役为辛亥第二。征诸最近国民军之逼迫清帝出宫，洵是当之而无愧色。"李玄伯：《驱逐溥仪的理由的证明》，《京报副刊》，1925年，第319期，第7页。文章称："去年今天，国民军废除帝号，驱逐溥仪出宫。照革命的真义看起来，这事比武昌起义的重要，不在下。钱玄同先生说今天是第二个国庆日，是不错的。"
③ 宁协万：《清室优待条件是否国际条约》，《东方杂志》，1925年，第二十二卷，第2期，第13页。
④ 《两太妃守柩不肯出宫》，《晨报》，1924年11月11日，载季啸风、沈友益：《中华民国史史料外编——前日本末次研究所情报资料（中文部分）》，第2册，桂林：广西师范大学出版社，1997年，第257页。

然而，宗室王公并非集体逃匿不作为，部分王公仍多方活动，试图恢复之前的优待条款。宗室王公在北洋军阀的各派系及南方革命党等各方政治势力中周旋，试图恢复清室优待条款。

贝勒载洵在天津拜见皖系军阀段祺瑞，得到段祺瑞的声明："办理清室出宫事件，类于孩提之胡闹。"①《顺天时报》报道，清室优待条件改订后，清室方面仍多方运动，力图恢复旧观。宝熙、绍英等用清室内务府名义，致函孙中山，请为维持。逊清皇室自持优待条款"载在盟府，中外咸闻"，并以孙中山在1912年皇室欢迎会上赞扬隆裕皇太后让出政权，让生民免遭涂炭，是为女中豪杰为依据，同时又以约法第六十五条"载明优待条件永不变更，铁案如山，谁可动摇"为理由，试图沟通南方革命派军人恢复优待条款。然而，孙中山等革命派军人认为，清帝既然参与复辟，此前酬谢其自动逊位的条款自然应当取消，并不支持宗室王公的辩解。北京政变后，北京被奉系军阀张作霖占领。除沟通皖系军阀段祺瑞、南方革命派外，此时载沣等昔日王公又将求助目标转向了奉系军阀张作霖。如载泽牵头带领宗室王公们致函杨宇霆、常荫槐，转托他们向张作霖求援。他们以载沣、载涛、载泽及全体宗室王公的名义致函张作霖，请求营救溥仪，函称："十一月五日，冯玉祥总司令以武力强使宣统逊帝出宫，软禁于醇王府内，军警日夜包围，生命危在旦夕。恳请上将军主持正义，速解倒悬，即日致电冯总司令，切实保障宣统逊帝安全，恢复自由等语。"②

王公们竭力奔走，多方联系，试图恢复原来的优待条款。然而，逊帝溥仪并不赞同王公的做法，有报道称溥仪思想较新，对改定优待条款并无意见。而宗室王公载涛等与遗老自成一派，坚持与民国政府斡旋，不达恢复优待条款目的誓不罢休。③宗室王公载沣等主张溥仪留在醇王府，配合宗室王公继续与民国政府争取恢复优待条件。而当时溥仪身边的遗老金梁则主张溥仪高姿

---

① 《清室善后事宜停顿》，《中华民国史史料外编——前日本末次研究所情报资料（中文部分）》，第2册，第272页。该报道称："绍英等辞善后委员职，醇王府冯军又撤回。兹悉段日前接见清室代表载洵，表示办理清室出宫事件，类于孩提之胡闹，引为歉疚，旋即派荫昌回访向清室道歉。"

② 俞兴茂、吕长赋、纪红民编：《溥仪离开紫禁城以后》，北京：文史资料出版社，1985年，第15页。

③ 《溥仪出京之原因又一说》，《中华民国史史料外编——前日本末次研究所情报资料（中文部分）》，第2册，第278页。

态表示"敝屣一切,还我自由",将皇室优待经费捐出做慈善,出国游学。醇亲王载沣观望时局,认为"近日事已和缓",不同意金梁的提议,令溥仪再进行"众议","不妨再看看"。载沣唯恐金梁再向溥仪灌输"敝屣一切"的思想,在金梁与溥仪见面时,还在旁"监视"。① 然而,溥仪并未接纳宗室王公的意见,最终在郑孝胥、庄士敦的支持下,出逃东交民巷,投奔日本驻华使馆,最后迁至天津,试图伺机出洋。

对于溥仪出洋的打算,以载沣为首的宗室王公是反对的。1925 年秋,载沣为此专函致溥仪,称:

> 来函备悉,知现在居津一切平安为慰。唯据陈师傅云,皇帝有出洋之说。余意则似不可过速,总之以在津不动为妥。其善后诸事,自由各该王大臣等协商办理,并请改在日界常驻,不可往游他界为要,甚为系念。②

此时宗室王公之所以阻止逊帝溥仪敝屣一切,出洋游学,还是为了保证逊清皇室不参与复辟活动,宗室王公进而得以继续与民国政府争取优待条件。据溥杰在《醇亲王府的生活》记载,载沣曾对其大发牢骚称:"你看,英国征服了印度,可是印度的王公贵族,至今照样存在。日本灭了高丽,李王一家在日本也继续保持着贵族的爵位。可是咱们,现在一点优待都受不到。"③ 一贯呈现出淡泊名利的载沣对没有优待条件尚且牢骚满腹,更遑论其他王公了。宗室王公在溥仪被驱逐出宫后,依然积极运作,试图恢复清室优待条款。

1924 年北京政变爆发后,溥仪被驱除出宫,宗室王公遂相率逃入租界寓居。昔日王府亦尽售于外国人。宗室王公之所以选择出售于外国人,还是为了保护身家性命起见,售之于外人,更易转于租界购屋而居。北京政变后,民国政府开始清理旗地,宗室王公又出而阻挠,处处声称是王公之私产。但是当时优待条款已经修改,王公之经济特权已不再受政府保护。时人评论

---

① 金梁:《遇变日记》,《文史资料选辑》,第 13 辑,北京:中华书局,1961 年,第 101 页。
② 丁进军:《载沣致溥仪函》,《紫禁城》,1989 年第 4 期。
③ 《醇亲王府的生活》,《文史资料选辑》,第 26 辑,第 159 页。

"吾人诚不知其跑马圈地之外，复何所据"①。1926年，载沣等为清室财产致函奉系军阀张作霖，请求维护。载沣声称自从北京政变后，"宫中物品既均为赤党把持，外间田地房产，或被该党封禁，或归警厅暂管，以致应收租项不能取到丝毫，优待经费亦久未拨付。京津两处费用浩繁，无从取给，困难情形不堪言状"。请求张作霖饬令警察厅"将清室所有南苑建筑地亩、城内房产，查照优待条款及内务部原案一并交换，以昭公允，不胜迫切待命之至"。张作霖对此函批注道："尽力作去，成功与否尚在不可知之之数。"②1927年四月初二日，载沣特派奕元、吴锡宝、汪中清点醇王府在直隶一带佃户花名、地亩清册。③可见，虽然民国政府进行了一些清理清室财产的工作，但是在北洋政府统治时期，宗室王公依附北洋军阀，在其保护之下，王公之庄田依然得以保存。

北洋政权及其代表人物强调清帝逊位并非征服所致，共和从清帝逊位而得，而清帝退位优待条款更是全球共闻，不坚持不足以昭大信，故而很大程度上维持优待条款。北京政变后，优待条款被彻底修改，宗室王公犹想利用政局的动荡，利用各派政治势力来恢复优待条款，保持其经济特权。但北、南政治势力对待宗室王公各有不同。南方革命势力反对专制，推行民主共和，认为宗室王公若仍延续"王公世爵仍其旧"的优待条款，是不民主的象征。故而，1928年南京国民政府成立后，不再有政治势力保护宗室王公之经济特权。

本应与清王朝"休戚与共"的宗室王公，在辛亥革命爆发后的御前会议中，权衡再三，几乎集体选择顺应共和，毫无"气节"可言。然而，传统价值观念的忠义论受到共和潮流的冲击，并发生改变。辛亥革命爆发后，时人皆知："共和之局，天下所趋，我宁逆其潮流？"④辛亥之时，形成了"倾覆帝制之声盈天下，如火燎原不可响"的局面，宣称效忠清政府者，则"几于举

---

① 《清室王公之产业》，《益世报》，1925年5月29日，第十版。
② 载沣等致张作霖函，《载沣存札选刊》，《历史档案》，1992年第4期。
③ 《奕䜣档》，第三册，《近代史所藏清代名人稿本抄本》，第一辑，第84册，第78—79页。
④ 《抑斋自述》，第338页。

世非之"。① 辛亥鼎革，并非传统的改朝换代，民国政府实行共和制，并非一人一家的天下。在共和潮流之下，"殉节死君"之传统忠义思想，受到猛烈动摇。效忠清朝被认为是"区区效忠一姓之忠义"，而共和之下，"昔日委质为臣者，今且与君同为国之公民"，顺应共和，成为共和国民才是真正的忠义，故而宗室王公亦以顺应共和潮流自居。② 清亡后，有人以日本有天皇而为强国，与醇亲王载沣谈及清朝实行君主立宪为可行之道。载沣则称："当时我是摄政王，包括我在内，朝廷要员全都弄不懂什么叫君主立宪，什么叫虚位共和，这样的朝廷最好的下场就是退位。"他还声称："共和是潮流，专制的灭亡不可避免，退位减少了杀戮，对国家有利。"③

1912年2月12日，清帝退位，宣布共和后，袁世凯假意推辞大总统之职，以庄亲王载功为首的皇族即上支持共和、请袁世凯就任临时大总统的请愿书，以示皇族支持共和。④1912年9月，孙中山北上并造访前清摄政王载沣。孙中山对载沣代表清政府和平交出政权表示赞赏，并寄望其能在五族共和基础上共跻富强。双方相谈甚欢：载沣道及优待皇室条款多赖先生之力云云；孙中山则颂扬清室退位美德。第二日，前清皇族集会欢迎孙中山、黄兴，并设宴款待，以示宗室王公们顺应共和潮流。逊清皇室原本计划派出载沣代表皇族致辞欢迎孙、黄二人，载沣因病缺席，由溥伦代为主持。溥伦发言称："兄弟意见，革命本国家进化应有之举，故汤武革命称为圣人，且此次革命原属国体问题，建设共和，不特皇室仍受优待之荣，并使满洲人民同享共和幸福，迥非前古帝政时代可比，此敝皇族所极为感谢者。"⑤ 在其代载沣诵读的致辞中，溥伦不忘强调共和政体为20世纪大势所趋，所以隆裕太后鉴于此，毅然退位赞助共和，称："今日得与诸君（孙中山、黄兴等人）得聚一堂谋幸福，

---

① 冯煦：《序》，陈文龙著，俞陛云编：《庸庵尚书奏议》，《近代中国史料丛刊》，第五十一辑，第507册，台北：文海出版社，1970年，第5—6页。
② 岑春煊：《乐斋漫笔》，《近代中国史料丛刊》，第六十六辑，第654册，台北：文海出版社，1970年，第19页。
③ 《最后的皇族：大清十二家铁帽子王"逸事"》，第164页。
④ 《清帝逊位》，第四十一章"清皇族之共和呈词"，卷三，第3页。
⑤ 《黄克强入京记》，《民立报》，1912年9月19日。转引自王耿雄：《孙中山史事详录（1911—1913）》，天津：天津人民出版社，1986年，第410页。桑兵在《民元孙中山北上与逊清皇室的交往——兼论清皇族的归属选择》一文中对此事做了详尽考证。载《史学月刊》，2017年第1期。

何快如之？更望以后实行五族平等，巩固国基，即我皇族诸人，亦永受其赐云云。"① 黄兴答词亦赞扬诸皇族为改变国体、成立共和出力，使得破坏无多，成功神速。宾主其乐融融，在场宗室王公们摆出顺应共和潮流之姿态。

第三节　个别筹谋复辟

在清政府大势已去的情形下，绝大部分宗室王公因经济利益及时代之大潮流，在民国时期选择顺应共和。顺应共和、定居京津两地的宗室王公已无意于恢复早已坍塌的清王朝。如贝勒毓朗，虽然"回首兴王地，相看涕泗沱"②，但正如时人指出的"亲贵之心死矣"③，他们无意在行动上复辟，而是选择隐忍不发，将恢复旧制寄托于天意："中原不可复，天意定如何？徒有孤忠在，空悲义愤多。"④

"共和"为民国时期主要潮流，但当时的社会并非只有"共和"一种声音，"君主立宪""帝制""复辟"之声虽并非主流，却仍然存在。甚至不乏另类之声，鼓吹以一时英雄为君主，称："满清无望中兴，共和决难成立，待其水益深火益热，有大英雄者起而收之，以君主之名，实行共和之政。"⑤ 伴随着这些声音，民国初年，出现了袁世凯、张勋两次复辟帝制的短暂时期。虽然绝大部分宗室王公选择顺应共和，但也依然存在个别宗室王公与其他遗老联合，共同编织复辟梦。如出走京津，寓居旅顺、青岛等海滨城市的宗室王公善耆、溥伟，他们主张复辟，试图通过日本等外国势力恢复清朝旧制。

1912年2月12日，隆裕皇太后下清帝退位诏书。但仍有宗室王公反对

---

① 《清皇室欢迎孙黄之盛会》，《盛京时报》，1912年9月17日，第三版。
② 《咏史》，《余痴生诗集》，《清代诗文集汇编》，789册，第607页。
③ 《恽毓鼎澄斋日记》，第2册，第593页。
④ 《咏史》，《余痴生诗集》，《清代诗文集汇编》，789册，第607页。
⑤ 1912年4月25日，民国成立不及半年，恽毓鼎在给其兄的信函中如此分析时局。载《恽毓鼎澄斋日记》，第2册，第593页。

共和。他们纠结外国势力（主要是日本）、煽惑军队倾覆民国的各类传言见于当时大小报刊。宗室王公中载泽、溥伦、溥伟、善耆等都有离开北京的举动，舆论对此揣测纷纷。① 张作霖等致电袁世凯，称："探闻恭王、肃王、泽公、铁良等来东，潜谋独立。俟共和发表，即举恭王即皇位，以赵尔巽为总理。"②张謇等人对于"亲贵至奉，拟借外兵，欲谋独立"的情况，深感"骇异"，指出，这是因为"某国（日本）深恐南北统一，不利于彼，百方破坏"。对于妄图借力日本谋求满洲独立的亲贵，张謇等人在致亲贵的公函中称，"公奈何引狼入室，上使优待皇族复蹈于危险，下使满洲领土沦于异族。中外史册，称为亡国罪魁，恐非公宜出此也。为公个人计，俟领土保全、归诸民国后，再以一死谢罪，则忠义可两全"。③ 指出宗室王公引外国势力以复辟，是引狼入室。中华民国成立后，长期主张、参与复辟的宗室王公，以肃亲王善耆、恭亲王溥伟为首。日本人川岛浪速称"宁死不屈者，唯肃、恭二王。肃亲王为保全名节，决然抛弃爵禄财产，与予商量离开戒备森严之北京去旅顺，恭亲王亦主张去满洲，但听从予之劝告，暂时隐匿于西山中"。④ 这两名王公，尤其是善耆，是清宗室王公中少见的人才，颇得时人赞誉。孙宝瑄如此评价善耆："得材干之人易，得廉洁之人难；得廉洁之人易，得廉洁而能体下情之人难。使天下办事人，尽如肃王，何患不百废俱兴耶？"⑤ 革命党人程家柽与善耆交往密切，他对善耆颇为认可，称其为"满洲人中的杰出人物"，"人格见识均属第一流"。⑥ 尚秉和撰写《辛壬春秋》评论清宗室诸王，认为"自顺治至宣统共十帝，统驭中国凡二百六十八年，清宗亲中以肃亲王善耆、恭亲王溥伟为最贤"。⑦ 进入民国后，肃亲王善耆更因其一贯之"贤名"和旗帜鲜明地主张复辟，引得民国时期的复辟暗流多与之附和。

---

① 《溥伦畏累赴奉》《载泽等尚不死心耶》，《申报》，1912年4月20日，第二版。
② 《清帝逊位》，第十四章"张作霖等致袁项城电"，卷二，第1页。
③ 《清帝逊位》，第十五章"张謇等去电"，卷二，第2页。
④ 《肃亲王》，《辛亥革命史资料新编》，第2册，第380页。
⑤ 《忘山庐日记》，上册，第105页。
⑥ ［日］宫崎滔天:《亡友录·程家柽君》，《宫崎滔天全集》（日文），第二卷，平凡社，1971年，第577页。
⑦ 尚秉和:《辛壬春秋·清室禅政》，香港：香港文艺书屋，1970年，第149页。

一、肃亲王善耆与"满蒙独立"活动

善耆辛亥年十二月离开北京潜往旅顺,并赋诗以明志:"幽燕非故国,长啸返辽东。回马看烽火,中原落照红。"① 可见,在他的认知里,中原并非故土,东北作为清朝的"龙兴之地"才是他的故国。虽然善耆出生、成长于北京,但他在出走旅顺时,用的却是"返辽东"的措辞。

到了旅顺,善耆原意是倚仗日本支持,联络蒙古喀喇沁王,策划"满蒙独立",在东北"重建"清王朝。善耆的妹妹是蒙古喀喇沁王的王妃,喀喇沁王此时也想利用日本的帮助把蒙古变为自己的世袭领地。因此,他们沆瀣一气,在日本人川岛浪速的策划、联络下,勾结日本势力,意欲发动"满蒙独立运动"。这次"满蒙独立"的经费由肃亲王以家产为抵押筹集钱款。喀喇沁王则在日本军官松井清助的协助下逃离北京去蒙古,组织一支蒙古人的队伍。内蒙的巴林王则与木村直人去巴林负责训练军队。善耆又以"大清帝国勤王军总司令"的头衔,在长春、公主岭、铁岭、开原、昌图、辽阳、本溪、海城等城市蛊惑煽动:"能招五十人者授以尉官,招百人者授以佐官,且偕赴旅顺,引见肃邸。"② 他还发出传单,称:"思我东三省为皇清发祥之基,讵能任贼党所篡夺","无论村野隐士、山林豪杰,凡有扶国匡君之志,尽可招抚为军。遇有忠肝义胆之人,尤须破格委任,俾得殚精辅世,竭力答君,剿灭革党,恢复社稷"。③

日本如此大张旗鼓地插手中国事务,引起了列强的不满。在各方压力下,日本外务大臣内田康哉向在中国东北的各级官吏发出训令称,只要日本在满洲的特殊权利不受影响,就"依然决心保持不干涉之态度","对于目前之危机应严守中立"。④ 北洋政府成立后,日本政府的外交政策转而变为支持北洋政府。当时日本外务大臣对支持善耆进行复辟的日本人川岛浪速称"望君等中

---

① 《辛亥十二月出京口占》,《肃忠亲王遗集》,第9页。
② 《于冲汉致赵尔巽函》,中国第一历史档案馆编:《清代档案史料丛编》,第八辑,北京:中华书局,1982年,第324页。
③ 瀛云萍:《大连乡土地理》,哈尔滨:哈尔滨出版社,2005年,第309页。
④ 《日本外交文书》,第44、45卷,别册(清国事变),第350页。转引自[日]铃木隆史著,周启乾译:《日本帝国主义与满洲》,台北:金禾出版社有限公司,1998年,第170页。

止行动，若不听从，政府不得已将以公力加以制裁"①。日本内阁首相西园寺公望也向关东都督府发出训令，要求立刻取缔宗社党人在旅顺的活动。失去日本政府支持后，善耆等人依然试图运送军火，但车队从公主岭行至郑家屯时，被赵尔巽部下吴俊升所率驻军拦截，双方交战。据事后吉林省西南路分巡兵备道孟宪彝向赵尔巽的汇报："运枪日人夜间袭击我兵，吴统领不得已为正当防卫，各有伤亡，并将所获日人交彝处转交日领惩办"，"日人运枪一案，吴统领所获日人十三名"，"此次魁边龙等私运军火至二百九十余箱之多，纠合蒙匪至一百余人"，因东北驻军及时截获车队，"势等迅雷，卒使匪徒就擒，军火全数拿获"。②至此，第一次"满蒙独立"彻底失败。

第一次"满蒙独立"运动失败后，善耆开始蛰伏于旅顺。他对家人告诫以"宗社既亡，未来命运难卜，而如今家人得共聚一堂，未见离散，得全性命，深值庆幸。……昔日汉光武滹沱河啜麦，芜蒌亭饮豆粥，卒能兴复汉室完成大业，望尔等各守其分，勿辞劳苦"③。对外则称自己素志乃尽人事，听天命，只叹清朝穷途末路，若无保全气节者，则无面目见祖宗，决计学习伯夷、叔齐，开始"僻处海滨人事绝，练心初学静工夫"④、"蠖伏海滨何所似，桃花源里避秦人"⑤的离群索居生活。即便善耆号称对其"阖门百口寄荒村，五毕婚姻六抱孙。黄发垂髫皆自得，更于何处觅桃源"⑥的隐居生活怡然自得，辛亥后他的诗作还是透露出浓烈的亡国悲情。他在与毓朗的唱和中，以"多少兴亡恨，长歌对酒时"、"大业成孤注，强邻哂太痴"⑦等诗句寄托自己的内心情感。进入民国后，他的诗作诸如1913年的吟哦"逋臣无故国，孝子有孤

---

① 《肃亲王》，《辛亥革命史资料新编》，第2册，第380页。
② 《吉林省西南路分巡兵备道孟宪彝致赵尔巽函》《大总统袁世凯致赵尔巽函》，《清代档案史料丛编》，第八辑，第301、302、304页。
③ 石川安次郎：《肃亲王》，第156页。转引自胡平生：《民国初期的复辟派》，台北：台湾学生书局，1985年，第39页。
④ 《摹益智图》，《肃忠亲王遗集》，第9页。
⑤ 《坂本君见赠原韵》，《肃忠亲王遗集》，第14页。
⑥ 《感怀》，《肃忠亲王遗集》，第21—22页。
⑦ 《和毓月华有感（诗为抄庚子都门记事诗歌）》，《肃忠亲王遗集》，第29页。原诗全文为："多少兴亡恨，长歌对酒时。乃公无所用，竖子尔何知。大业成孤注，强邻哂太痴。他年青史上，一段解人颐。"

坟"①、1914年的感慨"阖门百口托良友，未酬素愿空凄然"②，无不透露这种悲情。

善耆痛感亡国，一面寓居旅顺租界，祈望自己大节独全；一面艳羡日本"兆心如一奉皇躬"③，遂再次积极联络复辟分子，试图恢复旧制。支持宗室王公复辟的外国势力依然主要来自日本。清遗老如郑孝胥，认为日本人对出奔日本的遗老升允"举国重其忠义，称其道德"，而升允"籍其政府之力，归国复辟。孰谓中国无人"。④日本势力的支持不但让汉族遗老们蠢蠢欲动，更鼓噪于复辟王公们。与第一次"满蒙独立运动"相同，善耆主要还是依靠日本人川岛浪速勾结日本势力，为复辟筹谋。因为"子细中原犹可猎，怜他逐鹿得人难"⑤，善耆希望能够与日本人合作，借助外国势力复辟清朝。他处心积虑，希冀在日本复辟分子的助力下："正气山河壮，至诚金石开。扶持东亚局，笔陈亦雄哉。"⑥

1916年袁世凯称帝，引发全国上下的强烈反对，一时间讨袁烽火遍地而起。肃亲王善耆趁机又联络蒙古马队的首领巴布扎布、日本川岛浪速，通过其与日本军部勾结，再次策划"满蒙独立"。为了筹集复辟经费，善耆此时则以东北的土地、山林、牧场、矿山、住宅、水利为抵押，向日本财阀大仓喜八郎借款100万日元，并约定事成之后，给大仓喜八郎在松花江及其支流流域内的森林采伐权及流放木材、征收租厘权等。善耆利用这笔经费以"大清勤王军"的名义，召集了一批人马进行军事训练。又在川岛浪速的疏通下，日本军部也派人参与筹划了此次"满蒙独立运动"。1916年1月下旬，善耆在旅顺肃亲王府内与川岛浪速引见的日本预备役骑兵大尉青柳胜敏等人密谋策动满

---

① 《六儿墓下（癸丑）》，《肃忠亲王遗集》，第9—10页。原诗全文为："忽忽日将暮，秋声不可闻。逋臣无故国，孝子有孤坟。羸马荒村路，啼鸦断岭云。九歌天问在，浊世任纷纭。"
② 《同风外谒忠魂用鬼头君韵（甲寅阴历元旦）》，《肃忠亲王遗集》，第10页。原诗全文为："前年我来旅顺口，汽车铁舰程三千。阖门百口托良友，未酬素愿空凄然。今谒山堂拜忠骨，潜心默祷形如颠。亚东战迹此为最，二十世纪环球传。日星河岳浩然气，充塞宇宙茫无边。悲来填膺一西望，园陵万里生荒烟。"
③ 《坂本君见赠原韵》，《肃忠亲王遗集》，第14—15页。
④ 《郑孝胥日记》，第三册，第1611页。
⑤ 《为风外题折叠扇》，《肃忠亲王遗集》，第12页。
⑥ 《和鬼头玉汝见赠韵》，《肃忠亲王遗集》，第10页。

蒙独立事宜，磋商后决定，由青柳胜敏和善耆之子宪奎立即启程前往蒙古军队的根据地。

日本人对王公复辟运动的支持，实际上是当时日本首相大隈重信对华政策的一个方面。1914年，大隈重信就任首相后，日本秉持的对华外交策略是：一面与袁世凯为首的北洋政府建立外交关系，一面又间接援助南方革命派反对袁世凯，同时又暗中对宗社党企图恢复清朝的行动给予各种支持。1916年3月，大隈内阁召开会议，讨论对华策略，认为此时"袁世凯威信失坠，民心叛离，国内不稳。……此时，帝国应采取的方针，其目的为在中国确立优越势力"①，对于日本所谓的民间志士的反袁活动，日本政府则"默认之"②。日本军部也支持此项外交政策，当时关东都督中村觉等对善耆勾结日本人川岛浪速做出的"满蒙独立计划"表示支持，并派出关东军大佐土井协助。1916年6月6日，袁世凯在全国的反对声浪中死去，副总统黎元洪成为代理大总统。此时恰逢寺内正毅出任日本首相，他认为此前首相大隈重信同时扶植革命党与宗社党两股水火不容的势力的对华政策很糟糕，试图纠正。领会首相精神的田中义一对即将出任驻华大使的林权助解释了日本对华政策的转变。林权助来华后，遂采取了偏向北京政府的政策。同时，田中义一又通过关东都督府参谋长西川，电令参与满蒙独立的关东军土井大佐必须马上停止举事。故而，此时虽然川岛浪速依然为善耆所筹谋的复辟活动而奔走，但日本政府已经不再积极支持第二次"满蒙独立运动"。

7月6日，日本军部成员已经商议出中止"满蒙独立"计划的善后之策。③7月中旬，日本关东军参谋长西川在旅顺肃亲王府，将日本决定中止"满蒙独立"计划之情况告知肃亲王、川岛浪速。但是，善耆并未被轻易地说服，川岛浪速亦不肯将集结在大连的宗社党二千余人解散。8月11日，日本关东军都督府民政长官白仁向石井外相报告说："大连宗社党二千余人之解散，虽已有政府之方针，但川岛之毕竟不服从命令。"④为向国际社会表示日本没有插

---

① 天津政协编译委员会：《日本军国主义侵华资料长编：〈大本营陆军部〉摘译》，成都：四川人民出版社，1984年，第16页。
② ［日］井上清著，宿久高译：《日本帝国主义的形成》，北京：人民出版社，1984年，第322页。
③ 《日本帝国主义与满洲》，第213页。
④ 《日本帝国主义与满洲》，第214页。

手"满蒙独立"之事，日本政府特派专使说服川岛浪速和肃亲王善耆解散为"独立"而结集的军队。最后大连宗社党的两千人，由肃亲王出面雇佣，于两个月内依次解散。蒙古军骑兵则由日本发给相当五万日元的武器，以作为蒙古骑兵退出日本势力圈之外的奖励。善耆表面服从日本政府的安排，放弃了复辟活动。但据孙毓筠在《复辟阴谋纪实》中记载，袁世凯去世后，宗室王公中的复辟分子善耆及蒙古复辟分子首领巴布扎布都派代表来天津，经由日本人介绍与朱家宝、雷震春、张镇芳接洽，声称日本已经以最新枪械接济蒙古，试图呼吁军阀响应，以便起兵拥戴宣统复辟。①巴布扎布的蒙古骑兵，于7月初从蒙古出发，8月13日到达郭家店，善耆又从大连急调勤王军八百人以充实巴布扎布的队伍实力。8月19日早晨，蒙古骑兵得到了日本政府配发的武器后，于9月2日在日军的"护送"下踏上返回蒙古的归途。次日，该军与日军护送队在东辽河渡口附近的朝阳坡与中国军队冲突（朝阳坡事件），遂又继续转战蒙古各地，直至10月初其首领巴布扎布在林西县城被击毙。②至此，第二次"满蒙独立运动"彻底破产。

　　肃亲王善耆两次策划的复辟活动均告失败。但他非但未认识到国内共和已成主流，进而放弃复辟，反而还在1918年继续谋求"复兴大清宗社，满蒙独立"，为此他以出卖大量东北利权为代价，向日本政府谋求借款。③1919年，善耆在中秋前赋诗仍念念不忘"事业依良友"。虽然他看到在巴黎和会上日本

---

① 孙毓筠：《复辟阴谋纪实》，原载1917年7月17日《中华新报》，后辑录于《近代史资料》总35号，载庄建平编：《近代史资料文库》，第二卷，上海：上海书店出版社，2009年，第189—190页。
② 王芸生：《六十年来中国与日本》，第七卷，上海：生活·读书·新知三联书店，2005年，第36页。
③ 民国元年（1912）七月二十三日，善耆与川岛浪速签订誓约书："和硕肃亲王现因希望复兴大清宗社，满蒙独立，并谋日清两国特别之睦谊，增进两国福利，维持东亚大局，贡献世界和平为宗旨，因力不足，伏愿大日本国政府之赞成援助，以期大成。为此预先以左开条件，向大日本国政府为信誓，以后清国权利所至之处，即大日本权利所至之处也。"善耆为了借款，答应若其复辟成功，将向日本出让的东北利权有："第一条：南满铁路、安奉铁路、抚顺煤矿、关东州、旅顺、大连一带日本所得权利等件，以后展为长期以至永久。第二条：吉长铁路、榆奉铁路、吉会铁路，其他将来于满蒙布设一切铁路，均俟独立之复兴，大日本政府协商可从其如何办法。第三条：鸭绿江森林，其他森林、渔业、开垦、牧畜、盐务、矿山等之事业均协商以为两国合办。第四条：于满蒙地方，应允日本人之杂居事宜及一切起业。第五条：外交、财政、军事、警察、交通及其他一切行政，皆求大日本国之指导。第六条：以上所订之外，如大日本国政府有如协商之件，统求指示，定当竭诚办理。以上各项誓盟，以为后日信守之据。"会田勉：《川岛浪速翁》，转引自《民国初期的复辟派》，第39—40页。

强势侵占中国权利，却不仅没有警醒，反而从中窥探出北洋政府的弱势，认为"神州风渐转，大地月将圆"，满心以为自己的复辟大计能够实现。① 对于日本侵华，善耆视而不见，仍站在早已覆灭的清王朝的立场上，以正统自居，认为民国成立乃"逆竖盗神器，太阿成倒持"；对支持宗室王公复辟的日本浪人，善耆反而认为是忠义志士，称"东瀛有烈士，烛奸得神随。拯我出樊笼，艰难滨十苑"。②

二、恭亲王溥伟的复辟活动

溥伟在武昌起义后不久，虽看到"宣统辛亥，革命军起于武昌，旬月之间，各省风靡，触目时艰，顿志嫌祸"的情形，但"乃往谒醇邸，告以此次之变，总宜镇定，切不可张皇畏惧，尤不可认彼为革命之军，恐友邦认真作第三国交战之例，则不易收拾"，试图坚定醇亲王载沣的反抗之意。对改制共和，溥伟则放言曰："余知有君而已，区区愚忱，敢誓天下，如食此言，即请尔爱国诸臣民，缚本爵以谢九庙。"清政府同意以清帝逊位换取皇室优待条款，溥伟大愤，称之"此古今未有之大耻也"！③ 在辛亥十二月时，共和已为大势所趋，溥伟仍号称："余与诸皇族仍望继续开战。余知民军兵力不足，断难敌清军，设使清帝逊位，徒然贻我满人耻辱，以自显其怯弱而已"，被报纸讥为螳臂当车之语。④ 虽是螳臂当车，溥伟却"矢志不移"。

清帝逊位后，溥伟寓居青岛。据日本间谍宗方小太郎的报告，青岛是宣传复辟运动的一个根据地，以恭亲王为中心，前邮传部侍郎于式枚、前京师大学堂监督刘廷琛、前御史王宝田等，为之热心倡导。宗方小太郎对这些复

---

① 《己未中秋前一日作》，《肃忠亲王遗集》，第 19 页。原诗全文为："一自离京国，匆匆已八年。神州风渐转，大地月将圆。事业依良友，声明愧昔贤。园陵遥拜处，极目起寒烟。"
② 《和大作君感怀韵》，《肃忠亲王遗集》，第 11 页。
③ 《溥伟:〈逊国御前会议日记〉》，《社会科学战线》，1982 年第 3 期，第 171 页。
④ 《溥伟之螳车中语》，《申报》，1912 年 1 月 30 日，第三版。

辟运动的评价是"根底并不完全坚固，舍身任事者不过数人"。①宗方小太郎还在其400号报告中记录了他在1913年5月31日于青岛会见溥伟时的情形。溥伟此时希望尽快进行复辟活动，本拟在山东"举事"，结果被袁世凯破坏，未成。北洋政府警戒甚严，溥伟等人只得"暂时隐忍，以待时机"。对于时机，溥伟认为"时机不会自来，必须由我们去制造，若徒然自待数年之久，袁之羽翼丰满，必至弑宣统帝而自称帝号，隆裕太后会遭袁之毒手而毙"。虽然错误判断袁世凯会弑杀宣统帝，但溥伟对袁世凯称帝之心看得十分透彻，他认为袁世凯不会满足于以大总统之名，行皇帝之实权，而是要名实俱取，最终称帝。

虽然溥伟对袁世凯的个人打算预料正确，但他对时局走向的把握却很有偏差。他托付汪钟霖联络宗方小太郎，意图以北京附近价值约八十五万两白银的土地作为抵押，以三年为期，向日本正金银行借银五十万两，作为联络经费。以三年为期，是因为他确信三年必可恢复社稷。为了筹谋复辟，他不仅抵押他在北京附近的土地，据时人记载"宗室中恭贤亲王溥伟赴青岛，并将京邸古玩磁器全部拍卖，以为复辟之需"②。事实上，终其一生，他也未能"恢复社稷"。

溥伟寓居青岛，沟通日本、德国。据日本人的情报，溥伟对日本人言称德国亨利亲王对其许诺赞助。不过从德国外交文件中可见，当时溥伟恳求亨利同情复辟运动，亨利并未明确表态。事后他在给德皇的信件中称德国需要慎重行动，"俾不致激起其他各国在这样一个微妙的问题上的猜忌、怀疑与嫉妒"③。或许亨利亲王的确予以溥伟一些含糊其词的允诺，但是向日本人透露德国人赞助溥伟进行复辟活动，更是溥伟用来加大日本人对其帮助的筹码。

1931年"九一八事变"爆发后，溥伟在日本人的扶植下，出任沈阳伪政权的"四民维持会"会长。并于同年10月26日率人祭祀沈阳北陵，宣读誓词："此际仰仗祖宗灵威，及日本正义，推翻盘踞廿年之仇敌，臣今后当竭其

---

① 《宗方小太郎文书》，第388号报告，大正元年（1912年）十二月十四日，载中国史学会、中国社会科学院近代史所编：《北洋军阀（1912—1928）》，第三册，武汉：武汉出版社，1990年，第191、192页。
② 《梅楞章京笔记》，《近代稗海》，第1辑，第489页。
③ 孙毓芹译：《德国外交文件有关中国交涉史料选译》，转引自《民国初期的复辟派》，第178—179页。

心力，恢复祖宗之基业。"① 10月30日，溥伟与日本人土肥原及遗老金梁等开会讨论如何建立"明光帝国"，溥伟不赞成溥仪上台，有自代为帝之意。不过金梁等遗老坚持溥仪为帝，争之甚力，最后因为日本关东军决定利用废帝溥仪，溥伟称帝之私心方才作罢。溥仪在所谓的"康德元年"，特地派溥伟恭代祇告三陵、太庙，还特别恩准他佩带道光皇帝赐给其祖父恭亲王奕訢的白虹刀，以示优容。溥伟死后，溥仪赞其"辛亥以还，毁家奔走，历尽艰苦，坚贞不渝，及满洲建国，该亲王随时展对，启沃良多，钟爱之忱，惓惓匪懈"②。

毫无疑问，善耆、溥伟的复辟迷梦终究被浩浩荡荡的共和潮冲刷殆尽，但民国初期复杂的国内外形势，确实给复辟派王公筹谋复辟提供了一定可乘之机。

民国初期，军阀割据，政权更迭频繁，人心思定。正如善耆所陈说的"南北分争，生民涂炭，袁世凯既无爱国之真诚，而革命党亦缺救民之实力，长此不顾，洊至沦胥"③。政局紊乱，战火频仍。面对如此复杂的时局，时人支持复辟则更多是出于追求社会稳定的一种无奈选择，如恽毓鼎所称："民国以来，横征暴敛，纲纪不修，于是人心日思旧朝，加以项城失威信于北，民军争权利于南，土匪横行，生民蹙蹙靡骋，急谋救济之策，不得不出此一途矣。"④

国内人心思定，而外国势力又借机入侵，为复辟派宗室王公提供援助。宗室王公善耆、溥伟所组织的复辟活动，均有日本势力在其后助推。日本人不仅为宗室王公提供金钱和武器，还为复辟活动出谋划策，甚至出人出力。日本人之所以积极帮助宗室王公筹划复辟，是因为：一方面，宗室王公抵押了大量山林田地，许诺让出大量利权给日本人；另一方面，日本为谋求在东亚的地位和利益，瓜分中国领土，"暂且至少必须取得满洲之一部及蒙古东部为我所有"，"引导满蒙人达到希望分立，得以形成一国，……则可以建立一切政务几乎全靠我国人之知识而运转的组织"⑤。故而，除川岛浪速外，在宗

---

① 陈觉：《九一八后国难痛史资料》，第三卷，上海：上海书店出版社，1996年，第51页。
② 《爱新觉罗宗谱》，甲一册，第17页。
③ 善耆：《善耆致寺内正毅书（二）》《寺内正毅关系文书》，《乘桴新获——从戊戌到辛亥》，第396页。
④ 《恽毓鼎澄斋日记》，第2册，第768页。
⑤ 《日本帝国主义与满洲》，第209页。

室王公谋划的第一、二次"满蒙独立"运动中,日本军部亦派人参加。但是,日本军方只为了谋求利益而帮助宗室王公复辟,所以当支持活动对日本无利,或获利较小时,日本军方就抽身而出。

民国成立后,君主专制政体不复存在,但思想价值观念却仍处于新旧交替之间。遗老遗少仍以忠义为名,为复辟奔走相助。时人对此指责道:"此辈老朽既不谙世界大势之趋向,又不知民国缔造之艰难,其所挟者,迂腐之见,非以遗民自命,即以忠君自任,而揣测政府意旨又属事事复旧,宁不有动于中乎。……"① 清末新政时期,善耆表现得很是开明、积极,并非不知世界大势者。当时,善耆对革命党人、革命运动均能理解,并主张改良清政府之政治,支持进行一些急进的改革;溥伟在清末也是积极支持进行改革的急进王公。为何进入民国后,他们却不像绝大多数宗室王公那样顺应共和潮流,反而表现得如此顽固、悖逆历史潮流呢?善耆自称"殉志非贪名,回天惟一诚"②。从他的诗作中可以看出,他的复辟举动与气节相关,诸如:"辽东归去好,大节能独全"③,"不抱孤臣节,胡为万里行"④。他赞许陶渊明不为五斗米折腰、伯夷不食周粟,自比硕果仅存的鲁灵光殿,以自己"丹心自不移"⑤为荣。

民国期间,宗室王公因其皇室懿亲的身份,具有代表"旧朝正统"的政治象征性。他们的行为稍有异动就引起复辟谣传。即使1917年张勋复辟昙花一现后,此种复辟传言仍频出不断。1920年1月7日,《盛京时报》报道北京市面大恐慌,而"又有一种传言谓有复辟举动,日内即有上谕宣布","又电云,日来京中道路传说,谓某使将实行某种问题,拥戴肃亲王善耆,已定阴历元旦举行。并谓某辫帅不主张善耆,仍戴旧主,且谓此阴谋之背后有外交关系"。⑥ 支持义和团运动、极端排外的前端王载漪,本一直被监禁于新疆,

---

① 《复辟案》,《时事汇报》,1915年第8期。
② 《和大作君感怀韵》,《肃忠亲王遗集》,第11页。
③ 《寄锡聘之先生(丁巳秋)·其二》,《肃忠亲王遗集》,第18页。原诗全文为:"兵燹当庚子,城东屋接连。破窗榴弹烈,扈骅葛衣穿。未竟中兴业,还逢未造年。辽东归去好,大节能独全。"
④ 《和素盦酒楼独酌韵》,《肃忠亲王遗集》,第24页。原诗全文为:"三分黜曹魏,四镇扰朱明。不抱孤臣节,胡为万里行。中原沉正气,邻国有同情。王谢堂前燕,谁怜厦已倾。"
⑤ 《和松崎柔甫猎雪原韵》,《肃忠亲王遗集》,第20页。
⑥ 《京师市面之大恐慌》,《中国局势》,《盛京时报》,1920年1月7日,第二版。

1921年以患病为名回京时，亦马上引起了复辟谣传。①

小　结

辛亥革命爆发后，清王朝大势已去，绝大多数宗室王公在御前会议中主张清帝退位，以顺应共和。虽然是迫于时势、趋于利益，宗室王公才选择顺应共和，但他们的顺应共和之举也在客观上使君主制向共和制的转变更为迅速。

宗室王公在民国时期的出处抉择，又反映了近代政治变革的艰难与反复。无论顺应共和还是反对共和，保留王公特权对宗室王公出处抉择的影响是显而易见的：宗室王公群体顺应共和，乃是站在拥有优待条款的基础上，这与小部分反对共和、强烈要求复辟的宗室王公相较，某种程度上是"殊途同归"的。顺应共和的王公群体希望保有残存特权，不愿再有变更；而复辟王公群体则试图恢复旧制，恢复更多特权。

宗室王公在民国时期的出处抉择，还体现了政治变革之下新旧价值观念的碰撞。辛亥鼎革并非传统的改朝换代，民国为共和制，并非一家一姓之天下，原来的君主和臣僚全部变为国民。传统价值观中的忠义、守节、忠君思想，在共和潮的激荡下，发生了改变，此时殉节死君也仅被认为是忠于一家一姓之私义。宗室王公支持清帝退位，使政权和平过渡，是符合共和潮流的抉择。共和思想虽然是民国时期社会思潮中的进步者，但并非唯一的声音。传统价值观念对宗室王公影响依旧深远，复辟王公中，尤其是肃亲王善耆，在清末新政过程中曾积极推行改革，可是到了王朝崩溃、共和国体建立之际，却选择出走辽东，以求保全大节。除了传统的忠义思想，当时德、日两个二

---

① 《不认复辟谣》，《申报》，1921年3月28日，第二张第六版。

元君主制强国榜样的存在,也让个别主张复辟的宗室王公认为皇权可以在立宪制度下长期存留。故而在外国势力,尤其是日本势力的利用下,他们屡次组织策划复辟活动。

结论　国之栋梁与腐朽的支柱

清末十余年间，清政府为挽救统治危机，进行了一系列政治改革。在此期间，宗室王公越来越多地受到皇室倚重，天潢贵胄、皇室懿亲被视为国之栋梁与柱石，委以重任。清末的宗室王公由此逐步进入中央行政部门任官，权位越来越重。

庚子事变后，宗室王公群体的主体政治心态也发生转变，从消极处世转为积极参政，从个别趋新转为群体趋新。从他们的政治心态转变看，宗室王公自身具有进行政治改革的主动性。而从宗室王公任职情况看，他们主要供职于清末新设的中央机构，职责所在，于情于势，他们也必须进行改革。

宗室王公参与的政治改革，涉及军政、宪政、官制、司法、财政诸多方面，本书主要研究其参与程度较深、影响也较大的军政、宪政改革。宗室王公群体中，参与军政改革的王公所占比例最大，其中，参与筹办、训练武备的王公就多达10人。在军政改革中，宗室王公试图整顿陆军、兴复海军，甚至尝试兴办空军。此外，宗室王公还支持清政府仿行君主立宪，进行宪政改革。从政的宗室王公参与了预备立宪的整个过程，并在决议是否预备立宪、官制改革、平满汉畛域、召开国会和设立责任内阁等问题上，多有建言和实践。有研究者认为，在清政府决议预备立宪时期，庆亲王奕劻、镇国公载泽支持速行立宪，醇亲王载沣则支持缓行，甚至阻挠。事实上，通过考察此时宗室王公群体的言行，不难发现，他们在立宪的问题上，基本支持清政府从速宣布、缓步慢行的战略。总体而言，参与丙午官制编纂的宗室王公基本支持设置责任内阁，不过，负责核定官制草案的庆亲王奕劻的态度则存在前后变化。虽然慈禧太后最终并未完全采纳宗室王公的建议，但这并不表示宗室王公对预备立宪的影响力变弱。丙午官制改革后，宗室王公的群体权势呈现出上升状态，持续影响着清政府预备立宪的进程。召开国会、设置责任内阁，乃宪政改革题中之义。宣统年间，立宪派先后组织三次国会请愿运动，要求速开国会。宗室王公在召开国会问题上大致分为缓开、速开两派。主张国会缓开的宗室王公不仅有庆亲王奕劻，还有贝勒毓朗、醇亲王载沣。以往研究中被认为支持速开国会的宗室王公毓朗，事实上对召开国会也持从缓、保留态度；摄政王载沣，也并非一味支持，而是游移观望，倾向于缓开。支持速开国会的宗室王公，则以资政院议长溥伦最为积极，载涛、载洵、载泽、善耆等人也积极主张速开。最终，在两派势力的相互作用下，清政府决定缩短预备年限，并下令宣统三年组建责任内阁。出于维护君权和自身权势的考虑，在宣统三年内阁官制的议定过程中，围绕阁权、行政权、军权、财政权等权力的分配，宗室王公又分为三派，展开政争。不过，宗室王公在维护君权最大化问题上是一致的。宗室王公参与议定的责任内阁，在制度上，明显呈现出尊君权、抑阁权的特点；在人事上，则明显重用皇族。虽然宗室王公推动了清政府宪政改革的进程，设立了第一届责任内阁，但此内阁具有鲜明的皇族特色，又显示出宗室王公不愿让权于民。

以1908年载沣当政为界，前期参与军政改革的为个别王公，后期参与的王公众多，尤其少壮派王公异军突起。在载沣当政的短短三年间，军政改革的集权倾向加剧，宗室王公参与编成禁卫军、成立海军部，并创设军咨处、军咨府，试图将军权全部集中于宗室王公之手。宗室王公主张进行宪政改革，是为了通过君主立宪使皇位永固。清皇室认为只有皇室懿亲掌权才能巩固皇权，将之视为国之栋梁。宗室王公自身也不甘于放弃核心政治权力，所以在清末宪政改革的过程中，宗室王公并未让渡自身政治权力，反而借口用人不分满汉、平一满汉权力，进一步集权，最终形成中央权力尽集于宗室王公之手的新格局，打破了咸同以来中央之权大体满汉均势的局面。宗室王公所促成的满汉权力新格局，看似巩固了君权，实则直接导致了清政府失去内部官员、立宪派的支持，同时进一步激化满汉矛盾，更刺激了革命运动。而且，宗室王公只完成了制度层面的集权，实际上并未真正掌权。

除集权外，宗室王公支持的政治改革还呈现出西化的特点。本书的"西方""西化"中的"西"乃泛指，不仅包括欧美等国，还涵盖了明治维新后的日本。宗室王公倡导的西化是有所侧重的:如军政方面,海军军舰多购自德国,但海军建设主要模仿英国;军队的训练方式师法德国,但大量任用留日士官学生负责训练。宪政方面,宗室王公群体支持仿行日本式的二元君主制。

清末军政改革过程中,宗室王公在推动新式军械引进、军队训练方法等方面略有成效,在增设兵种、改革征兵制度上亦有所尝试;宗室王公对开启清政府预备立宪也确有推动作用。他们在预备立宪进程中,任用了一批积极于宪政改革的留日学生,影响了清政府预备立宪的进程。在政治改革的过程中,宗室王公并不完全是改革的反面,也不尽是"反动人物",他们当中也不乏主张锐意改革者。

作为清朝统治阶级的核心,宗室王公虽支持并参与了清末政治改革,却仍然无法挽救统治危机。从宗室王公角度来看,主要原因有以下几点:

首先,从根源上看,宗室王公所支持的政治改革,不能满足近代政治改革的根本诉求。宗室王公参与政治改革的根本目的是为了延续清政府的王朝统治,这与革命派要求的民主共和制根本不同;宗室王公主张仿行君主立宪,在保留君主制上,与立宪派有契合之处。但是,宗室王公支持仿行君主立宪制,根本而言也与立宪派不同。宗室王公虽然支持清政府仿行君主立宪,但并不甘于完全让权于民。他们所仿行的宪政是以日本君主立宪政体为蓝本,让渡小部分权力,最大化君权。而这与立宪派支持君主立宪、制定宪法限制君权保障民权的设想,表面上一致,本质则不同。

其次,宗室王公自身的执政能力、素质无法使其胜任近代政治改革大任。作为清政府统治集团的核心力量,宗室王公认识到清政府面临统治危机,也支持进行了一些政治改革以资补救。虽然王公中不乏主张急进改革、锐意革新者,但他们的急进革新,仅仅停留在建言层面,并未落实到实践层面。如贝勒载涛,出洋游历时深受外患刺激,归国即向载沣进言推行大规模政治改革,而自己却迟迟没有实际动作;又如国会请愿运动时期,主张速开国会的宗室王公,在清政府决定缩短年限后,除溥伦一人继续为之争取外,其余宗室王公均偃旗息鼓,不再抗议。宗室王公的这些能力、素质缺陷,使得他们无法抓住近代政治改革的关键时机、关键因素,也无法成为清末政治改革的中坚力量。

其三，宗室王公内部的分化，一定程度上削弱了他们施政的执行力。宗室王公虽群体赞成进行政治改革以救亡图存，但在救亡的具体举措上，政见并不统一。庆亲王奕劻、镇国公载泽认识到必须进行财政改革，理财开源，方能解救危机，而载洵、载涛等人则坚持优先进行军政改革以强国，极力谋求更多军费投入。这些王公因政见不一，相互指责，并且为了争夺权力彼此掣肘。最终奕劻、载泽等王公的理财之策并未奏效，清政府未能摆脱财政困窘。而力持先行改革军政的王公，亦未实现其强国的目标。宗室王公的政争，使得宣统朝的政治改革呈现出忽而冒进、忽而后退之象。

宗室王公的努力无法阻挡清王朝的垮台。辛亥革命爆发后，在大势已去的情况下，绝大多数宗室王公在御前会议中主张清帝退位，以顺应共和。虽是迫于时势、趋于利益，宗室王公才选择顺应共和，但他们的顺应共和之举也在客观上加速了君主制转变为共和制的进程。

20世纪，由欧洲兴起的民主浪潮已扩散至世界范围。在民主浪潮的影响下，近代政治变革的权力分配诉求，是推翻君权或限制君权，扩张民权，最终实现民主、平等。辛亥革命虽然推翻了君主制，建立起共和制，但进入民国并不意味着民权扩张，真正实现了民主、平等。宗室王公在民国时期的出处抉择，从一个侧面反映了中国政治现代化的艰难与反复。无论是顺应共和者还是反对共和者，保留王公特权对宗室王公出处抉择的影响是显而易见的：顺应共和的王公群体希望保有残存特权，不愿再有变更；而个别复辟王公则试图恢复旧制，恢复更多特权。

宗室王公在民国时期的出处抉择，还体现了政治变革之下新旧价值观念的碰撞。辛亥鼎革，并非传统意义上的改朝换代，原来的君臣关系很大程度上被打破，在共和潮流的影响下，传统价值观中的忠义、守节、忠君等思想也发生了转变：此时殉节死君仅被认为是忠于一家一姓之私义。由此，多数宗室王公支持清帝退位，使政权和平过渡，而这是符合时代潮流的抉择。但传统价值观念对少数倾向复辟的宗室王公影响依旧深远。筹谋复辟的个别宗室王公，如善耆在清末新政中积极推行改革，但到了王朝崩溃、共和国体建立之际，却选择逆流而动，以求保全"大节"。此外，当时德、日两个二元君主制强国榜样的存在，也让宗室王公中的复辟者认为君权可以在立宪体制下长期存留。故而在外国势力,尤其是日本势力的利用下,个别倾向于复辟的王公屡次组织策划复辟活动。

  宗室王公基本参与了整个清末的政治改革。虽然在政治改革的不同阶段,宗室王公的角色和作用不尽相同,但不可否认,作为一个特殊的政治群体,宗室王公在清末政治现代化过程中确实有所作为。通过观察宗室王公在整个近代政治变革中的所思所言,所作所为,不难发现,宗室王公在推动清末政治改革上也确有一定主动性,但他们推动政治改革的成效并不特别明显。同时,宗室王公群体在清末政治改革中呈现出来的能力不足、对宪政的误读、对政局掌控的无能等表现也说明,这一群体并非国之柱石,反而是腐朽之支柱。由传统势力来主导实现政治现代化困难重重,中国的政治民主化需要由新兴的力量来完成。

后记

呈现在读者面前的这本书是由我的博士论文修改而成的。从2004年到北京师范大学历史学院求学,至2014年博士毕业,我在母校度过了人生中最重要的十年。在这十年里,我常常做学姐、学长硕博士开题、预答辩及答辩的"小秘书"。在这个过程中,教研室诸位老师时时爆出金句、警句。记得在某次研究生论文答辩时,张昭军老师批评某位师姐:"现在的风气流行在毕业论文后面写后记,我们当年没有此风。你的论文反而不如你的后记亮眼。后记写得声情并茂、文笔飞扬。不要舍本逐末,有那个时间,好好改改论文才重要。"这样的观点并非张老师一人独有。在我自己的学位论文写作过程中,无论硕论、博论,导师孙燕京老师也是这种态度。所以,无论哪次毕业论文,不管是预答辩时的稿子还是最后答辩时的稿子,我都没有顺从"时尚",在最后附上后记致谢,而仅仅在答辩时口头表达感谢。时至今日,博士论文已通过答辩,书稿已定,我想,将这份正式的致谢表露出来,已成顺理成章之事,而非以花哨之后记对老师们进行"精神贿赂",以消减论文答辩时的"炮火攻击"。

十年求学过程中,最最需要感谢的是母校诸位老师对我的悉心教导,尤其是导师孙燕京老师。从我大二时找她指导写作参加师大京师杯、白寿彝史学论著奖等比赛开始,到本科毕业论文、硕博学位论文,孙老师就一直担任我的指导老师。回望大学生涯,导师的教诲,用一个字来浓缩,那就是"勤"。我大四毕业时,拜访孙老师,让她给我们留一些勉励的话。她写下四个字:"天道酬勤。"在我硕士毕业、准备读博时,她又赠我一句话:"书山有路勤为径,学海无涯苦作舟。"到了我博士毕业、准备参加工作时,她赠我一枚印章,镌刻她帮我起的书房名"云过山房"。她说,当勤勉成为惯性的同时,要记得打开眼界、开阔视野，如同在高楼中置书房，抬望眼，看云卷云舒，诗意、雅致而悠远。于学业，导师要求学生学风严谨，指导学生尤为认真负责，而我资质驽钝，乃至论文开题、论文初稿，导师阅后建议多多，邮件往还之下，动辄累积数稿。我的邮箱中保存的与导师围绕历次论文写作的往来邮件至今已多达五百余封，可窥她指导学生论文写作风格之一斑。本科时期，我有次踩着截止日期给孙老师提交论文初稿，导致她夤夜改稿至失眠，至今回想仍深感愧疚。于学业老师持高标准、严要求，于生活她却是最和蔼可亲不过，她享受"烈酒浓茶诗酒人生"，为人疏朗开阔、急公好义，这些都对我影响至深。

除了孙老师，在我求学的过程中、在博士论文写作的过程中，其他老师也给予了很大帮助。在博士论文写作过程中，每次碰到李志英老师，她都会问我论文进展之状况，告诫我早动笔。有次在图书馆，被论文写作框架困得焦头烂额的我，碰上郑师渠老师，他在电梯里三言两语的点拨，让我茅塞顿开。当然，开题、预答辩上教研室全体老师猛烈的"炮火攻击"，论文外审的匿名专家的评价建议，也都是催人进步的推动力，在此郑重向他们献上我的敬意及感谢。

除了老师们，在查找资料的过程中，我还受到了不少帮助。因为博士论文研究对象的相关资料十分分散，我只能到处搜罗，非常感谢师大图书馆特藏库、历史学院资料室、中国第一历史档案馆、国家图书馆、国家清史委员会文献组及图书馆、中国社科院近代史所图书馆的工作人员们，为我查阅资料提供了许多便利，使我得以查阅许多珍贵史料及档案。我的学长、同学们，如连振斌、朱淑君、朱文哲、闫长丽、贾琳诸君，或直接赠我相关资料，或给我发送书目，热情地向我提供了不少帮助。

此外，此书的出版，得到了北京师范大学史学探索丛书、中国政法大学青年教师学术创新团队项目（16CXTD07）、中国政法大学校级人文社会科学研究项目（15ZFZ7701）的资助与支持。在导师孙燕京老师的推动，同事朋友的鼓励及华夏出版社编辑杜晓宇、董秀娟、王敏诸君的建议下，我的博士学位论文得以出版，为我学生时代的初步学术探索画下一个句号。根据诸位老师、专家对学位论文提出的建议意见，我已尽力对书稿做了改进，但由于自己学力有限，其中错误可能尚多，敬请读者不吝赐教。

  最后，我要把这本书献给家人。感谢家人对我的理解与支持，父母妹妹虽然不曾了解我所研究的内容，但以他们的包容关爱鼓励我坚持学业，追求自己的理想。尤其是爱人周云，不仅帮助我克服在论文写作遭遇瓶颈时的焦躁，还在他工作之余帮我进行文字上的修订，减缓我的压力。

周增光

2017 年 6 月 27 日写于昌平

参考文献

参考文献分为史料、研究论著、电子资源三类，每类下又分小项目单独排序，纸质资料按出版年份排序，数据库按名称首字母排序。

史料

档案、官书

［1］溥伦等撰:《资政院会奏资政院议员选举章程折》，国家图书馆藏1909年铅印本。

［2］故宫博物院明清档案部:《义和团档案史料》，北京：中华书局，1979年。

［3］故宫博物院明清档案部:《清末筹备立宪档案史料》，北京：中华书局，1979年。

［4］陈旭麓等主编:《辛亥革命前后》，《盛宣怀档案资料选辑之一》，上海：上海人民出版社，1979年。

［5］邹念之编译:《日本外交文书选译：关于辛亥革命》，北京：中国社会科学出版社，1980年。

［6］胡滨译:《英国蓝皮书有关辛亥革命资料选译》，北京：中华书局，1984年。

［7］台北故宫博物院:《清代起居注册（光绪朝）》，台北：联经出版事业公司，1987年。

［8］《清实录》，北京：中华书局，1987年。

［9］中国第一历史档案馆:《载沣等王公亲贵履历》，《历史档案》，1988年第1期。

［10］宋志勇编译:《溥仪离宫后的活动及与日本的关系史料》,《历史档案》,1993年第1期。

［11］中国第一历史档案馆:《清末筹备立宪档案史料补遗》,《历史档案》,1993年第3期。

［12］中国第一历史档案馆编:《光绪宣统两朝上谕档》,桂林:广西师范大学出版社,1996年。

［13］中国第一历史档案馆:《溥仪出宫后图谋恢复优待条件史料》,《历史档案》,2000年第1期。

［14］中国第一历史档案馆:《晚清部分王公生辰清册》,《历史档案》,2001年第1期。

［15］中国第一历史档案馆:《庚子事变清宫档案汇编》,北京:中国人民大学出版社,2003年。

［16］陈春华选译:《帝国主义列强与袁世凯帝制——俄国外交档案选译》,《近代史资料》,总106号,北京:中国社会科学出版社,2003年,第62—104页。

［17］全国图书馆文献缩微复制中心编:《清陆军部档案资料汇编》,北京:国家图书馆出版社,2004年。

［18］中国第一历史档案馆编:《清代军机处电报档汇编》,北京:中国人民大学出版社,2005年。

［19］《中美往来照会集（1846—1931）》,第十一册,桂林:广西师范大学出版社,2006年。

［20］章开沅等编:《辛亥革命史资料新编》,武汉:湖北人民出版社,2006年。

［21］清宪政编查馆编,本社影印室辑:《清末民初宪政史料辑刊》,北京:北京图书馆出版社,2006年。

［22］中国第二历史档案馆:《北洋政府档案》,北京:中国档案出版社,2010年。

［23］虞和平主编:《近代史所藏清代名人稿本抄本》,郑州:大象出版社,2011年。

［24］桑兵主编:《辛亥革命稀见文献汇编》,北京:国家图书馆出版社,2011年。

［25］李启成点校:《资政院议场会议速记录:晚清预备国会论辩实录》,上海:

上海三联书店，2011年。

[26] 杭州文史研究会、民国浙江史研究中心、浙江图书馆：《辛亥革命杭州史料辑刊》，北京：国家图书馆出版社，2011年。

[27]《晚清宫藏辛亥革命珍档》（含袁世凯关于保留皇室优待条件的手迹），《历史档案》，2011年第4期封底。

日记

[1] 耆龄：《赐砚斋日记》，《中和月刊》，1942年第6—12期。

[2] 金梁：《遇变日记》，《文史资料选辑》，第13辑，北京：中华书局，1961年。

[3] 陈曾寿、陈曾植：《局外局中人记》（陈氏兄弟二人在1931年9月20日至1937年12月20日日记节选），《文史资料选辑》，第19辑，北京：中华书局，1961年。

[4] 溥伟：《溥伟〈逊国御前会议日记〉》，《社会科学战线》，1982年第3期。

[5] 孙宝瑄：《忘山庐日记》，下册，上海：上海古籍出版社，1984年。

[6] 谢兴尧整理、点校、注释：《荣庆日记：一个晚清重臣的生活实录》，西安：西北大学出版社，1986年。

[7] 袁英光等整理：《王文韶日记》，北京：中华书局，1989年。

[8] 载沣：《醇亲王使德日记》，《近代史资料》，总73号，北京：中国社会科学出版社，1989年。

[9] 溥任标点：《载沣辛丑使德日记（一、二、三、四）》，《紫禁城》，1989年第1、5、6期及1990年第1期。

[10] 鄂多台：《鄂多台日记》，沈云龙主编：《近代中国史料丛刊三编》，第五十八辑，第578—580册，台北：文海出版社，1990年。

[11] 毓盈著，黄延复标点整理：《述德笔记》，《近代史资料》，总79号，北京：中国社会科学出版社，1991年。

[12] 河北省博物馆藏：《鹿传霖日记》（一至五），《文物春秋》，1992年第2期—1994年第3期。

[13] 中国国家博物馆编，劳祖德整理：《郑孝胥日记》，北京：中华书局，1993年。

[14] 王锡彤著，郑永福、吕美颐点注：《抑斋自述》，开封：河南大学出版社，

2001年。

[15] 恽毓鼎著，史晓风整理:《恽毓鼎澄斋日记》，杭州：浙江古籍出版社，2004年。

[16] 北京市档案馆编:《那桐日记》，北京：新华出版社，2006年。

[17] 载泽:《考察政治日记》，《走向世界丛书》，第9册，长沙：岳麓书社，2008年。

[18] 绍英:《绍英日记》，北京：国家图书馆出版社，2009年。

[19] 王庆祥整理注释:《溥仪日记全本》，天津：天津人民出版社，2009年。

[20] 许恪儒整理:《许宝蘅日记》，北京：中华书局，2010年。

[21] 北京市政协文史和学习委员会编:《读辛亥革命前后的徐世昌日记》，附录《韬养斋日记·辛亥》手稿，北京：北京出版社，2011年。

[22] 韩策、崔学森整理，王晓秋审订:《汪荣宝日记》，北京：中华书局，2013年。

书信、电报

[1] 民国史料编辑社编:《冯玉祥政治要电汇编（全）》，北平：东方学社，1933年。

[2] 北京大学历史系近代史教研室编:《盛宣怀未刊信稿》，北京：中华书局，1960年。

[3] 中国第一历史档案馆:《孙中山先生秘书处致溥仪内务府绍英等人函（1925年1月）》《两江总督张人骏辛亥电档选辑》，《历史档案》，1981年第3期。

[4] 徐锡祺辑:《北京政变文电辑录》，《近代史资料》，总61号，北京：中国社会科学出版社，1986年。

[5] 杜春和编:《荣禄存札》，济南：齐鲁书社，1986年。

[6] 上海图书馆编:《汪康年师友书札》，上海：上海古籍出版社，1986年。

[7] [澳] 骆惠敏编，刘桂梁等译:《清末民初政情内幕——〈泰晤士报〉驻北京记者袁世凯政治顾问乔·厄·莫理循书信集》，上海：知识出版社，1986年。

[8] 溥任注:《讷勒赫致载洵、载涛信札二件》，《紫禁城》，1987年第6期。

[9] 王尔敏、陈善伟编:《近代名人手札真迹——盛宣怀珍藏书牍初编》,第六册,香港:香港中文大学出版社,1987年。

[10] 溥任注:《缪嘉玉致载沣信札两件》,《紫禁城》,1988年第1期。

[11] 溥任注:《载泽信札》,《紫禁城》,1988年第3期。

[12] 丁进军:《载沣致溥仪函》,《紫禁城》,1989年第4期。

[13] 丁进军整理:《载沣存札选刊》,《历史档案》,1992年第4期。

[14] "中央研究院"近代史研究所:《匋斋(端方)存牍》,台北:"中央研究院"近代史研究所,1996年。

[15] 中国第一历史档案馆:《刘凤池致溥仪信函选》,《历史档案》,1997年第1、2期。

[16] 庄建平主编:《端方密函》,《近代史资料文库》,第一卷,上海:上海书店,2009年。

[17] 《瞿鸿禨朋僚书牍选》,《近代史资料》,总108、109号,北京:中国社会科学出版社,2004年。

[18] 《旅顺博物馆藏宝熙致罗振玉信札》,《白云论坛》,北京:北京图书馆出版社,2004年。

[19] 钱永贤、耿明、邵白整理:《庞鸿书讨论立宪电文》,原件为江苏常熟图书馆藏《宣统二年贵州巡抚有关立宪往来电文》,载《近代史资料》,总59号,录于《近代史资料文库》,第一卷,上海:上海书店出版社,2009年。

[20] 杨夏鸣编译:《美国外交文件中有关"九一八"事件的一组电报》,《民国档案》,2012年第1期。

诗文集

[1] 善耆:《肃忠亲王遗集》,北京师范大学图书馆藏1928年石印本。

[2] 善耆:《秋日感事(八首)》,《庚子事变文学集·上》,北京:中华书局,1959年。

[3] 奭良:《肃亲王遗折》,《野棠轩文集》,沈云龙主编:《近代中国史料丛刊》,第十七辑,第166册,台北:文海出版社,1968年。

[4] 丁贤俊、喻作凤编:《伍廷芳集》,北京:中华书局,1993年。

［5］崔广社:《〈朱邸赓酬册〉知见录》①,恭王府管理中心:《清代王府及王府文化国际研讨会论文集》,北京:文化艺术出版社,2006 年,第 153—164 页。

［6］张峻亭:《简析宗室溥儒手写本诗集〈寒玉堂集〉》,《文献》,2005 年第 2 期。

［7］毓朗:《余痴生诗集》,纪宝成等编:《清代诗文集汇编》,第 789 册,上海:上海古籍出版社,2010 年。

笔记杂文

［1］北京师范大学图书馆藏民国印本《清帝逊位》,索书号 922.8105/716。

［2］许指严:《复辟半月记》,上海:交通图书馆印行,1917 年。

［3］瑞联:《宗室贡举备考》,沈云龙主编:《近代中国史料丛刊》,第三十九辑,第 381 册,台北:文海出版社,1969 年。

［4］夏仁虎:《旧京琐记》,北京:北京古籍出版社,1986 年。

［5］陈夔龙:《梦蕉亭杂记》,上海:上海古籍书店,1983 年。

［6］继昌:《行素斋杂记》,沈云龙主编:《近代中国史料丛刊三编》,第四辑,第 37 册,台北:文海出版社,1985 年。

［7］朱彭寿:《安乐康平室随笔》,沈云龙主编:《近代中国史料丛刊三编》,第四辑,第 38 册,台北:文海出版社,1985 年。

［8］郑里:《逊清皇室轶事杂录》,《紫禁城》,1982 年第 3 期。

［9］丁燕石:《溥仪和满清遗老》,台北:世界文物出版社,1984 年。

［10］秦国经:《逊清皇帝轶事》,北京:紫禁城出版社,1985 年。

［11］荣孟源等编:《近代稗海》,第 1、13 辑（含《方家园杂咏纪事》《金銮琐记》《乐斋漫笔》《梅楞章京笔记》）,成都:四川人民出版社,1985、1989 年。

［12］刘体智:《异辞录》,北京:中华书局,1988 年。

［13］胡思敬:《国闻备乘》,上海:上海书店,1997 年。

［14］吴景洲:《故宫五年记》,上海:上海书店出版社,2000 年。

---

① 《朱邸赓酬册》乃 1908—1909 年间载滢、溥伟与徐琪的诗稿信件等酬唱之作。

[15] 李春光:《清代名人轶事辑览》,北京:中国社会科学出版社,2004年。

[16] 无聊子:《北京政变记》,北京:中华书局,2007年。

[17] 黄濬:《花随人圣庵摭忆》,北京:中华书局,2008年。

[18] 孙毓筠:《复辟阴谋纪实》,《近代史资料文库》,第二卷,上海:上海书店出版社,2009年。

回忆录、口述史、文史资料

[1] 陆宗舆:《陆闰生先生五十自述》,北京:《北京日报》承印,1925年。

[2] 冯玉祥:《我的生活（第一、二、三本合刊）》,上海:教育书店,1947年。

[3] 溥杰:《醇亲王府的生活》,《文史资料选辑》,第26辑,北京:文史资料出版社,1962年。

[4] 溥佳:《1924年溥仪出宫前后琐记》,《文史资料选辑》,第35辑,北京:中华书局,1963年。

[5] 载涛:《载沣与袁世凯的矛盾》、叶可樑:《清室退位前密商美使馆收容溥仪的策划》、载润:《有关奕劻的见闻》,《辛亥革命回忆录》,第六册,北京:中华书局,1963年。

[6] 曹汝霖:《曹汝霖一生之回忆》,台北:台北传记文学出版社,1970年。

[7] 鹿钟麟:《驱逐溥仪出宫始末》,《天津文史资料选辑》,第4辑,天津:天津人民出版社,1979年。

[8] 秦国经:《八旗贵胄子弟》,《北京日报》,1980年10月20日。

[9] 汪荣堃:《清庆亲王载振的家庭生活》,《文史资料选辑》,第47辑,北京:文史资料出版社,1981年。

[10] 宪钧:《肃亲王善耆的复辟活动》、李泰棻:《独树一帜的善耆》、载润:《隆裕与载沣的矛盾》、溥杰:《回忆醇亲王府的生活》、溥铨:《我的家庭"庆亲王府"片断》、汪荣堃:《记庆亲王载振在天津的生活》,《晚清宫廷生活见闻》,北京:文史资料出版社,1982年。

[11] 宪钧:《善耆反对宣统退位图谋复辟》,《善耆其人》,载《文史资料选编》,第12册,北京:北京出版社,1982年。

[12] 周君适:《溥仪与满清遗老》,台北:世界文物出版社,1984年。

[13] 万嘉熙:《伪满宫内的形形色色》,《文史资料选辑》,第101辑,北京:文史资料出版社,1985年。

[14] 溥杰:《溥杰自述》《溥杰自述(续一)》《溥杰自述(下)》,《文史资料选辑》,第101、102、103辑,北京:文史资料出版社,1985年。

[15] 溥铨:《我父庆亲王载振事略》,《天津文史资料选辑》,第44辑,天津:天津人民出版社,1988年。

[16] 凌冰:《载沣摄政》,《文史资料选编》,第33辑,北京:北京出版社,1988年。

[17] 信修明:《老太监的回忆》,北京:燕山出版社,1992年。

[18] 张寿崇:《那家花园话旧》,《北京文史资料》,第47辑,北京:北京出版社,1993年。

[19] 爱新觉罗·溥筼:《我的祖父奕䜣在宗人府》,《北京文史资料》,第48辑,北京:北京出版社,1993年。

[20] 溥杰著,叶祖孚执笔:《溥杰自传》,北京:中国文史出版社,1994年。

[21] 文仰宸:《记忆中的顺城郡王府和我"袭爵"的经过》,《北京文史资料》,第54辑,北京:北京出版社,1996年。

[22] 金启孮:《从荣王府到芸公府》,《北京文史资料》,第56辑,北京:北京出版社,1997年。

[23] 溥杰等著:《溥仪离开紫禁城以后》,北京:中国文史出版社,2001年。

[24] 徐定茂:《梁启超给徐世昌的一封信——1918年总统选举之后》,《北京文史资料》,第68辑,北京:北京出版社,2004年。

[25] 溥仪:《我的前半生》,北京:东方出版社,2007年。

[26] 徐定茂:《徐世昌笔下的五大臣被炸事》,《北京文史资料》,第74辑,北京:北京出版社,2008年。

[27] 金启孮:《金启孮谈北京的满族》,北京:中华书局,2009年。

[28] 庄士敦著,惠春琳等译:《紫禁城的黄昏》,北京:紫禁城出版社,2010年。

[29] 龙翔:《最后的皇族:大清十二家"铁帽子王"逸事》,北京:北京大学出版社,2011年。

[30] 德龄:《清宫二年记》,北京:中国人民大学出版社,2012年。

年谱、年表、工具书

[1] 钱实甫:《清季新设职官年表》,北京:中华书局,1961年。

[2] 章伯锋编:《清代各地将军都统等大臣年表(1796—1911)》,北京:中华书局,1965年。

[3] 钱实甫:《清季重要职官年表》,北京:中华书局,1977年。

[4] 钱实甫:《清代职官年表》,北京:中华书局,1980年。

[5] 唐文治:《茹经先生自订年谱正续篇》,沈云龙主编:《近代中国史料丛刊三编》,第九辑,第90册,台北:文海出版社,1985年。

[6] 陈垣:《二十史朔闰表》,北京:中华书局,1990年。

[7] 北京图书馆编:《民国时期总书目(1911—1949)》,北京:书目文献出版社,1995年。

[8] 爱新觉罗·常林主编,宗谱编纂处编:《爱新觉罗宗谱》,北京:学苑出版社,1998年。

[9] 魏秀梅:《清季职官表(附人物录)》,《"中央研究院"近代史研究所史料丛刊》,第5册,台北:"中央研究院"近代史研究所,2002年。

[10] 吴叔班记录,张树勇整理:《吴景濂自述年谱》,《近代史资料》,总106、107号,北京:中国社会科学出版社,2003年。

[11] 张波、赵玉敏整理:《道光十二年至宣统三年王公大臣年岁生日表》,《历史档案》,2010年第2期。

报纸

[1]《大公报》

[2]《大同报》

[3]《广益丛报》

[4]《国风报》

[5]《内务公报》

[6]《申报》

[7]《时报》

[8]《盛京时报》

[9]《政治官报》
[10]《政府公报》

研究论著

专著

[1] 张余生编著:《倭制满洲国》,北京:东北问题研究会,1932年。
[2] [美]李约翰著:《清帝逊位与列强:第一次世界大战前的一段外交插曲（1908—1912）》,北京:中华书局,1982年。
[3] 胡平生:《民国初期的复辟派》,台北:台湾学生书局,1985年。
[4] 杨学琛、周远廉:《清代八旗王公贵族兴衰史》,沈阳:辽宁人民出版社,1986年。
[5] [美]阿尔德蒙著,曹沛霖等译:《比较政治学:体系、过程和政策》,上海:上海译文出版社,1987年。
[6] Pamela Kyle Crossley, *Orphan Warriors: Three Manchu Generations and The End of The Qing World*, Princeton: Princeton University Press, 1990.
[7] 高毅:《法兰西风格:大革命的政治文化》,杭州:浙江人民出版社,1991年。
[8] 吴玉清、吴永兴:《清朝八大亲王》,北京:学苑出版社,1993年。
[9] [美]李中清、郭松义主编:《清代皇族人口行为和社会环境》,北京:北京大学出版社,1994年。
[10] 赖惠敏:《天潢贵胄:清皇族的阶层结构与经济生活》,台北:"中央研究院"近代史研究所,1997年。
[11] 李治亭主编:《爱新觉罗家族全书》,长春:吉林人民出版社,1997年。
[12] 杜家骥:《清皇族与国政关系研究》,台北:台湾五南图书出版有限公司,1998年。
[13] [美]任达著,李仲贤译:《新政革命与日本》,南京:江苏人民出版社,1998年。
[14] 王庆祥:《溥仪交往录》,北京:东方出版社,1999年。

［15］［法］哈布瓦赫著，毕然、郭金华译：《论集体记忆》，上海：上海人民出版社，2002年。

［16］黄宗智主编：《中国研究的范式问题讨论》，北京：社会科学文献出版社，2003年。

［17］［法］弗朗索瓦·傅勒著，孟明译：《思考法国大革命》，北京：生活·读书·新知三联书店，2005年。

［18］［澳］费约翰著，李恭忠、李里锋等译：《唤醒中国：国民革命中的政治文化与阶级》，北京：生活·读书·新知三联书店，2005年。

［19］马钊主编：《1971—2006年美国清史论著目录》，北京：人民出版社，2007年。

［20］周惠民主编：《1945—2005年台湾地区清史论著目录》，北京：人民出版社，2007年。

［21］李景鹏：《权力政治学》，北京：北京大学出版社，2008年。

［22］陈志让：《军绅政权：近代中国的军阀时期》，桂林：广西师范大学出版社，2008年。

［23］丁志可：《逊清遗老的民国岁月》，南宁：广西人民出版社，2008年。

［24］刘小萌：《清代北京旗人社会》，北京：中国社会科学出版社，2008年。

［25］［英］彼得·伯克著，蔡玉辉译：《什么是文化史》，北京：北京大学出版社，2009年。

［26］［美］罗友枝：《清代宫廷社会史》，北京：中国人民大学出版社，2009年。

［27］［日］中田整一著，喜入影雪译：《溥仪的另一种真相：秘藏日本的伪满皇宫最高机密》，上海：上海人民出版社，2009年。

［28］陈蕴茜：《崇拜与记忆：孙中山符号的建构与传播》，南京：南京大学出版社，2009年。

［29］李恭忠：《中山陵：一个现代政治符号的诞生》，北京：社会科学文献出版社，2009年。

［30］朱宗震：《大视野下清末民初变革》，北京：新华出版社，2009年。

［31］徐秀丽主编：《过去的经验与未来的可能走向：中国近代史研究三十年（1979—2009）》，北京：社会科学文献出版社，2010年。

［32］陈捷先编著：《宣统事典》，北京：紫禁城出版社，2010年。

［33］赖惠敏：《清代的皇权与世家》，北京：北京大学出版社，2010年。

［34］［美］路康乐著，王琴、刘润堂译，李恭忠审校：《满与汉：清末民初的族群关系与政治权力（1861—1928）》，北京：中国人民大学出版社，2010年。

［35］李立夫、路红主编：《末代皇帝溥仪在天津》，天津：天津人民出版社，2010年。

［36］刘凤云、刘文鹏编：《清朝的国家认同——"新清史"研究与争鸣》，北京：中国人民大学出版社，2010年。

［37］王晴佳：《新史学讲演录》，北京：中国人民大学出版社，2010年。

［38］［法］雅克·勒高夫著，方仁杰、倪复生译：《历史与记忆》，北京：中国人民大学出版社，2010年。

［39］孙燕京：《急进与慢变：晚清以来社会变化的两种形态》，北京：商务印书馆，2011年。

［40］常书红：《辛亥革命前后的满族研究：以满汉关系为中心》，北京：社会科学文献出版社，2011年。

［41］罗福惠、朱英主编：《辛亥革命的百年记忆与诠释》，武汉：华中师范大学出版社，2011年。

［42］王庆祥：《〈我的前半生〉背后的惊天内幕》，天津：天津人民出版社，2011年。

［43］中国社会科学院近代史研究所政治史研究室编：《清代满汉关系研究》，北京：社会科学文献出版社，2011年。

［44］［美］林·亨特著，汪珍珠译：《法国大革命中的政治、文化和阶级》，上海：华东师范大学出版社，2011年。

［45］［美］林·亨特编，姜进译：《新文化史》，上海：华东师范大学出版社，2011年。

［46］李细珠：《地方督抚与清末新政：晚清权力格局再研究》，北京：社会科学文献出版社，2012年。

［47］迟云飞：《清末预备立宪研究》，北京：中国社会科学出版社，2013年。

[48] 林志宏:《民国乃敌国也: 政治文化转型下的清遗民》, 北京: 中华书局, 2013年。

博士学位论文

[1] 陈丹:《清末考察政治五大臣出洋研究》, 北京大学2008年博士学位论文。

[2] 柴松霞:《出洋考察团与清末立宪研究》, 中国政法大学2009年博士学位论文。

[3] 潘崇:《清末五大臣出洋考察研究》, 南开大学2010年博士学位论文。

[4] 朱文哲:《清末十年满洲权贵统治策略的调整》, 北京师范大学2013年博士学位论文。

论文

[1] 无园:《清末摄政王的纸上集权》,《紫禁城》, 1987年第6期。

[2] 鞠德源:《清朝皇族宗谱与皇族人口初探》,《明清档案与历史研究》, 北京: 中华书局, 1988年。

[3] 李燕光、李林:《清代的王庄》,《满族研究》, 1988年第1期。

[4] 鞠德源:《清代皇族人口呈报制度》,《历史档案》, 1988年第2期。

[5] 杜家骥:《清代的皇族教育》,《故宫博物院院刊》, 1990年第2期。

[6] 李学通:《醇亲王载沣使德史实考》,《历史档案》, 1990年第2期。

[7] 王开玺:《清统治集团的君主立宪论与晚清政局》,《北京师范大学学报》, 1990年第5期。

[8] 晏子有:《清朝宗室封爵制度初探》,《河北学刊》, 1990年第5期。

[9] 罗华庆:《载泽奏闻清廷立宪"三利"平议》,《近代史研究》, 1991年第2期。

[10] 迟云飞:《清政府衰败是辛亥革命成功的重要条件》,《湖南师范大学学报(社会科学版)》, 1992年第1期。

[11] 张玉芬:《清末统治集团内部纷争与清帝退位》,《辽宁师范大学学报(社科版)》, 1993年第1期。

[12] 白杰:《清末政坛中的肃亲王善耆》,《满族研究》, 1993年第2期。

[13] 宫玉振:《从联盟到分裂——论清末言官与亲贵关系的变化》,《齐鲁学刊》,1993年第2期。

[14] 喻大华:《〈清室优待条件〉新论兼探溥仪潜往东北的一个原因》,《近代史研究》,1994年第1期。

[15] 赖惠敏:《清代皇族的封爵与任官研究》,[美]李中清、郭松义主编:《清代皇族人口行为和社会环境》,北京:北京大学出版社,1994年,第134—153页。

[16] 宫玉振:《载泽与清末预备立宪》,《北京档案史料》,1994年第2期。

[17] 梁义群、宫玉振:《袁世凯与满族亲贵争夺军权斗争述论》,《许昌师专学报(社会科学版)》,1994年第2期。

[18] 王开玺:《清统治集团君主立宪论析评》,《清史研究》,1995年第4期。

[19] 罗华庆:《略论清末资政院议员》,《历史研究》,1996年第2期。

[20] 陆可平、程大鲲:《清代皇族婚姻问题初探》,《满族研究》,1996年第2期。

[21] 周其厚:《晚清国民参政意识论略》,《史学月刊》,1997年第1期。

[22] 杜家骥:《清代的宗室封爵及其等级差别的特殊性》,《满族研究》,1997年第1期。

[23] 爱新觉罗·恒顺:《清代北京宗室王公府第全面考述》,《满族研究》,1998年第1期。

[24] 张康之:《政治文化:功能与结构》,《中国人民大学学报》,1999年第1期。

[25] 常晓辉:《清初的皇族教育》,《满族研究》,1999年第2期。

[26] 何树宏:《奕劻与晚清政局》,《清史研究》,2000年第2期。

[27] 王树才、刘敬忠:《也谈〈清室优待条件〉问题——兼评溥仪充当日本帝国主义傀儡的原因》,《中国社会科学院研究生院学报》,2000年第2期。

[28] 喻大华:《论民国政府处理逊清皇室的失误》,《史学月刊》,2000年第3期。

[29] [法]巴斯蒂著,贾宇琰译:《晚清官方的皇权观念》,《开放时代》,2001年第1期。

［30］屈春海：《清末司法改革对皇族司法制度之影响》，《历史档案》，2001 年第 2 期。

［31］王明珂：《历史事实、历史记忆与历史心性》，《历史研究》，2001 年第 5 期。

［32］迟云飞：《清末最后十年的平满汉畛域问题》，《近代史研究》，2001 年第 5 期。

［33］王开玺：《载沣使德期间的礼仪之争》，《紫禁城》，2002 年第 1 期。

［34］李志武：《载沣使德述论》，《华南农业大学学报（社会科学版）》，2003 年第 1 期。

［35］赵世瑜：《传说·历史·历史记忆——从 20 世纪的新史学到后现代史学》，《中国社会科学》，2003 年第 2 期。

［36］杨念群：《为什么要重提"政治史"研究》，《历史研究》，2004 年第 4 期。

［37］薛瑞汉：《清末新政时期的善耆与蒙古》，《历史教学》，2004 年第 8 期。

［38］孙燕京、周福振：《善耆与清末新政——以 20 世纪初十年的北京新政改革为视点》，《北京社会科学》，2005 年第 1 期。

［39］孙燕京、周福振：《善耆与革命党》，《满族研究》，2005 年第 3 期。

［40］马平安：《从统治阶级的内部争斗看辛亥年清王朝统治体系土崩瓦解的原因》，《中国社会科学院近代史研究所青年学术论坛（2003 年卷）》，北京：社会科学文献出版社，2005 年。

［41］崔志海：《海军大臣载洵访美与中美海军合作计划》，《近代史研究》，2006 年第 3 期。

［42］苏钦：《清末预备立宪活动中"化除满汉畛域"初探》，《法律文化研究》第二辑，2006 年。

［43］冯其利：《清朝王公府第探幽》，《中华文化画报》，2006 年第 3、4 期。

［44］王开玺：《清末满汉官僚与满汉民族意识简论》，《社会科学辑刊》，2006 年第 6 期。

［45］薛瑞汉：《善耆与革命党人关系初探》，《中州学刊》，2006 年第 6 期。

［46］李细珠：《论清末"皇族内阁"出台的前因后果——侧重清廷高层政治权力运作的探讨》，《中国社会科学院近代史研究所青年学术论坛

（2006年卷）》，北京：社会科学文献出版社，2006年。

［47］朱东安：《晚清满汉关系与辛亥革命》，《历史档案》，2007年第1期。

［48］马铭德：《庙谟已是争孤注——清末新政中的满汉政争》，（台北）《传记文学》，2007年8月。

［49］李宝臣：《北京什刹海地区的清代宗室王公府第》，《北京历史文化研究》，2007年第2期。

［50］李学智：《清末政治改革中的满汉民族因素》，《天津师范大学学报（社会科学版）》，2007年第5期。

［51］汪荣祖：《记忆与历史：叶赫那拉氏个案论述》，（台北）"中央研究院"近代史研究所：《"中央研究院"近代史研究所集刊》，第64期，2009年。

［52］李海鸿：《贪污：文化的？抑或制度的？——西方学者关于清代贪污的研究》，《清史研究》，2009年第1期。

［53］周福振：《论肃亲王善耆的立宪实践活动》，《北京社会科学》，2009年第3期。

［54］李里峰：《新政治史的视野与方法》，《福建论坛（人文社会科学版）》，2009年第6期。

［55］赵少峰：《民初北京政局与紫禁城"甲子复辟"》，《南昌航空大学学报》，2009年6月。

［56］陈肖寒：《民国初年逊清岁费问题初探（1912—1916）》，《西南农业大学学报（社会科学版）》，2009年8月，第7卷第4期。

［57］冯佳：《"国"与"君"——政治文化视角下的隆裕太后葬礼》，《人大复印资料》，2010年第1期。

［58］吴景平：《蒋介石与抗战初期国民党的对日和战态度——以名人日记为中心的比较研究》，《抗日战争研究》，2010年第2期。

［59］钟放：《"满洲国"承认问题与国民党的对日政策》，《外国问题研究》，2010年第3期。

［60］苏全有：《论清末参政阶层的政治参与——以赵启霖、江春霖、恽毓鼎等为视点》，《郑州大学学报》，2010年第5期。

［61］［日］渡边美季：《2009年日本史学界的明清史研究》，《中国史研究动

态》，2011 年第 1 期。

［62］关笑晶：《清代满汉关系史国际学术研讨会综述》，《近代史研究》，2011 年第 1 期。

［63］谭春玲、郭琪：《保荐与钦准之间：晚清中央权力状况的透视——以首任津海关道陈钦的任职经历为视角》，《历史档案》，2011 年第 1 期。

［64］刘凤云：《政治史研究的新视野："清代政治与国家认同"国际学术会议研讨综述》，《清史研究》，2011 年第 2 期。

［65］杨念群：《超越"汉化论"与"满洲特性论"：清史研究能否走出第三条道路？》，《中国人民大学学报》，2011 年第 2 期。

［66］钟放：《"满洲国"承认问题与国民党的对日政策》，《人大复印资料》，2011 年第 2 期。

［67］贾艳丽：《辛亥革命中的满汉冲突与调适》，《清史研究》，2011 年第 3 期。

［68］李细珠：《清末预备立宪时期的平满汉畛域思想与满汉政策的新变化——以光绪三十三年之满汉问题奏议为中心的探讨》，《民族研究》，2011 年第 3 期。

［69］彭剑：《"皇族内阁"与皇室内争》，《华中师范大学学报（人文社会科学版）》，2011 年 3 月。

［70］张昭军：《章太炎〈告满洲留学生〉考辨》，《史学史研究》，2011 年第 3 期。

［71］崔志海：《辛亥时期满汉关系问题论争的再考察：以〈民报〉和〈新民丛报〉为中心》，《史林》，2011 年第 4 期。

［72］李细珠：《日韩合并与清末宪政改革》，《近代史研究》，2011 年第 4 期。

［73］王宇：《近三十年来晚清满汉关系研究述要》，《中央民族大学学报（哲学社会科学版）》，2011 年第 4 期。

［74］孔祥吉：《奕劻在义和团运动中的庐山真面目》，《近代史研究》，2011 年第 5 期。

［75］［日］小野寺史郎：《大清臣民与民国国民之间？——以新政时期万寿节为中心的探讨》，《华东师范大学学报（哲学社会科学版）》，2011 年第 5 期。

［76］步平:《中日历史问题的对话空间——关于中日历史共同研究的思考》，《世界历史》，2011年第6期。

［77］崔志海:《摄政王载沣驱袁事件再研究》，《近代史研究》，2011年第6期。

［78］金冲及:《清朝统治集团的最后十年》，《近代史研究》，2011年第6期。

［79］王凯旋:《试论清代八旗科举的宗室教育与考试》，《辽宁师范大学学报（社会科学版）》，2011年第6期。

［80］杨念群:《清朝统治的合法性、"大一统"与全球化以及政治能力》，《中华读书报》，2011年第9期。

［81］王春林:《爱国与保身：辛亥革命期间的亲贵捐输》，《清史研究》，2012年第1期。

［82］胡晓:《国民党与溥仪出宫事件》，《安徽史学》，2012年第2期。

［83］章永乐:《多民族国家传统的接续与共和宪政的困境——重审清帝逊位系列诏书》，《清史研究》，2012年第2期。

［84］［美］阿兰·梅吉尔、［美］阿龙·康菲诺、张旭鹏、陈建、黄艳红:《历史与记忆笔谈》，《史学理论研究》，2012年第3期。

［85］李细珠:《晚清地方督抚权力问题再研究——兼论清末"内外皆轻"权力格局的形成》，《清史研究》，2012年第3期。

［86］李细珠:《辛亥鼎革之际地方督抚的出处抉择——兼论清末"内外皆轻"权力格局的影响》，《近代史研究》，2012年第3期。

［87］马勇:《正当与失当：清末铁路干线国有化政策再检讨》，《史林》，2012年第3期。

［88］陈鹏、韩祥、张公政:《百年"清帝逊位"问题研究综述》，《清史研究》，2012年第4期。

［89］王庆祥:《溥仪与九一八事变》，《社会科学战线》，2012年第4期。

［90］张杰:《舆论笔下的载沣使德——以〈申报〉报道为中心的考察》，《乐山师范学院学报》，2012年4月。

［91］崔志海:《近三年来晚清政治史研究回顾》，《史林》，2012年第5期。

［92］刘文楠:《新文化史视野下的民国政治——海外民国史近著评述》，《史林》，2012年第5期。

［93］刘鹏超:《载振与晚清商部的创设》,《科教导刊》,2012 年第 5 期。

［94］孙燕京、周增光:《辛壬之际旗籍权贵集团的政治心态》,《历史研究》,2012 年第 5 期。

［95］杨念群:《清帝逊位与民国初年统治合法性的阙失——兼谈清末民初改制言论中传统因素的作用》,《近代史研究》,2012 年第 5 期。

［96］何瑜、黄煦明:《满洲亲贵与清帝退位》,载未刊会议论文集《清帝逊位与民国肇建一百周年国际学术研讨会论文集》,2012 年 6 月。

［97］石文玉:《晚清政治变革中的议院与君臣之纲关系论——关于晚清政治变革之可能性探究》,《史学集刊》,2012 年第 6 期。

［98］李永胜:《摄政王载沣罢免袁世凯事件新论》,《历史研究》,2013 年第 2 期。

电子资源

［1］北京市档案馆档案全文检索阅览系统（http：//210.73.80.51/main.asp?searchtype=1&winwidth=770&winheight=600）

［2］CALIS 外文期刊网（http://ccc.calis.edu.cn）

［3］CiNii 日本学术论文数据库（http://ci.nii.ac.jp/ja）

［4］大成老旧刊全文数据库（http://www.dachengdata.com）

［5］典藏人文社科全文期刊（http://pao.chadwyck.co.uk/home.do）

［6］读秀中文学术搜索（http://www.duxiu.com）

［7］第一档案馆信息工程管理系统（http://www.lsdag.com）

［8］大学数字图书馆国际合作计划（http://www.cadal.zju.edu.cn/Index.action）

［9］中国基本古籍数据库

［10］近代中国研究（中国社会科学院近代史研究所主办）（http://jds.cass.cn）

［11］瀚堂近代报刊数据库（http://www.neohytung.com）

［12］人大复印资料（https://vpn2.nlc.gov.cn/prx/000/http/202.106.125.44:8080/query/）

［13］《申报》（1872—1949）全文数据库（http://shenbao2.egreenapple.com）

［14］上海图书馆盛宣怀档案全文检索阅读数据库

［15］世界电子图书馆（World eBook Library）
（http://cn.ebooklibrary.org/?AffiliateKey=BeijingNormalUniversity）

［16］《泰晤士报》全文数据库 1785—1985（THE TIMES Digital Archive 1785—1985）（http://infotrac.galegroup.com/itw/infomark/1/1/1/purl=rc6_TTDA）

［17］台湾学术在线（http://tao-cn.wordpedia.com/cn）

［18］晚清民国期刊数据库（http://www.cnbksy.cn）

［19］中国国家图书馆数字民国期刊（http://mylib.nlc.gov.cn/web/guest/minguoqikan）

［20］中国国家图书馆数字民国图书（http://mylib.nlc.gov.cn/web/guest/minguotushu）

［21］中国国家图书馆文津搜索（http://find.nlc.gov.cn/）

［22］中国国家图书馆博士论文数据库（http://mylib.nlc.gov.cn/web/guest/boshilunwen）

［23］中国期刊全文数据库（知网）（http://dlib.cnki.net/kns50/）

附表

表1：清末宗室王公总数统计表[①]

爵位	人名	总数
亲王	庆亲王奕劻、醇亲王载沣、恭亲王溥伟、郑亲王凯泰、郑亲王昭煦、肃亲王善耆、礼亲王世铎、睿亲王魁斌、庄亲王载功、豫亲王懋林、【庄亲王载勋】、【怡亲王溥静】、怡亲王毓麒	13
郡王	顺承郡王讷勒赫、克勤郡王晋祺、崧杰、晏森、定郡王溥煦、【端郡王载漪】	6
郡王衔贝勒	载洵、载涛、溥庄、【载滢】	4
贝勒	毓朗、载润、载瀛、【载濂】、【载澍】	5
贝勒衔贝子	奕谟、溥伦、毓崑（追封）	3
贝子	溥忻、毓橚	2
贝子衔	载泽（贝子衔镇国公）、载振（贝子衔镇国将军）	2
镇国公	载岐、溥佶、溥芸、溥植、溥堃、溥蕙、毓璋、毓敏、毓亨、毓岐、全荣、魁璋	12
辅国公	载卓、载帛、【载澜】、溥钊、溥葵、溥纲、溥绪、溥佑、毓炤、光裕、意普（即惠普）、奎英、寿全、增培、广寿	15
辅国公衔镇国将军	溥侗	1

① 此表收录1900年后在世、爵位在辅国公以上且为清朝册封的宗室，民国册封王公不计。爵位列王公所获封的最高爵位；主要依据上谕档中王公生日清单、《清实录》、《爱新觉罗宗谱》统计得出。爵位后来被革除的宗室王公，用【 】标示。

续表

爵位	人名	总数
入八分公衔辅国公	溥儁	1
总计		64

表2：王公在军机大臣中的比例年表（1900—1911）

年份	军机大臣	王公占军机大臣比例
1900	礼亲王世铎、荣禄、刚毅、王文韶、启秀、赵舒翘、端郡王载漪、鹿传霖	2/6—1/5 闰八月，1/5，刚毅卒，载漪革，鹿传霖入军机。 十二月，1/5，启秀、赵舒翘革。
1901	礼亲王世铎、荣禄、王文韶、鹿传霖、瞿鸿禨	1/5—0/4 四月，1/5，瞿鸿禨入直。 七月，0/4，世铎罢直。
1902	荣禄、王文韶、鹿傅霖、瞿鸿禨	0/4
1903	荣禄、王文韶、鹿传霖、瞿鸿禨、庆亲王奕劻、荣庆	1/4—1/5 三月，1/4，荣禄卒，庆亲王奕劻入直。 九月，1/5，荣庆入直。
1904	庆亲王奕劻、王文韶、鹿传霖、瞿鸿禨、荣庆	1/5
1905	庆亲王奕劻、王文韶、鹿传霖、瞿鸿禨、荣庆、徐世昌、铁良	1/5—1/6 五月，1/5，王文韶罢直，徐世昌入直。 七月，1/6，铁良入直。
1906	庆亲王奕劻、鹿传霖、瞿鸿禨、荣庆、铁良、徐世昌、世续、林绍年	1/6—1/4 九月，1/4，改官制，鹿传霖、荣庆、铁良、徐世昌专管部务罢直，世续、林绍年入直。
1907	庆亲王奕劻、世续、瞿鸿禨、林绍年、鹿传霖、醇亲王载沣、张之洞、袁世凯	1/4—2/5—2/6 五月，2/5，瞿鸿禨罢直，载沣、鹿传霖入直。 七月，2/6，林绍年出，张之洞、袁世凯入直。

续表

年份	军机大臣	王公占军机大臣比例
1908	庆亲王奕劻、醇亲王载沣、世续、张之洞、鹿传霖、袁世凯、那桐	2/6—1/5 十月，1/5，载沣授为监国摄政王。 十二月，1/5，罢免袁世凯，那桐入直。
1909	庆亲王奕劻、世续、张之洞、那桐、鹿传霖、戴鸿慈	1/5 八月，张之洞卒，戴鸿慈入直。
1910	庆亲王奕劻、世续、那桐、鹿传霖、戴鸿慈、吴郁生、贝勒毓朗、徐世昌	1/5—2/4 正月，1/5，戴鸿慈卒，吴郁生入直。 七月，2/4，鹿传霖卒，世续罢直，吴郁生罢直，毓朗、徐世昌入直。
1911	庆亲王奕劻、贝勒毓朗、那桐、徐世昌	2/4 四月，设内阁，废军机处。

表3：宗室王公出洋游历情况表（1900—1910）

人名	爵秩	出洋时间	出洋理由	游历之国
载沣	亲王	1901	赴德致歉	德
载振	贝子衔镇国将军	1902	贺英皇加冕	英
载振	贝子衔镇国将军	1903	赴日本大阪参加博览会	日
载振	贝子衔镇国将军	1909	前往日本答谢	日
载振	贝子衔镇国将军	1911	贺英君加冕	英
毓朗	贝勒	1902	赴日学习警政	日
溥伦	贝子	1904	参加圣路易斯世界博览会	日、美
溥伦	贝子	1907	派往日本国问候	日
载泽	镇国公	1905—1906	考察宪政	日、英、法、比
载洵	郡王衔贝勒	1909	考察海军	意、奥、德、英
载洵	郡王衔贝勒	1910	考察海军	日、美
载涛	郡王衔贝勒	1910	考察陆军	日、美、英、法、德

表4：中央行政机构任官的王公年龄分布表（1900—1911）

序号	爵位	人名	职务	从政年龄
1	庆亲王	奕劻	管理外务部王大臣、政务处大臣 1901	64
			军机大臣、财政处大臣、总理练兵事务王大臣 1903	66
			编纂官制总司核定大臣 1906	69
			筹办海军大臣 1909	72
			总理大臣、弼德院院长 1911	74
2	肃亲王	善耆	民政部尚书 1907	42
			筹办海军大臣 1909	46
			理藩大臣 1911	48
3	恭亲王	溥伟	禁烟大臣 1908	29
4	醇亲王	载沣	出使德国专使 1901	19
			军机大臣 1907	25
			监国摄政王 1908	26
5	礼亲王	世铎	军机大臣 1900	58
			管理京旗咨议局筹备处 1909	67
6	庄亲王	载功	资政院钦选议员 1910	52
7	睿亲王	魁斌	资政院钦选议员 1910	35
8	顺承郡王	讷勒赫	资政院钦选议员 1910	30
			禁烟大臣 1911	31
9	端郡王	【载漪】	总署大臣、军机大臣 1900	45
10	郡王衔贝勒	载润	筹办海军大臣 1909	25
			海军部大臣 1910	26
11	郡王衔贝勒	载涛	训练禁卫军大臣、军咨大臣 1909	23
12	贝勒	毓朗	巡警部左侍郎 1905	42
			民政部左侍郎、暂署尚书 1906	43
			训练禁卫军大臣、军咨大臣 1909	50
13	贝勒	载润	管理陆军贵胄学堂 1909	32
			资政院钦选议员 1910	33
14	贝勒	载瀛	资政院钦选议员 1910	52

续表

序号	爵位	人名	职务	从政年龄
15	贝勒衔贝子	溥伦	资政院总裁 1907	34
			纂拟宪法大臣 1910	37
			内阁农工商大臣 1911	38
16	贝子衔镇国公	载泽	考察政治大臣、编纂官制大臣 1906	39
			度支部尚书 1907	40
			筹办海军大臣、盐政大臣 1909	42
			纂拟宪法大臣 1910	43
			内阁度支大臣 1911	44
17	贝子衔镇国将军	载振	商部尚书 1903	28
			农工商部尚书、编纂官制大臣 1906	31
			资政院钦选议员 1910	32
			弼德院顾问大臣 1911	36
18	镇国公	溥霱	资政院钦选议员 1910	32
19	镇国公	全荣	资政院钦选议员 1910	42
20	辅国公	寿全	资政院钦选议员 1910	50

表5：1900—1911年参与军政改革之宗室王公一览表

序号	王公爵名	职任
1	醇亲王载沣	代理统率海陆军大元帅
2	庆亲王奕劻	管理练兵处、陆军贵胄学堂事务、总司核定筹备海军事宜
3	贝子溥伦	建言兴复海军
4	贝勒载润	管理陆军贵胄学堂事务
5	贝勒载涛	训练禁卫军、军咨大臣、出洋考察陆军专使
6	贝勒毓朗	训练禁卫军、军咨大臣
7	镇国将军载扶	训练禁卫军
8	肃亲王善耆	筹备海军大臣
9	镇国公载泽	筹备海军大臣
10	贝勒载洵	筹备海军大臣、海军大臣、出洋考察海军专使